古典文獻研究輯刊

二五編

潘美月・杜潔祥 主編

第7冊

中古兵書文獻與語詞研究
——以《孫子》曹操注爲主

曹 海 花 著

國家圖書館出版品預行編目資料

中古兵書文獻與語詞研究──以《孫子》曹操注為主／曹海花
著 -- 初版 -- 新北市：花木蘭文化事業有限公司，2017〔民
106〕
目 4+260 面；19×26 公分
（古典文獻研究輯刊 二五編；第 7 冊）
ISBN 978-986-485-245-1（精裝）
1. 孫子兵法 2. 研究考訂
011.08   106015022

ISBN-978-986-485-245-1

9 789864 852451

古典文獻研究輯刊
二五編　第七冊　　　　　　ISBN：978-986-485-245-1

中古兵書文獻與語詞研究──以《孫子》曹操注為主

作　　者　曹海花
主　　編　潘美月　杜潔祥
總 編 輯　杜潔祥
副總編輯　楊嘉樂
編　　輯　許郁翎、王筑　美術編輯　陳逸婷
企劃出版　北京大學文化資源研究中心
出　　版　花木蘭文化事業有限公司
社　　長　高小娟
聯絡地址　235 新北市中和區中安街七二號十三樓
　　　　　電話：02-2923-1455／傳眞：02-2923-1452
網　　址　http://www.huamulan.tw 信箱 hml810518@gmail.com
印　　刷　普羅文化出版廣告事業
初　　版　2017 年 9 月
全書字數　198643 字
定　　價　二五編 8 冊（精裝）新台幣 15,000 元　　版權所有・請勿翻印

中古兵書文獻與語詞研究
——以《孫子》曹操注爲主

曹海花　著

作者簡介

　　曹海花，女，河南南陽人。2000 年 9 月至 2004 年 7 月，就讀於信陽師範學院中文系，獲學士學位；2004 年 9 月至 2007 年 1 月，就讀於浙江師範大學人文學院，獲碩士學位；2007 年 4 月至 2007 年 8 月，就職於浙江古籍出版社，擔任編輯；2007 年 9 月至 2010 年 7 月，就讀於浙江大學古籍所，獲博士學位。

　　博士期間發表的論文如下：

　　　1. 《從〈漢語大詞典〉看〈孫子〉曹注的語言學價值》，《西南交通大學學報（社科版）》2009 年第 3 期；

　　　2. 《說「接羅」》，《文獻》2010 年第 2 期；

　　　3. 《〈全宋詩〉文化詞語拾零》，《西南交通大學學報（社科版）》2010 年第 5 期。

　　參與課題和參加學術會議：

　　　1. 參與教育部高校古委會《中古漢語資料彙編》（王雲路主持，負責「農書、兵書、雜著彙編」）；

　　　2. 參與教育部重大課題《中古漢語辭彙史》（王雲路主持，負責校對文稿）；

　　　3. 參加第一屆「中國語言文學與社會文化」研究生國際學術研討會，提交論文《說「接羅」》；

　　　4. 參加第四屆漢語史暨第七屆中古漢語國際學術研討會青年論壇，提交論文《淺說「中古兵書」》。

提　　要

　　流傳至今的中古兵書雖然數量不多，但語料情況複雜，歷來對之關注較少，這不利於完整的中古漢語的研究。本文試圖鉤稽中古兵書語料，從文獻和語詞兩個方面進行研究。

　　全文共分上、下兩編：

　　上編爲中古兵書的整體研究，包括第一章概論、第二章文獻研究和第三章研究價值。

　　第一章概論對中古兵書語料及其研究概況進行了梳理，同時根據中古兵書情況，確定了本文相關研究方法。

　　第二章的文獻研究將中古兵書分爲兵法類、兵略類、兵器類、注釋類四大類，每類選擇代表性作品進行文獻梳理，如兵法類選擇《將苑》，兵略類選擇《黃石公三略》，兵器類選擇《古今刀劍錄》，注釋類選擇《鬼谷子》陶弘景注，根據每部兵書的特點對其文獻進行針對性研究。

　　第三章，通過對中古兵書的全面梳理，認爲中古兵書具有兵書文獻學、文化學、語言學等方面的價值。

　　下編爲《孫子》曹操注的個案研究，包括第四章曹操注的研究概況、第五章曹操注的研究價值、第六章曹操注與其他注家的比較研究。

　　第四章在梳理曹操注注釋體例和版本情況的基礎上，就現有研究中關於「曹操刪削《孫子》說」的討論及立足於《孫子》對曹操注的爭議兩個問題進行探討。

　　第五章中對曹操注的語詞進行了窮盡性研究，從而肯定了曹操注本體在漢語史、辭書編纂、對《孫子》及杜佑注的校勘等方面具有重要價值。

　　第六章中對曹操注與十一家注中其他注家進行比較研究，從而肯定了曹操注的源頭地位及對其他注家的影響。

　　最後是結語部分。對本文的研究進行整體總結，同時對本文未盡的一些問題進行了說明。另外，對《孫子》曹操注、《將苑》、《古今刀劍錄》進行了版本集校，分別見附錄一、二、三。

致　謝

　　從最初的選題，到去國家圖書館、浙江圖書館古籍部查資料，做版本比較，我一直在做著小螞蟻搬家的事，一點一滴，其中的甘苦自知，難與人會。今天，當終於可以寫下「致謝」二字的時候，我突然有想流淚的衝動。是喜悅？是釋放？是感恩？都有，其中更多的是感恩！

　　感謝我的導師王雲路先生！有幸成為先生的學生，能當面聆聽她的教誨，潛移默化著先生的學術風格和個人魅力，讓我心存感恩。三年來，先生從學術、言行舉止乃至衣著方面，都對我嚴格要求，這將使我受益終生。讓我愧赧的是，自己基礎不太好，總是讓先生為我費心。先生身體不是很好，每每看到她忍著腰痛、嗓子痛為我指點迷津，我都好心疼。也想著加倍努力以減輕先生的負擔，終還是小輩無能無顏見恩師。拿出這樣的一篇畢業論文，實在與先生的要求相差甚遠。還能說什麼呢？唯以繼續努力報師恩了！

　　從本科到現在，這一路走來，有太多的老師惠我良多。感謝我本科階段的老師胡培安先生，走到今天，與先生當初的指引和今日的一貫關懷是分不開的。感謝我的碩士導師黃靈庚先生，先生嚴謹樸實的治學風格一直感染著我，每每來杭時也不忘敦促我做好學問。感謝浙大古籍所和漢語史中心的張湧泉老師、崔富章老師、束景南老師、方建新老師、龔延明老師、方一新老師、顏洽茂老師、黃笑山老師等，有幸聆聽各位先生開設的課程，感受著他們的治學態度和學術精神，讓我可以自豪地說我是浙大古籍所畢業的。今日我為古籍所而自豪，希望明日也能成為她的驕傲。

　　還要感謝陪我一起度過這三年生涯的朋友們。感謝我的同門師兄弟姐妹郭作飛、吳欣、許菊芳、王前、阮幗儀、徐曼曼、楚豔芳、付建榮、賈素華、黃沚青、張文冠給予我精神上的支持與鼓勵，特別感謝的是師兄劉傳鴻

博士後，這篇小文曾得到他小至標點符號、大至論文框架等方面的指導與修正；感謝我的碩士師弟妹陳偉玲、鮑宗偉、曹亮、張嵐，大家雖不在一起，但彼此間的關心、幫助總讓我心存感動；感謝姜黎黎、譚翠、熊娟、董雪、周豔豔、張磊等一起奮戰三年的好友，三年來大家相知相惜，姐妹間的情誼我將終生銘記；感謝中國社會科學院語言所的王麗玲、民族所的王培培、宗教所的梁恒豪三位好友，王麗玲從兩年半碩士同窗起就建立了很深厚的友誼，去國家圖書館查資料期間，又得到她提供食宿的照顧。王培培是通過老鄉梁恒豪認識的，她熱情，不辭辛苦地爲我去複印、郵寄論文資料，這份熱心腸怎能讓我不感動？

最後還要感謝國家圖書館及浙江圖書館古籍部爲我查資料期間對我多有幫助的老師們，特別要感謝浙江圖書館古籍部原主任（現已升任副館長）徐曉軍先生，他一方面爲我查資料大開方便之門，一方面又以自己豐富的古籍知識啓我思路。感謝資料室的秦佳慧老師，核對原文的過程中不少叨擾她。感謝古籍所辦公室的陳葉老師，提交論文的過程中給她平添了不少麻煩，沒有她的諒解幫助，這次我怕是難以按時答辯了。

感恩的心，感謝有你們陪我一起走過。這三年中，我收穫了一生中最大的財富，有我最敬的老師，有我最愛的朋友，有我最親的家人。

梁啓超曾談及治學的途徑，認爲「賢者識大，不賢識小，皆可勉焉。苟能忠實從事，不拘大小，而總可以有所成」，我願以此話自勉。

曹海花

2010 年 4 月寫於浙大西溪北苑

追記：本書是我 2010 年寫就的博士論文，原擬敝帚自珍，藏之於篋。2016 年 11 月 8 日～9 日中山大學那場「中文古籍整理與版本目錄學國際學術研討會」與好友國家圖書館張波女士的碰面，讓我瞭解了花木蘭文化事業有限公司。返杭後，即與該社楊嘉樂女士進行聯繫。楊女士熱心、高效，該書得以順利出版。藏已七年，今忽面世，甚爲感念，特記於此。

曹海花

2017 年 7 月 7 日寫於杭州西湖孤山之麓

目次

凡　例

一、本文的主要研究對象為中古兵書，凡單獨引《古今刀劍錄》、《孫子》曹操注之文，以我們附錄中的為準，故不再標示出處。

二、除引用《古今刀劍錄》、《孫子》曹操注的例證外，引用其他文獻資料，均在引文後用上標標注文獻序號及具體頁碼，如《武經七書直解》中所言：「兵書非異端之言，異端之言誣民惑眾，兵書是戡定禍亂之道，有國者不可不講，為將者不可不學。」[9]【P.26~27】說明《武經七書直解》在徵引文獻中的序號是 W〔9〕，引文在 26～27 頁。直接利用古籍版本的，徑以腳注形式標示版本。對於古籍之今人校注本，行文中只稱引原著者和原書名，校注本、校注者及出版情況，則在文末徵引文獻和主要參考文獻中列出，以便讀者查證，徵引文獻和參考文獻均按書目的音序排列。為了節省篇幅，凡在腳注中出現的專著的出版情況，僅在第一次出現時詳細標出，後面的僅列出作者、書名與頁碼。

三、所引用文獻如果在叢書或總集中，則徑引該文獻名，《中國兵書集成》等叢書名則在徵引文獻部分明示，如《武經七書直解》所言：「兵書非異端之言，異端之言誣民惑眾，兵書是戡定禍亂之道，有國者不可不講，為將者不可不學。」[9]【P.26~27】《武經七書直解》收錄在《中國兵書集成》第 10 冊，在徵引文獻中我們是這樣標示的：《武經七書直解》，明·劉寅撰，《中國兵書集成》第 10 冊，據丁氏八千卷樓藏書影明本《武經七書直解》影印。該叢書或總集有一致的頁碼，則標示總頁碼，如《十三經注疏》；如無一致的頁碼，則標示該文獻或該卷的頁碼，如《四部叢刊》。為人所熟知的文獻在行文中不標明作者，如《史記》、《漢書》、《論語》

等，不爲人熟知的文獻一般在第一次引用時標明作者及其生活年代。

四、書證一般以時間先後爲序，少數則根據需要稍做調整。若對引文中的標點、用字有不同看法，則加案語。

五、行文使用繁體字，有多種字形的字在正文中儘量做到統一。正文用宋體字，爲突出中古兵書，凡獨立引中古兵書例子，用華文行楷顯示，以示區別。

六、對一些常用文獻採用習慣上的簡稱，如《漢語大詞典》簡稱《大詞典》、《漢語大字典》簡稱《大字典》、《說文解字》簡稱《說文》等，但在徵引文獻中以全名列出。

七、爲求行文簡潔，文中稱引前修時賢之說時，皆直書其名，不贅「先生」敬稱，敬請諒解。

引　言

　　研究的前提是確定語料，正如太田辰夫所言：「在語言的歷史研究中，最主要的是資料的選擇。資料選擇得怎樣，對研究的結果起著決定性的作用。」〔註1〕

　　從漢語史研究來說，方一新認爲新時期的中古漢語研究應該「繼續加強對專書或專類文獻的詞彙研究」，「只有專書、專類詞彙研究透了，纔有可能進一步推動中古漢語詞彙研究向縱深發展。這方面還大有可爲」〔註2〕。

　　受之啓發，筆者在整理《中古兵書資料彙編》〔註3〕的基礎上，決定將中古兵書這一專類文獻作爲研究對象。

　　呂思勉《先秦學術概論》有言：「兵書與諸子，實堪並列。」〔註4〕誠然，如明劉寅《武經七書直解》中所言：「兵書非異端之言，異端之言誣民惑眾，兵書是戡定禍亂之道，有國者不可不講，爲將者不可不學。」W〔9〕【P.26~27】「兵書」是中國古代軍事著作的統稱〔註5〕，在上古其發展就進入了高潮階段，出現了對後世影響深遠且流傳至今的《武經七書》中的《孫子》、《吳子》、《司馬法》、《六韜》、《尉繚子》等兵書。從《七略》中的「兵書略」，到以後各大

〔註1〕太田辰夫《中國語歷史文法》（修訂譯本），北京大學出版社，2003年版，頁373。

〔註2〕朱慶之編《中古漢語研究（二）‧方一新〈20世紀中古漢語詞彙研究〉》，北京：商務印書館，2005年版，頁59。

〔註3〕《中古兵書資料彙編》隸屬於導師王雲路的《中古漢語資料彙編》。

〔註4〕呂思勉《先秦學術概論》，北京：中國大百科全書出版社，1985年版，頁15。

〔註5〕這裡涉及一個時代性的問題，即古代的軍事著作才能稱爲「兵書」，這是因爲「兵」字在語言發展過程中經歷了一個詞義從大到小的發展過程。文獻記載中曾有言及「兵」、「軍」之爭的，王儉《七志》以「兵字淺薄，軍言深廣」曾改「兵書」爲「軍書」，阮孝緒《七錄》認爲「古有兵革、兵戎、治兵、用兵之言，斯則武事之總名也」，故仍改「軍」從「兵」。阮氏此說遂成定論。

書目中兵書位置的變化，體現了兵書地位的消長陞降〔註6〕。相較於上古兵書，中古兵書的發展陷入低潮，但還是出現了很多新發展，有不可忽視的研究價值，對中國兵書的傳承和發展有極爲重要的意義，具體表現在：一，內容上出現了第一部專門從戰略上論兵的兵書——《黃石公三略》〔註7〕，且出現了以「戰略」一詞命名的兵書，如晉司馬彪的《戰略》及已經亡佚的南北朝趙煚的《戰略》二十六卷，又出現了兩部兵器史書——南北朝梁陶弘景的《古今刀劍錄》與梁江淹的《銅劍讚》〔註8〕；二，體裁上出現了注釋前代兵書的兵書〔註9〕；三，自南北朝開始，「兵書」在人們的觀念中開始上升到「兵經」的地位，如南朝梁沈約《宋書·周朗傳》言「授以兵經戰略，軍部舟騎之容」S〔13〕【P.2093】，梁劉勰《文心雕龍·程器》中說「孫武兵經，辭如珠玉」W〔4〕【P.189】，《隋書·經籍志·兵書類》著錄有張子尚的《孫子兵經注》；四，

〔註6〕 《七略》中「兵書略」與其他幾略並列一級類目，到晉荀勖《中經新簿》，降爲乙部的二級類目，分「兵書」與「兵家」兩類，到王儉《七志》仍列「軍書志」爲一級類目，到阮孝緒《七錄》將「兵」置於子末，有「子兵錄」之說。這之後，兵書確定了其在子部的位置，不同的是在子部中的前後位置而已，如《隋書·經籍志》中位於子部第十，新、舊《唐書》均位於子部第十二，《通志·藝文略》位於子末第十一，《宋史》位於第十四，《明史》位於第五，到《四庫全書總目》中，「兵家類」上升爲「子部」僅次於「儒家類」的位置。可參許保林《從古代兵書分類演變看軍事學術的興衰》、《從歷代兵書著錄看兵家的諸子學性質》等文。

〔註7〕 關於《三略》的成書年代，我們同意黃樸民《大一統兵學的奠基作——〈黃石公三略〉導讀》（北京：軍事科學出版社，2001年版，頁10～11）中的東漢晚期，詳第二章。

〔註8〕 這兩部兵器史書與明郭子章輯的《蠙衣生劍記》合稱「三大兵器史書」，參陳高春《中國古代軍事文化大辭典》，北京：長征出版社，1992年版，頁879。

〔註9〕 有的學者將注釋看作是一種特殊的文章體裁，例如朱自清在《經典常談》（北京：三聯書店，1980年版，頁124）中曾指出漢魏六朝時期「有兩種新文體發展，一是佛典的翻譯，一是群經的義疏」，將義疏體的注釋看作一種獨立的文體。劉師培《中國中古文學史講義》（北京：人民文學出版社，1957年版，頁39～40）認爲：「王、何注經，其文體亦與漢人迥異……厥後郭象注《莊子》，張湛注《列子》，李軌注《法言》，范甯注《穀梁》，其文體並出於此，而漢人箋注文體無復存矣。」也直接將注釋看作文體。《後漢書·列女傳·曹世叔妻》中有這樣一句話：「所著賦、頌、銘、誄、問、注、哀辭、書、論、上疏、遺令，凡十六篇。子婦丁氏爲撰集之，又作《大家讚》焉。」（頁2792）這裡將「注」與「賦、頌」等相提並論，可見當時認爲注釋屬於文體的一種。我們同意把注釋看作是一種文體，因爲從語言研究的角度來看，隨著注釋學的不斷發展，注釋題材自身已經自發形成了一套語言體系，並能夠及時地吸納時代的語言特性，這一點是毋庸置疑的。

出現了曹操、諸葛亮〔註10〕等軍事大家，《四庫全書總目提要》云「宋以來兵家之書，多託於亮」Q〔3〕【P.1304】，足見其影響之深。

　　但事實上，就兵書研究情況看，有偏重之嫌，「武經七書」特別是先秦兵書研究得比較充分，如《孫子》，其研究形成蔚爲大觀的孫子學。本文以中古兵書作爲研究對象，一來就是基於這種不平衡的研究狀態，目的是爲兵書研究增磚添瓦。

　　就漢語史研究來看，王雲路在《百年中古漢語詞彙研究述略》中說：「現在，隨著中古時期單個詞語、專書詞語、某類詞語、斷代詞語研究的不斷增多和深入，隨著研究方法的逐步提高和完善，詞彙的整體面貌及其演變軌跡已較爲清晰，因而，進行中古漢語詞彙史的整體研究，撰寫《中古漢語詞彙史》，已經成爲必然和可行的了。」〔註11〕中古兵書上承上古兵書，下啓近代兵書，做好中古兵書詞語的研究，對整個兵書詞語的研究，對漢語史特別是中古漢語詞彙史的研究，都有很重要的意義。但不管是王雲路《百年中古漢語詞彙研究述略》中言及的「現今的中古漢語詞彙論著中，舉凡小說、史乘、詩文、佛經、道藏、科技書、雜著、金石碑帖、出土文物等，無不在挖掘、利用之列」〔註12〕，或是史光輝《20世紀80年代以來中古漢語詞彙研究的回顧與反思》中所總結的八大成果類型「史書詞語研究方面；小說詞語研究方面；詩歌詞語研究方面；佛經詞語研究方面；通釋性的著作方面；其他方面（包括墓誌等）；辭典編纂方面；專題研究方面」〔註13〕，還是王啓濤《近五十年來的中古漢語詞彙研究》中總結的中古漢語的13類語料「雜帖書信；詔書、奏書、家訓；史書；注釋文獻；詩歌；法制文獻；漢譯佛典；僧人行記、僧人傳記、寺院記；道藏；子書、雜著；筆記小說；農業、醫學文獻；字典及方俗語文獻」〔註14〕，都未見提及中古兵書這一語料及這一方面的研究成果。這對完整的中古漢語研究來說無疑是一缺憾。

　　鑒於此，我們選擇中古兵書作爲自己的研究語料。

〔註10〕　唐、宋兩代均追諡他爲武成王廟中兵哲十人之一。宋王應麟《小學紺珠》卷六《名臣類‧武成王廟十哲（唐）》：「白起、韓信、諸葛亮、李靖、李勣（列於左），張良、田穰苴、孫武、吳起、樂毅（列於右）。」明津逮秘書本。

〔註11〕　《浙江大學學報（人文社會科學版）》2001年第4期，頁60。

〔註12〕　《浙江大學學報（人文社會科學版）》2001年第4期，頁58。

〔註13〕　《福州大學學報（哲學社會科學版）》2004年第3期，頁76～81。

〔註14〕　《四川師範大學學報（社會科學版）》2003年第1期，頁98～103。

上編　中古兵書整體研究

第一章　概　論

第一節　中古兵書語料概況

中古兵書到底有多少？

先看歷代書目中中古兵書的著錄情況：《隋書‧經籍志‧兵書類》18 種，《舊唐書‧經籍志‧兵書類》8 種，《新唐書‧藝文志‧兵書類》13 種，《宋史‧藝文志‧兵書類》14 種，《崇文總目‧兵家類》5 種，《郡齋讀書志‧兵家類》2 種，《遂初堂書目‧兵書類》4 種，《通志‧兵家》21 種，《文獻通考‧經籍考‧子（兵書）》3 種，《文淵閣書目‧兵法》10 種，《千頃堂書目‧兵家類》3 種，《說郛‧兵書類》7 種，《四庫全書總目‧兵家類存目》4 種，《中國叢書綜錄‧子部‧兵書類》10 種，《續修四庫全書‧子部‧兵家類》2 種，《傳世藏書‧子庫‧兵書》1 種。

從以上著錄情況看，中古兵書的數量並不是很多。我國的兩部兵書目錄——《中國兵書知見錄》和《中國兵書總目》倒是著錄了不少，如《中國兵書知見錄》著錄了「東漢（9 部）；三國晉南北朝存世兵書（88 部，382 卷，內 18 部無卷數）；三國晉南北朝存目兵書（87 部，251 卷，內 17 部無卷數）」〔註 1〕，《中國兵書總目》著錄的數量相較更多一些。但其中有很多是「內容重複、內容相近而書名不同、名為兵書而並無論兵價值、同一名著而只是校注釋解稍有不同」〔註 2〕的兵書，如果對之進行篩選的話，中古兵書也就沒多少部了。

〔註 1〕 許保林《中國兵書知見錄》，北京：解放軍出版社，1988 年版，頁 28～51。
〔註 2〕 王兆春《中國歷代兵書》，北京：商務印書館，1996 年版，頁 179。

其中，注釋類〔註3〕是中古兵書在體裁方面的新發展，故我們把它單獨列爲一類，分中古兵書爲以下兩大類：

一、中古時期對前代兵書的注釋

根據文獻記載，中古時期對前代流傳的兵書幾乎都有作注，如：

東漢許慎注《六韜》

見於《中國兵書通覽》：「在體裁方面，出現了注釋兵書的兵書，如許慎的《六韜注》……」〔註4〕現有一條佚文，存於《太平御覽》卷三五七：「《六韜》曰『方胥鐵椌重十二斤，柄長五尺，千二百枚，一名天椌』，許慎注曰：『大杖以桃爲之，擊殺羿，是以鬼畏桃人也。』」[1] [P.1643] 〔註5〕

魏曹操注《太公陰謀》

又稱《太公陰謀解》。如《隋書・經籍志》「梁又有《太公陰謀》三卷，魏武帝解」；《通志》「《太公陰謀》一卷，又三卷，魏武帝注」；《江南通志》「《太公陰謀解》三卷，《孫子兵法集解》三卷，《續孫子兵法》二卷，俱魏武帝」等。佚。

魏曹操注《司馬法》

有佚文見於《文選》，汪師韓《文選理學權輿》曰：「《選》注所引羣書，有曹操《司馬法》注。」侯《志》曰：「魏武帝《司馬法注》，見《文選》注。」〔註6〕即《文選・鍾士季〈檄蜀文〉》「古之行軍以仁爲本，以義治之」，李善注引《司馬法》「古者以仁爲本，以義治之」曹操曰：「古者，五帝三王以來也。仁者生而不名，義者成而不有。」[2] [P.834] 又《文選・任彥升〈奏彈曹景宗〉》「御史中丞臣任昉稽首言：臣聞將軍死綏，咫步無卻」李善注：「《司馬法》曰『將軍死綏』，注曰：綏，卻也，有前一尺，無卻一寸。」[2] [P.740] 此條未標明注者，可能亦是曹操。

〔註3〕 許保林認爲諸家注釋的共同特點之一就是「在注釋《孫子》的同時，也闡發了注釋者的軍事思想」。參《中國兵書通覽》，北京：解放軍出版社，1990年版，頁153。

〔註4〕 許保林《中國兵書通覽》，頁50。

〔註5〕 未見許慎注的相關著錄，《太平御覽》此條注釋與《六韜》正文似亦不類，是否可據此認爲許氏首開注釋兵書之河，還不好說。

〔註6〕 見《曹操著作考》，《曹操集》節錄自姚振宗《三國藝文志》，北京：中華書局，1959年版，頁213。

魏曹操、魏王淩、魏賈詡、吳沈友〔註7〕、梁孟氏〔註8〕、隋蕭吉〔註9〕等注《孫子兵法》

如《通志・藝文略》：「孫子兵法一卷，魏武、王淩集解；又一卷，蕭吉注；又二卷，孟氏解詁；又二卷，吳沈友撰。」《四庫全書總目提要・孫子》：「此書注本極尠。《隋書・經籍志》所載，自曹操外，有王淩、張子尚、賈詡、孟氏、沈友諸家。」Q〔3〕【P.1296】其中曹操注是《孫子兵法》現存最早的注本，對《孫子兵法》的流傳和其後其他注家有重要的影響。據杜佑注及《武經彙解》等輯佚王淩注《孫子》7條，賈詡注《孫子》2條，沈友注《孫子》3條，蕭吉注《孫子》1條，詳第四章。另外，還有敦煌晉寫本孫子注殘頁，有雙行夾注兩條，《孫子學文獻提要》曰：「此殘頁原由日本大谷光瑞（一說香川默識）《西域考古圖譜》收錄。其後羅振玉將其編入《漢晉書影》中，稱爲晉代孫子注殘紙。」〔註10〕

魏賈詡注《吳起兵法》

著錄於《隋書・經籍志》、《新唐書・藝文志》、《通志・藝文略》、明焦竑《國史經籍志》。清姚振宗《隋書經籍志考證・吳起兵法一卷（賈詡注）》曰：「孫氏平津館校刊序曰：『《隋書・經籍志》載《吳起兵法》一卷，賈詡注。賈注已佚，或即《太平御覽》所引注文。』」S〔15〕【P.505】

〔註7〕　《隋書・經籍志》、《舊唐書・經籍志》、《新唐書・藝文志》、《通志・藝文略》等著錄。《吳郡志・人物・沈友》：「歆慚曰：『自桓、靈以來，雖多英彥，未有幼童若此者。』弱冠博學，善屬文，兼好武事，注《孫子兵法》。又辯於口，時稱其筆、舌與刀，三者皆妙，過絕於人。孫權以禮聘之。」參宋范成大《吳郡志》，南京：江蘇古籍出版社，1986年版，頁302～303。

〔註8〕　《隋書・經籍志》、《通志・藝文略》著錄爲《孟氏解詁》，《舊唐書・經籍志》、《新唐書・藝文志》稱《孟氏解》。宋後不見單獨著錄，可能其注收入集注本後，單行本不久即佚。《宋史・藝文志》著錄《五家注孫子》三卷中有其注。其注現存《十家注》系統各本中。注留下來的甚少，可能有缺佚。內容偏重文字訓詁，較少思想闡發，但亦多有可注意者。舊本多將其注置於杜牧之後，有的甚至放在諸唐人之後、宋人之前，比較混亂。孫星衍校《十家注》本始將其定位於曹操注之後、唐人之前。詳參于汝波主編《孫子學文獻提要・孟氏解詁二卷》，北京：軍事科學出版社，1994年版，頁17。

〔註9〕　《孫子學文獻提要・蕭吉注孫子》：「《通志・藝文略》始見著錄，一卷；《宋史・藝文志》同；《國史經籍志》則作三卷。《宋史・藝文志》又云『或題蕭、曹注』，如此，則當爲曹操與蕭吉的集注本。《崇文總目》作『蕭古注』，『古』乃『吉』之誤。」頁19。

〔註10〕　于汝波主編《孫子學文獻提要》，頁16。

蜀諸葛亮注《陰符經》

收於《諸葛亮集》，下有案語：「此篇亦疑依託於諸葛亮者。」〔註11〕

晉皇甫謐、晉樂壹、梁陶弘景注《鬼谷子》〔註12〕

詳第二章中關於《鬼谷子》注家的論說。

魏繆襲注《尤射》

見《說郛》，明張自烈《正字通》卷二「娀」條佐證中提到魏繆襲注《尤射》一卷，兵書書目多承之。亦有言繆襲作《尤射》的，如清徐時棟《煙嶼樓讀書志》：「魏繆襲作《尤射》，凡二十章，多古文奇字……書中多闕文，亦不知注者何人，注亦多闕。本脫佚耶？殆故爲此狡獪耶？」Y〔2〕〔P.578〕清袁枚《隨園詩話》：「古詞奇奧，多不可解：大抵本其時之方言，而流傳失眞……北魏繆襲仿其體，作《尤射經》，抝澀不可句讀，殊覺無謂。」S〔16〕〔P.222〕

魏劉昞、隋成氏注《黃石公三略》

文獻記載中古時期有兩家注：魏劉昞注及隋成氏注。這兩家注在中土文獻中早已失佚。近來，劉景雲研究發現《俄藏敦煌文獻》Дх17449《黃石公三略》手抄夾注殘卷孤本和《俄藏黑水城文獻》中以「ИНВ」編號的第 578 和第 715 合號的譯自漢文的《黃石公三略》。詳第二章中關於《黃石公三略》注家的解說。

二、中古時期產生的兵書

如上所言，《中國兵書知見錄》著錄「東漢（9 部）；三國晉南北朝存世兵書（88 部，382 卷，內 18 部無卷數）；三國晉南北朝存目兵書（87 部，251卷，內 17 部無卷數）」，這其中除卻重複的，大多都只是存目而已。這裡以《中國兵書集成》第 2 冊〔註13〕收錄的中古兵書爲依據，參以其他文獻資料，大致確定爲以下幾種：

〔註11〕《諸葛亮集》，北京：中華書局，1960 年版，頁 59。

〔註12〕鬼谷子是縱橫家的鼻祖，不是政治家的政治家，不是軍事家的軍事家。《隋書·經籍志》列之爲「縱橫家類」，其說爲縱橫家提供理論根據，實爲古代政治、軍事心理學開山之作，故後世兵家以之爲兵書。此說參陳高春《中國古代軍事文化大辭典》，頁 871。

〔註13〕《中國兵書集成》第 2 冊，北京：解放軍出版社、瀋陽：遼瀋書社，1988 年版。

1. 東漢《黃石公三略》。
2. 魏曹操的《步戰令》、《軍策令》、《船戰令》、《兵書要略》〔註14〕、《新書》等。
3. 蜀諸葛亮的《兵要》、《軍令》、《將苑》和《便宜十六策》。
4. 魏王基〔註15〕的《王氏新書》。
5. 晉司馬彪的《戰略》。
6. 南朝梁陶弘景的《古今刀劍錄》。
7. 南朝梁江淹〔註16〕的《銅劍讚》。

對上述語料，有幾個問題需要注意：

第一，眞僞問題。中古兵書中有部分是後人輯佚的，如諸葛亮《兵要》、《軍令》（清張澍輯），曹操《步戰令》、《軍策令》、《船戰令》等（清丁福保輯），司馬彪《戰略》（清黃奭輯），王基《王氏新書》（清馬國翰輯）等，這就涉及語料的辨別問題。再者，對署名爲諸葛亮的《將苑》和《便宜十六策》的眞僞問題聚訟紛紜。對這個問題，誠然可如《重刊武經彙解總序》中說的那樣：「雖《六韜》、《三略》或擬僞託，然言之有故……要非淺淺寡謀者所能道，讀兵家言者取其以用足矣，豈必拘拘於此哉？」W〔8〕〔P.15~16〕官道尊《諸葛心書集注》小引亦言：「此書考古家多詆爲僞作，並非武侯眞筆，余則以實行家眼光注之，不問其眞與不眞，只問其所言對於今世有無益處。」〔註17〕這是對「實行家」而言，而作語言研究的話，利用這些語料的首要工作就是辨僞。

第二，校勘問題。對中古兵書的校勘，現多著力在《黃石公三略》、《孫子》曹操注、《將苑》上，也都還存在著進一步完善的空間。拿《孫子》曹操注來說，李零用影宋本《魏武帝注孫子》爲底本，校以宋本《十一家注孫子》所收曹操注以及《北堂書鈔》、《羣書治要》、《初學記》、《通典》、《太平御覽》等書的引文對曹操注進行校勘，讓我們得以瞭解曹操注的概貌。我們還可以用《魏武帝注孫子》的流傳本（如日本京都大學圖書館藏本、清左樞箋本、

〔註14〕是書名目繁多，還有《兵書略要》、《兵書接要》、《兵法捷要》、《兵書節要》等稱，周一良《魏晉南北朝史札記·〈三國志〉札記》「《兵書接要》」條（北京：中華書局，1985年版，頁1～2）有論，茲不贅。

〔註15〕清王耕心《貫子次詁》引作「王荃《王氏新書》」，清光緒王代龍樹精舍刻本，「荃」疑爲「基」之訛。

〔註16〕明祁承爜《澹生堂藏書目》誤作「仁淹」，清宋氏漫堂鈔本。

〔註17〕1926年成都昌福公司印本。

清王念孫校本等）及《孫子參同》、《武經七書彙解》中的曹操注等進行校勘，整理出積善從長的好本子。

第三，範圍問題。有雖著錄爲兵書但其中內容不全是兵書的，《便宜十六策》就是代表，它包括治國與治軍兩個方面的內容；另有雖不是兵書但其中內容有涉及兵書的，如東漢王符的《潛夫論》，其中「勸將」、「救邊」、「邊議」、「實邊」四篇是其兵家思想的體現，《中國兵書集成》第二冊就著錄了這四篇。筆者以爲論兵篇章不能算作嚴格意義上的兵書，故不入錄。

第二節　中古兵書研究概況

已故語言學家劉堅在爲《中古漢語讀本》作的《序》中有這樣一段話：「無論做什麼研究，社會科學或自然科學，首先必須知道別人已經對這項課題做過哪些工作，有哪些成果可以參考，有哪些彎路可能避免。任何研究工作，只要有人做過，哪怕只有少數人做過，也不管做得怎麼樣，我們接著做，就不是從零開始，就得先看看人家已經走到了哪一步。別人做對了的，我們不必重複；別人弄錯了的，我們要避免：只有這樣，研究水準才能不斷提高。」〔註18〕在進行研究之前，對中古兵書的現有研究情況應該有一個總體把握。

許保林《近年來中國古代兵書研究述評》〔註19〕一文從兵書的綜合研究、專書研究、專題研究、研究方法等方面對近年來兵書研究概況進行了解說，從中可以看出對兵書的研究大多集中在先秦兵書上，很少有目光投注在中古兵書上。

就專題研究來說，許氏總結了兵書的分類研究、兵書與史籍的比較研究、諸子論兵的研究三個方面。我們就其未言及的軍語這一專題進行詳說。軍語研究大致有以下成果：

褚良才杭州大學 1994 年博士學位論文《中國古代軍語研究》（已出專著，《中國古代軍語研究導論》，浙江教育出版社，1998 年版）及《漢語史研究的新領域──古代軍語研究》一文〔註20〕，褚氏充分肯定了古代軍語對漢語史研究的作用，對古代軍語研究進行了回顧，認爲古代軍語研究大多散見

〔註18〕方一新、王雲路《中古漢語讀本》（修訂本），上海教育出版社，2006 年版，序頁 3。
〔註19〕《甘肅社會科學》1987 年第 2 期，頁 96～103。
〔註20〕《杭州師範學院學報》1995 年第 5 期，頁 41～45。

於字典辭書、文獻史籍、古書傳注、文物考古中，並對近當代的三部軍語辭典——《軍語》（1906 年）、《漢英英漢軍語辭典》（1977）、《軍語》（1982）進行簡評。從中我們可以對古代軍語有個概括的認識。又，褚良才《中外古代軍語的比較研究——兼論對「漢字文化圈」的新認識》一文〔註 21〕對漢、日、朝、越、納西文、西夏文、方塊壯文的軍語進行了簡要比較分析。這是對軍語概括性質的研究。另外，苟曉燕《銀雀山漢墓竹簡兵書二種詞彙研究》〔註 22〕、傳朝《〈孫子兵法〉軍語研究》〔註 23〕、劉小文《〈尉繚子〉軍事用語研究》〔註 24〕、孟嬌《〈孫子兵法〉軍事用語研究》〔註 25〕等對專書的軍語進行了研究。

從以上研究來看，軍語研究還不成系統，正如張永言在為《中國古代軍語研究導論》作的序中說的那樣：「古代軍語是漢語詞彙中帶有專門術語性質的一類重要詞語，自來的字典辭書均有所收列，歷代的典籍傳注也間有訓釋，但是都零散不成條貫⋯⋯全面、系統的研究探討，尤其是把現代詞彙學的理論和方法引入漢語史這一領域的研究，仍然罕見。」〔註 26〕對中古軍語進行系統研究的還未得見。

中古兵書現有研究多集中在《黃石公三略》、《孫子》曹操注、署名為諸葛亮的《將苑》、《鬼谷子》陶弘景注上，具體的我們在後面的文獻研究中還將提及，這裡只就總體情況概括為以下幾個方面：

一、對軍事方面的關注

主要體現在對其軍事戰略思想、軍事才能、軍事活動的關注，如許保林《〈黃石公三略〉淺說》、黃樸民《大一統兵學的奠基者——〈黃石公三略〉導讀》二書及顏吾芟《〈黃石公三略〉戰略思想初探》〔註 27〕一文對《黃石公三略》的戰略思想進行了解說。張作耀《曹操軍事思想十題》〔註 28〕、郭國

〔註 21〕《浙江大學學報（人文社會科學版）》2002 年第 3 期。
〔註 22〕西南師範大學 2000 年碩士學位論文。
〔註 23〕《錦州師範學院學報》2001 年第 2 期。
〔註 24〕西南師範大學 2003 年碩士學位論文。
〔註 25〕長春理工大學 2008 年碩士學位論文。
〔註 26〕褚良才《中國古代軍語研究導論》，杭州：浙江教育出版社，1998 年版，序頁 1～2。
〔註 27〕《求是學刊》1996 年第 4 期，頁 102～103。
〔註 28〕《社會科學戰線》1997 年第 6 期，頁 206～227。

靈《從〈孫子注〉看曹操的樸素軍事辯證法思想》〔註29〕及王聯斌《諸葛亮的軍事倫理思想》〔註30〕，胡東原、張德湘《諸葛亮軍事倫理思想研究》〔註31〕等分別對曹操和諸葛亮的軍事戰略思想進行了研究。又，李興斌《論曹操的軍事才能》〔註32〕、羅民介《諸葛亮的軍事才能芻議》〔註33〕、朱明勳《諸葛亮的軍事才能略論》〔註34〕、張應二《諸葛亮軍事活動研究》〔註35〕幾篇文章對曹操、諸葛亮的軍事才能、軍事活動進行了研究。這方面跟我們本文的研究相差較遠，故此從略。

二、對成書年代、作者的討論

　　許保林《〈黃石公三略〉淺說》、黃樸民《大一統兵學的奠基者——〈黃石公三略〉導讀》二書及張家棟《〈黃石公三略〉作者試探》〔註36〕一文等對《黃石公三略》的成書年代、作者進行了探討，又，對陶弘景注《鬼谷子》及《將苑》的眞僞頗多議論。詳見第二章文獻部分的相關論述，茲不贅。

三、對中古兵書的文獻整理、注譯

　　主要體現在對兵書原文的校勘、注釋、翻譯上。拿《將苑》來說，校勘方面有 1960 年中華書局版《諸葛亮集》，其中僅有張澍本原注及《說郛》本的比較；張連科、管淑珍《諸葛亮集校注》中《諸葛亮集》與《諸葛孔明全集》的比較。注釋、翻譯方面，有李伯勳《諸葛亮集箋論》，張連科、管淑珍《諸葛亮集校注》，張天夫《諸葛亮〈將苑〉注譯》，張塾、章理佳《〈心書〉新編譯評》，索寶祥《〈心書〉——一部論述爲將之道的兵書》，王臣《諸葛武侯兵法今譯》等。其中《諸葛亮集箋論》集校勘、注釋、翻譯於一身，於《將苑》功莫大焉。

　　具體的後面的文獻研究部分還會述及，茲不贅。

〔註29〕《菏澤師專學報》1994 年第 3 期，頁 49～51。
〔註30〕《軍事歷史研究》1995 年第 4 期，頁 169～175。
〔註31〕《南京社會科學》2003 年第 2 期，頁 42～46。
〔註32〕《濟南大學學報》2000 年第 6 期，頁 18～24。
〔註33〕《新東方》1995 年第 4 期，頁 55～57。
〔註34〕《滄桑》2008 年第 4 期，頁 1～2。
〔註35〕吉林大學 2006 年博士學位論文。
〔註36〕《解放軍理工大學學報（自然科學版）》1987 年第 4 期，頁 48～53。

四、對中古兵書的利用

歷來的研究中多有涉及中古兵書的，如宋羅泌《路史》、清李鍇《尚史》、清馬驌《繹史》等多引《刀劍錄》以佐證相關史實；清孫詒讓《墨子閒詁》卷十一五次提到《銅劍讚》，2 次疑其誤，3 次為佐證；清俞樾《諸子平議補錄》、房立中《新編鬼谷子全書》多次利用陶弘景注對《鬼谷子》原文進行校勘；俞樾、楊丙安、李零等利用曹操注對《孫子》原文進行校勘；清朱駿聲《說文通訓定聲》在「古韻」與「轉音」裏凡引《三略》43 次叶音（不計重複），如乾部弟十四：「倦，罷也，從人卷聲。【古韻】《三略上》叶辨、倦，又叶倦、萬。《三略下》叶諫、散、叛、倦。」S [9]【P.749~750】所謂「叶辨、倦」是指「軍幕未辨，將不言倦」H [10]【P.5】，《定聲》訛「辨」為「辨」。「叶倦、萬」是指「故曰蓄恩不倦，以一取萬」H [10]【P.5】。「叶諫、散、叛、倦」是指「夫將拒諫，則英雄散；策不從，則謀士叛；善惡同，則功臣倦」H [10]【P.7】。

現代研究者間有利用中古兵書為己佐證者，如：

《中古漢語語詞例釋》「附近」條言「附」有近義，利用《孫子・行軍》：「欲戰者，無附於水而迎客。」曹操注：「附，近也。」〔註37〕

《三國志校詁》引《太平御覽》卷三三七載曹操《軍策令》謂夏侯淵「本非能用兵也，軍中呼為『白地將軍』」，認為「《魏志・高堂隆傳》：『今吳、蜀二賊，非徒白地小虜、聚邑之寇。』《通鑒》引此文胡三省注曰：『白地』，謂大幕不生草木，多白沙也；『小虜』，謂烏桓鮮卑也」：「此『白地』似為當時俗語，蓋以形容缺乏軍事素養之人。竊謂隆疏之『白地小虜』即無能小賊之謂。胡氏注為『烏桓鮮卑』，未知所據。」〔註38〕

再者，辭書中也多利用中古兵書，這在後文的研究中還將提到。這裡只就《大詞典》利用《鬼谷子》來管窺，《大詞典》利用《鬼谷子》凡 27 次，涉及陶弘景注的有 11 次，其中 7 次是作為《鬼谷子》之注釋來利用，即是《大詞典》以《鬼谷子》之文立條，以陶弘景注之文作為釋義依據，如「守司」條，「伎巧」條，「象比」條，「釣語」條，「抵巇」條，「倍反」條，「宣散」條。4 次是作為例證來利用，即該詞不出現在《鬼谷子》中而出現在陶弘景注中，如「材術」條、「鬱勃」條，作為首證出現；「螳蟷」條，為孤證；「察知」條，為中間例證。

〔註37〕王雲路、方一新《中古漢語語詞例釋》，吉林教育出版社，1992 年版，頁 160。
〔註38〕吳金華《三國志校詁》，南京：江蘇古籍出版社，1990 年版，頁 143。

　　總的來看，將中古兵書作爲一個專題進行系統研究的成果還未得見。具體來說，一對文獻的整理不夠，二對語詞的研究不夠。所以本文打算從這兩個方面入手。

第三節　本文的研究方法

　　上文提到本文要關注中古兵書的文獻與語詞，其實，這兩個方面亦是緊密關聯的。王雲路曾說：「中古文獻的整理也是中古漢語詞彙研究的一個基礎性工作。」〔註39〕董志翹在《漫談漢語史論文的寫作》中強調：「對於漢語史研究，所用材料的可靠與否，將直接影響到論文的結論是否站得住腳。因爲，漢語史研究面對的主要是傳世文獻材料，有不少文獻歷經輾轉流傳，其中時代層次複雜，年代不確、著者不明，甚至僞託的現象比比皆是，即使是年代可靠、作者明確，但文中誤、訛、脫、衍、顛倒、錯亂也觸處皆見。因此在廣泛搜集材料之後，對語料的鑒別則成了極其重要的工作。首先，我們應避免語料時代的錯誤。……其次，我們還應該認眞辨別文獻語料中的訛誤。往往材料中的一點訛誤都有可能導致論文結論的錯誤。」〔註40〕足見辨僞在漢語史研究中佔有十分重要的地位。而漢語史研究的本身，也能爲古籍辨僞提供重要依據。

　　在《近十年間近代漢語研究的回顧與前瞻》一文中，蔣紹愚強調：「在紮紮實實地掌握材料、認眞細緻地分析材料的同時，要注意方法問題，加強理論思考。掌握材料、分析材料是語言研究的基礎，離開這個基礎來談理論、方法，就會變成標新立異、誇誇其談。但是，在掌握了豐富材料的前提下，有沒有正確的理論、方法，將會對研究的成果起決定性的作用。」〔註41〕本文在具體的研究過程中，擬採用以下方法：

一、文獻鉤沈法

　　對文獻進行鉤沈，力求找出散佚而存的語料，如《北堂書鈔・武功部五・騎八》「二十八騎」引《黃石公三略》云：「欲知敵形色可勝之符，先戰

〔註39〕《百年中古漢語辭彙研究述略》，《浙江大學學報（社會科學版）》2001年第4期，頁55。

〔註40〕馬景侖主編《科研論文閱讀與寫作》，南京：江蘇古籍出版社，2001年版，頁424〜425。

〔註41〕《古漢語研究》1998年第4期，頁43。

以二十八騎陣惑之，凡二十八騎象二十八宿也。」B 〔2〕【P.446】《後漢書・儒林傳・楊倫》「當斷不斷，黃石所戒」李賢注引《黃石公三略》曰：「當斷不斷，反受其亂。」H 〔5〕【P.2565】這二句爲今本《黃石公三略》所無。特別是對注釋類兵書進行輯佚，如據杜佑注及《武經七書彙解》等輯佚賈詡注《孫子》2 條，王凌注《孫子》7 條，沈友注《孫子》3 條，蕭吉注《孫子》1 條，詳見第四章關於《孫子》中古注概況的論說；又，據《文選》李善注、《史記》索隱及《事物紀原》輯樂壹注《鬼谷子》3 條，詳見第二章關於《鬼谷子》注家的分析。

二、文獻辨僞法

蔣紹愚將語言研究分爲兩步，他說首先是收集語料。但收集語言資料，這只是語料工作的第一步，其次還要對語料進行鑒別，包括確定語言資料的年代，識別語言資料中的後人竄改和訛誤，再次是作語料的分析，比如語言的時代、方言成分、語體風格等等，然後才能作爲語言的研究資料來用。〔註 42〕

對兵書語料來說更該如此，明代著名學者胡應麟曰：「凡四部書之僞者，子爲盛……凡子之僞，道爲盛，兵及諸家次之。」S 〔4〕【P.322】使用兵書語料的首要問題就是辨僞。

對語料進行鑒別，蔣紹愚提出了文獻學的方法和語言學的方法兩種，語言學的方法又有兩種：一種是根據作品中某些詞語（特別是反映社會情況、典章制度的詞語）來考定其時代，一種是根據作品中語音、語法、詞彙的特點來考定其時代〔註 43〕；方一新在此基礎上細化爲三種──哲學、文學或史學方法：即從思想內容、時代背景入手；文獻學方法：即從版本目錄、作者生平、校勘輯佚入手；語言學方法：即從語音、語法和詞彙入手。〔註 44〕

謝國良《克服苦難，提高兵書（條目）釋文質量》（《軍事卷通訊》1983年第 23 期）一文對軍事科學院戰略研究部三室研究兵書的經驗進行了總結，提出了三條方法，其中之一爲充分查找「外證」、「內證」，以辨別兵書眞僞。所謂找「外證」，即廣泛利用前人目錄學、版本學和校勘學方面的成果，並重視出土文物提供的實證材料。所謂「內證」，是從兵書本身所提供的人物、風

〔註 42〕蔣紹愚《近代漢語研究概要》，北京大學出版社，2005 年版，頁 15～28。

〔註 43〕蔣紹愚《近代漢語研究概要》，頁 305。

〔註 44〕詳參方一新《作品斷代和語料鑒別》，《浙江大學漢語史研究中心簡報》2004年第 1 期，頁 16～29。

俗、典章、制度、語言文學等方面材料，考證兵書的真偽。〔註45〕

在實際的操作中，我們通過版本著錄、文獻記載、語言佐證等來對《黃石公三略》、《將苑》的成書年代進行討論，詳見第二章關於二者成書年代的討論。

三、比較法

比較一直是一種行之有效的研究方法，針對中古兵書情況，本文特從以下幾個方面進行比較研究。

（一）軍語與通語的比較

軍語伴隨著人類軍事活動的產生而產生，作為一種行業用語，它不是憑空產生的，而往往是和通語有著千絲萬縷的聯繫的。同時，軍語又必然要強烈地影響通語，對豐富和發展通語有著重要作用，正如張永言所言：「行業語在社會上起著有益的作用。因為行業語所表示的事物和行為等在文學語言裏往往沒有相應的詞來表示，行業詞彙在一定程度上有豐富文學語言的作用，即行業語的詞可以超越自己的專門範圍而變為全民語的詞。」〔註46〕自古至今，二者的這種相互作用就沒有停止過。軍語與通語之間的這種千絲萬縷的關係，在歷來的軍語研究中都會濃筆書寫。這裡只簡要舉「老兵」一例：

何謂「老兵」？《黃石公三略·上略》有明確論述：「攻城則不拔，圖邑則不廢，二者無功，則士力疲弊。士力疲弊，則將孤眾悖，以守則不固，以戰則奔北。是謂老兵。」H〔10〕【P.5~6】即指長期在外作戰而士氣低落的軍隊。

「老兵」何來？《說文·老部》：「老，考也。七十曰老，……言鬚髮變白也。」S〔9〕【P.398】商承祚《殷墟文字類編》：「（甲文）像老者倚杖之形。」〔註47〕是「老」本指高齡。引申之，則有「歷時長久」和「疲憊、困乏」二義，這二義進入了軍事領域，前者如《左傳·僖公三十三年》：「老師費財。」杜預注：「師久為老。」C〔6〕【P.1834】後者如《國語·晉語四》：「且楚師老矣，必敗，何故退？」韋昭注：「老，罷也。圍宋久，其師罷病。」G〔6〕【P.355】是以

〔註45〕轉引自許保林《近年來中國古代兵書研究述評》一文，《甘肅社會科學》1987年第 2 期，頁 101～102。
〔註46〕張永言《詞彙學簡論》，武漢：華中工學院出版社，1982 年版，頁 83。
〔註47〕轉引自徐中舒主編《漢語大字典》，武漢：湖北辭書出版社、成都：四川辭書出版社，1986～1990 年版，頁 2778。

出現了「老兵」一詞。

　　與之相關的有「叟兵」一詞，有將「叟兵」釋爲老兵的，如張舜徽《三國志辭典》「叟兵」條：「老兵。《蜀書・劉璋傳》：『璋復遣別駕從事蜀郡張肅送叟兵三百人並雜御物於曹公，曹公拜肅爲廣漢太守。』」〔註48〕這大概是因爲在通語中「老叟」常連言而致誤。吳金華《〈三國志辭典〉商正》一文已揭示其誤：「《辭典》把『叟兵』釋爲『老兵』，過於離奇。『叟兵』以驍健著稱，不是老年之兵。據有蜀地的劉璋爲了巴結曹操，怎麼會糊塗到以『老兵』爲禮物？即使是使用現代化武器的今天，年紀老大的兵士也不見得比年輕力壯者更受歡迎，何況那時的兵卒還處於比武鬥力的亂世。《後漢書・董卓傳》：『呂布軍有叟兵內反，引催眾得入。』李賢注曰：『叟兵即蜀兵也。漢代謂蜀爲叟。』又《劉焉傳》：『……焉遣叟兵五千助之。』李賢注：『漢世謂蜀爲叟，孔安國注《尚書》云：蜀，叟也。』」〔註49〕吳氏所言甚是，東漢、三國時叟人被徵募爲兵者，作戰英勇，稱「叟兵」。是以切忌以今律古，誤讀「叟兵」。

（二）傳世文獻不同版本的比較

　　如《孫子》曹操注版本有三個系統：《魏武帝注孫子》單行本系統、《十一家注孫子》集注系統及類書徵引系統。這三個系統裏匯聚了眾多版本，我們可藉此進行版本校勘、異文研究等。版本校勘詳附錄一，這裡就異文舉一例：

　　　　《孫子・作戰》：「凡用兵之法，馳車千駟，革車千乘，帶甲十萬。」

　　　　曹操注：「馳車，輕車也，駕駟馬，凡千乘；革車，重車也。言率十萬之軍：一車駕四馬，養二人主炊，家子一人主保固守衣裝，廝二人主養馬，凡五人，步兵十人；重以大車駕牛，養二人主炊，家子一人主保固守衣裝，凡三人也。帶甲十萬，士卒數也。」

　　按：此注《平津館叢書》本、日本、《參同》本很簡略：「馳車，輕車也，駕駟馬；革車，重車也。」《十一家注》本、談本、黃本、《漢魏叢書》本、王本及《御覽》引文大多同文，不同處在「保固守」、「廝」上，這裡簡要分析。

〔註48〕張舜徽《三國志辭典》，濟南：山東教育出版社，1992年版，頁303。
〔註49〕《徐州師範大學學報（哲學社會科學版）》2002年第2期，頁35。

「保固守」，《御覽》引作「保國守」，「國」爲「固」之形訛。又此注有兩個「保固守」，其中第二個，《十一家注》本、談本、黃本、《漢魏叢書》本、王本均省作「守」，保、固、守三字同義連言。

「廝」字，《十一家注》本、談本、黃本、《漢魏叢書》本、王本均作「廄」，作「廄」誤。何爲「廝」？即養馬者，古注早已揭示，《戰國策·齊策五》：「士大夫之所匿，廝養士之所竊，十年之田而不償也。」鮑彪注：「廝，析薪養馬者。」Z〔2〕【P.690】《史記·張耳陳餘列傳》：「有廝養卒謝其舍中曰：『吾爲公說燕，與趙王載歸。』」集解引韋昭曰：「析薪爲廝，炊烹爲養。」S〔5〕【P.2576~2578】

（三）兵書與兵書的比較

這包括兩個方面的情況：一是如《歷代兵制》、《武備志》、《武經總要》、《戊笈談兵》等有中古相關論述者；二是同一事物，不同兵書間的不同說法，如《王氏新書》第六條出自《魏志》基本傳裴松之注引司馬彪《戰略》，可與《戰略》「王基」條相較。藉此我們可以對中古兵書進行縱橫兩方面系統的研究。

（四）兵書與史書的比較

《戰略》附錄條黃奭案：「司馬氏《戰略》多是三國時事，與《九州春秋》相表裏。」S〔11〕【P.226】現輯佚出來的幾條又多出於《三國志》裴注所引，所以在研究《戰略》時，可與《九州春秋》、《三國志》進行比較研究。

《玉函山房輯佚書》輯王基《王氏新書》六條，其中前五條均出自《魏志》基本傳，第六條出自本傳裴松之注引司馬彪《戰略》，《大詞典》所列相關此條亦往往以《三國志》作例。

又《古今刀劍錄》，顧名思義，「古今」言及歷史，「刀劍」涉及兵書，故其中所言不同時代之刀劍之人事可與相關時代之史書相較。如宋羅泌《路史》、清李鍇《尚史》、清馬驌《繹史》等多引《刀劍錄》以佐證相關史實。

再者，史書中存在著大量的軍語，這裡以吳金華的《三國志校詁》爲例，擷取其中兩例關於軍語的研究，如說《魏志·武帝紀》「先以輕兵挑之」之「輕兵」「乃賤而勇者所率之輕銳部隊，何氏以『弱者』、『遊軍』說之，未能審諦」〔註50〕；《魏志·武帝紀》「軍遮要以臨漢中」，吳氏「竊疑『軍遮要』即駐軍於遮要，『遮要』係軍事術語，指爭勝者必據之要地」〔註51〕。當然，對於史

〔註50〕吳金華《三國志校詁》，頁16～17。
〔註51〕吳金華《三國志校詁》，頁19～20。

書中的軍語，仁者見仁，我們處理要慎重，切忌將通語作軍語。

這裡就「無前」一詞進行解析：

《三國志・蜀志・諸葛亮傳》注引《漢晉春秋》曰：「自臣到漢中，中間期年耳，然喪趙雲、陽羣、馬玉、閻芝、丁立、白壽、劉郃、鄧銅等及曲長屯將七十餘人，突將無前。賨、叟、青羌散騎、武騎一千餘人……」^{S〔1〕【P.923】}宋陳傅良《歷代兵制》中言「兵有突將、無前、賨、臾、青羌、散騎、武騎之別」，似是據《三國志》上例而言，但將「突將無前」屬下與「賨、叟、青羌、散騎、武騎」並列，以為「無前」亦是蜀國軍隊的名稱。《歷代兵制淺說》亦據《歷代兵制》之斷，將「突將」、「無前」看成是蜀基層部隊的稱號。〔註52〕徐澄、成純《〈三國志〉詞語札記》一文〔註53〕據《歷代兵制》之說，將《漢晉春秋》曰「……突將無前。賨、叟、青羌散騎、武騎一千餘人」斷作「突將、無前、賨、叟、青羌散騎、武騎一千餘人」，認為「無前」為軍隊名稱，此實據誤斷而為說，不足據。「無前」即前所未有之義，《歷代兵制》等誤將通語作軍語。

（五）同一兵書不同注家的比較

就《孫子兵法》來說，歷來注家頗多，如十一家注中的其他注家及劉寅、朱墉等。我們以曹操注作為研究基點，其他注家之說法可資我們參考利用。

（六）原兵書與注文的比較

將陶弘景注與《鬼谷子》、曹操注與《孫子》相比較，藉以校勘原兵書。如：

《鬼谷子・捭闔》「夫賢、不肖、智、愚、勇、怯、仁義有差」，正統道藏本、文淵閣四庫全書本及秦恩復乾隆、嘉慶二刊本均如文。俞樾《諸子平議補錄》曰：「『仁義』二字與賢、不肖、智、愚、勇、怯不一律，蓋衍文也。陶宏景注曰：『言賢、不肖、智、愚、勇、怯材性不同，各有差品。……』是其所據本無『仁義』二字。」^{Z〔6〕【P.102】}陳乃乾、房立中在校記中均已注意到這個問題〔註54〕。

〔註52〕王曉衛、劉昭祥《歷代兵制淺說》，北京：解放軍出版社，1986年版，頁81。
〔註53〕《杭州師範學院學報》1996年第1期，頁9。
〔註54〕參房立中《新編鬼谷子全書》，北京：學苑出版社，1995年版，頁37。

（七）共時與歷時的比較

蔣禮鴻說：「研究古代語言，我認為應該從縱橫兩方面做起。」〔註55〕王雲路認為：「我們應當從史的角度考察詞義的發展演變，從整體上系統探討詞彙構成、變化的規律和內部機制，使語彙研究更加科學化、系統化。」〔註56〕這對於我們研究中古軍語具有重要的指導和啓迪。

明代兵學家茅元儀在《武備志》中說：「前孫子者，孫子不遺；後孫子者，不能遺孫子。」^W〔5〕【P.185】這一方面說明了《孫子兵法》承前啓後的歷史作用，另一方面也反映了古代軍語有著較強的歷史繼承遺傳性。將共時的描寫與歷時的流變結合起來，可以準確全面地瞭解軍語的發展變化。下面就《孫子》曹操注中的「轒牀」一詞進行論說。

《孫子·謀攻》：「修櫓轒輼。」

曹操注：「轒輼者，轒牀也。轒牀，其下四輪，從中推之至城下也。」

「轒牀」一詞首見於《孫子》曹操注，其後在梅堯臣注中還有一見：「今城上守禦樓曰櫓，櫓是轒牀上革屋，以蔽矢石者歟？」〔註57〕

何謂「轒牀」？很明顯，即《孫子》中所謂的「轒輼」的別稱。然則何為「轒輼」呢？《孫子》杜牧注：「轒輼，四輪車。」字或作「轒軬」，《玉篇·車部》：「轒，轒軬，兵車。」^S〔12〕【P.337~338】或作「橨榅」，《三國志·魏志·陳泰傳》引作「修櫓橨榅」^S〔1〕【P.640】〔註58〕。或作「枌榅」，《藝文類聚·居處部·櫓》引作「修櫓枌榅」^Y〔4〕【P.1133】。或作「橨輼」，《太平御覽》卷三一七引作「修櫓橨輼」^T〔1〕【P.1459】。

到杜牧注，「今俗所謂木驢是也」〔註59〕，又稱作「木驢」。「木驢」早見於《梁書·侯景傳》：「明日，景又作木驢數百攻城，城上飛石擲之，所值皆破碎。」^L〔1〕【P.842】因其尖頭的特徵，故又常稱「尖頭木驢」或「尖頂木驢」。

〔註55〕蔣禮鴻《敦煌變文字義通釋》（增補定本），上海古籍出版社，1997年版，序目頁1。

〔註56〕王雲路《中古漢語詞彙研究綜述》，《古漢語研究》2003年第2期，頁76。

〔註57〕楊丙安《十一家注孫子校理》，北京：中華書局，1999年版，頁49。

〔註58〕中華書局本《三國志·魏志·陳泰傳》：「兵書云修櫓（橨榅）【轒輼】三月乃成，拒堙三月而後已。」是以「轒輼」為正體，頁640。李零在《〈孫子〉古本研究》（北京大學出版社，1995年版）「唐以前古書古注的引文」一節中徵引此條時同中華本，頁25。

〔註59〕楊丙安《十一家注孫子校理》，頁48。

又何爲「木驢」呢？《資治通鑒・梁紀・高祖武皇帝》：「癸丑，景作木驢數百攻城，城上投石碎之。景更作尖項〔註60〕木驢，石不能破。」胡注引杜佑注曰：「以木爲脊，長一丈，徑一尺五寸，下安六腳，下闊而上尖，高七尺，內可容六人，以濕牛皮蒙之，人蔽其下舁直抵城下，木石鐵火所不能敗，用以攻城，謂之木驢。」Z〔9〕【P.4988】是以「木驢」爲六輪車，跟「轒轀」（「轒牀」）是有區別的，其是「轒轀」的發展。正如宋曾公亮等《武經總要前集》所言：「尖頭木驢形如轒轀車，惟增二輪。」W〔10〕【P.448】《武經總要前集》上有「轒轀車」W〔10〕【P.444】、「木驢車」W〔10〕【P.444】圖，可參看。

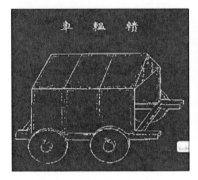
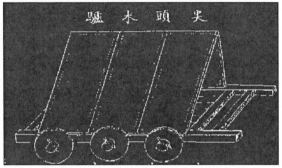

　　如此，對「轒轀」的發展流變〔註61〕——轒轀、轒牀、木驢及今所謂四輪車就有了一個清晰的認識。

四、文字圖物互相印證法

　　《武經總要》、《武備志》裏面有大量古兵器的插圖，再者隨著考古的進一步發展，出土文物越來越多。利用這些插圖和出土文物，可以驗證相關軍語的文字記載。文、圖、物三者相結合，可信度、可觀性就大大增強了。

〔註60〕此「尖項」當爲「尖頂」之訛。《南史・羊侃傳》：「賊爲尖頂木驢攻城，矢石所不能制。」【校勘記】：「『尖頂』各本誤『尖項』，據《梁書》改。」（頁1550）是。至於尖項、尖頂、尖頭之間的關係，當是先有「尖頭木驢」，「頭」、「頂」同義替代，出現了「尖頂木驢」，「頂」、「項」形近，出現了「尖項木驢」。又，明顧起元撰《說略》引《梁書》曰：「侯景爲安項木驢攻城，不能制。」「安項」爲「尖項」之形訛。

〔註61〕長春理工大學2008年碩士學位論文孟嬌《〈孫子兵法〉軍事用語研究》將「轒轀」看作是歷史詞，說其隨著所代表事物的消失而消失了（頁22），似可商。

第二章　中古兵書文獻研究

限於歷史的原因，中古兵書流傳到現在的數量不多，且真偽摻雜，所以很少有人去關注這些文獻。為彌補這一缺憾，本章我們將分類擇要對中古兵書文獻進行梳理。

我國古代沒有獨立的兵書分類法，古代兵書分類法都是包含在綜合性圖書分類法裏面的。最早的是西漢劉歆的《七略‧兵書略》，它分為兵權謀、兵形勢、兵陰陽、兵技巧四類。其次，西晉荀勖的《晉中經簿‧乙部》將兵書分為「兵書」、「兵家」。之後的古代分類法大致沿用了這些分類。

建國後，由於軍事學術研究發展的需要和政府對兵書研究的重視，促進了兵書分類的發展。不僅一些綜合性圖書分類法中的兵書類目區分更細，如《中國叢書綜錄》中的「兵書類」；而且開始編製專門的兵書分類法，如北京圖書館 1959 年編的《館藏古今軍事書目‧古代部分》將兵書分為通論；兵制、訓練；攻守戰陣；兵器；雜論；叢書六類；1961 年編著的《館藏我國古代兵法書目》，在 1960 年編製的《中國古籍書（線裝書）分類法》「兵部」的基礎上編製了專門的兵書分類表；1980 年在編著《館藏古代兵書目錄》時，又調整了個別類目的順序。

關於兵書分類的源流和演變情況，《中國古代兵書雜談‧兵書的分類》〔註1〕和《從古代兵書分類演變看軍事學術的興衰》一文〔註2〕做了詳述，可

〔註 1〕　王顯臣、許保林《中國古代兵書雜談》，北京：戰士出版社，1983 年版，頁 61～81。

〔註 2〕　《軍事歷史》1985 年第 1 期，頁 60～62。

參看。在其《兵書分類淺探》一文〔註3〕中，許氏在總結分析前代分類的基礎上，將兵書分爲以下九大類：

兵法……………………………歷代兵法〔註4〕
　　　　　　　　　　　　　　　　　　先秦
　　　　　　　　　　　　　　　　　　　孫子兵法
　　　　　　　　　　　　　　　　　　　　原著（白文本）
　　　　　　　　　　　　　　　　　　　　注釋本
　　　　　　　　　　　　　　　　　　　　孫子兵法之研究
　　　　　　　　　　　　　　　　　　　其他
　　　　　　　　　　　　　　　　　　秦漢
　　　　　　　　　　　　　　　　　　三國、晉、南北朝
　　　　　　　　　　　　　　　　　　隋、唐、五代
　　　　　　　　　　　　　　　　　　宋、遼、金、元
　　　　　　　　　　　　　　　　　　明
　　　　　　　　　　　　　　　　　　清
　　　　　　　　　　　　　　　　　兵法史
　　　　　　　　　　　　　　　　　兵略
　　　　　　　　　　　　　　　　　訓練（陣圖入此）
兵制……………………………兵制
兵器……………………………兵器
軍事地理………………………軍事地理（邊、海防入此）
名將傳略………………………名將傳略
綜合性兵書……………………綜合性兵書
　　　　　　　　　　　　　　　雜纂兵書
　　　　　　　　　　　　　　　軍事叢書
　　　　　　　　　　　　　　　　武經七書
　　　　　　　　　　　　　　　　其他軍事叢書
　　　　　　　　　　　　　　　軍事類書
　　　　　　　　　　　　　　　兵書目錄

〔註3〕 《軍事歷史研究》1987年第1期，頁199～203。
〔註4〕 《中國兵書知見錄》、《中國兵書總目》、《中國兵書通覽下編‧現存兵書簡目》
　　　　均是按照時代排列的。

參考兵書分類的已有成果，針對中古兵書的情況，我們將中古兵書分爲以下四大類：

兵法類：諸葛亮《兵要》、《軍令》、《將苑》、《便宜十六策》；曹操《新書》等；王基《王氏新書》。

兵略類：《黃石公三略》；司馬彪《戰略》。

兵器類：陶弘景《古今刀劍錄》；江淹《銅劍讚》。

注釋類〔註5〕：《孫子》的曹操等注；《鬼谷子》的陶弘景等注；《黃石公三略》的劉昞、成氏等注。

下面從這四方面對中古兵書文獻擇要論述。

第一節　兵法類——《將苑》〔註6〕

兵法就是治軍用兵的原則和方法。三國時期，戰亂紛紛，亟需兵法的指導，應運而生就出現了曹操、諸葛亮等軍事大家。他們創作兵書以指導戰爭，惜因戰亂流傳下來的並不多。

一、中古兵法類兵書概況

中古兵法類兵書大致可分爲兩種情況：一是散佚不全，如諸葛亮的《兵要》、《軍令》，其中《兵要》清張澍《諸葛忠武侯文集》輯11條〔註7〕，又《軍令》16條，散見於《太平御覽》、《北堂書鈔》等；曹操的《新書》等，如丁福保輯《魏武帝集》中有曹操《置屯田令》、《敗軍令》、《選軍中典獄令》、《鼓吹令》、《軍策令》、《軍令》、《船戰令》、《步戰令》、《兵書要略》等各一條；王基的《王氏新書》，清馬國翰輯入《玉函山房輯佚書》，《中國兵書集成》第二冊據以編入〔註8〕。二是眞僞複雜，如諸葛亮的《便宜十六策》、《將苑》等。

〔註5〕對前代兵書的注釋，在中古時期表現得很突出，這從第一章的語料概況裏可明顯看出。鑒於注釋不僅是對前代兵書的闡發，亦體現了注釋者的軍事思想，我們特把注釋類從許保林的「歷代兵法」中拉出，單獨列爲一類，這也是中古兵書的獨特性所在。

〔註6〕據我們下文對《將苑》成書年代的研究，將其成書上限確定爲東晉《尚書孔傳》出現之後，下限確定爲南宋高宗時期，還無法確定其確切成書年代，這就不能排除《將苑》爲中古兵書的可能性，再者，鑒於現代研究多將《將苑》置於諸葛亮名下，我們本節所作的研究看似跑題，卻也有它存在的價值。

〔註7〕《諸葛亮集箋論》和中華本《諸葛亮集》分別爲9條、10條。

〔註8〕《中國兵書集成》第2冊，頁197～206。

下面簡要分析曹操的《新書》和諸葛亮的《便宜十六策》。

《新書》

杜牧《注孫子序》曰:「然其所爲注解,十不釋一,此者蓋非曹不能盡注解也。予尋《魏志》,見曹自作兵書十萬餘言,諸將征伐,皆以《新書》從事,從令者克捷,違教者負敗。意曹自於《新書》中馳驟其說,自成一家事業,不欲隨孫武後盡解其書。」F〔1〕【P.151】

《三國志‧魏志‧武帝紀》注引《魏書》曰:「太祖……自作兵書十萬餘言,諸將征伐,皆以《新書》從事,從令者克捷,違教者負敗。」S〔1〕【P.54】《新書》之重要性不言而喻,可惜大多都亡佚了,《李衛公問對》、《孫子十家注》、《玉海》時有徵引。如《李衛公問對》引《曹公新書》四條:

> 靖曰:案《曹公新書》曰:「己二而敵一,則一術爲正,一術爲奇;己五而敵一,則三術爲正,二術爲奇。」此言大略爾。T〔2〕【P.232】

> 靖曰:臣案《曹公新書》云:「功車七十五人,前拒一隊,左右角二隊,守車一隊,炊子十人,守裝五人,廄養五人,樵汲五人,共二十五人。攻守二乘凡百人,興兵十萬,用車千乘,輕重二千。」此大率荀吳之舊法也。T〔2〕【P.243】

> 太宗曰:《曹公新書》云「作陳對敵,必先立表,引兵就表而陳,一部受敵,餘部不進救者,斬」,此何術乎?T〔2〕【P.256】

> 靖曰:臣案:《新書》云「戰騎居前,陷騎居中,遊騎居後」。T〔2〕【P.258】

《便宜十六策》

《便宜十六策》名目紛亂,如《郡齋讀書志》稱《武侯十六策》,《通志》作《臥龍十六策》一卷(又有《諸葛武侯十六策》一卷),《百川書志》作《武侯十六策》二卷,《國史經籍志》作《諸葛武侯十六策》一卷,《玉海》稱《諸葛亮十六策》,《四庫》簡言《十六策》。又《宋史‧藝文志》有《文武奇編》一卷,姚振宗《三國藝文志》認爲即《十六策》之異名〔註9〕。

「十六策」即治國第一、君臣第二、視聽第三、納言第四、察疑第五、治人第六、舉措第七、考黜第八、治軍第九、賞罰第十、喜怒第十一、治亂第十二、教令第十三、斬斷第十四、思慮第十五、陰察第十六,其包含了治

〔註9〕《諸葛亮著作考》,《諸葛亮集》節錄自姚振宗《三國藝文志》,頁28。

國與治軍兩個方面的內容，治軍主要集中在「治軍第九」、「教令第十三」和「斬斷第十四」三節。

　　關於《便宜十六策》，宋晁公武《郡齋讀書志》稱：「陳壽錄孔明書，不載此策，疑依託者。」J〔4〕【P.638】張澍曰：「今考陳壽《進諸葛亮集表》，有曰『輒刪除複重，隨類相從』，是壽曾經刪芟繁複，《十六策》應在二十四篇之外也。」Z〔4〕【P.108】中國兵書集成編輯部就張澍之說言：「經查《隋志》實無著錄。後人亦多疑爲依託，然其中有見於《太平御覽》引作《諸葛亮兵法》二處，則亦眞僞雜糅，今姑輯入本編，以備考覽。」〔註10〕

　　以上簡要瞭解了中古兵法類兵書的概況。其中，對署名爲諸葛亮的《將苑》一書一直關注很多，對個中很多問題聚訟紛紜，所以本節我們主要研究《將苑》，具體討論如下。

二、《將苑》研究概況

　　《將苑》圍繞爲將之道展開論述，全書共 50 篇（亦有言及 46 篇的，詳見下文），約 5000 字，博採《孫子兵法》、《吳子》、《司馬法》、《六韜》等軍事名著，以 50 個問題從各方面論述了爲將之道，堪稱古代爲將之道的集大成。

　　對《將苑》的研究，現有情況可以分爲以下兩個方面：

（一）對《將苑》的整理、注譯

　　表現爲《諸葛亮集》系統和《將苑》單行本系統裏對《將苑》版本等的關注。如：

1. 《諸葛亮集》系統，主要有清張澍《諸葛忠武侯文集》，書中附有簡單校語；《諸葛亮集》中華本，承張澍本校語而言，又以《說郛》進行對校；《諸葛亮集箋論》，校勘方面同中華本，多了翻譯；《諸葛亮集校注》，以《諸葛孔明文集》進行對校，多了注釋。
2. 單行本系統，主要有《將苑》番文譯本，詳後；官道尊《諸葛心書集注》；《諸葛亮〈將苑〉注譯》；《〈心書〉新編譯評》；《諸葛武侯〈心書〉新解》；《心書───一部論述爲將之道的兵書》等。

〔註10〕見《中國兵書集成》第 2 冊編輯說明頁 2。

（二）對《將苑》相關問題的探討

主要有兩個問題：一是真偽；一是名目。上面涉及的專著中的相關說法，後面還要述及，這裡只簡單介紹與此相關的三篇論文：

華赴雲《偽書〈將苑〉管見》，作者在文中直面《將苑》的真偽，發表了自己的觀點：一根據文獻著錄，宋元以前未見著錄，直到明代王士騏編的《諸葛亮集》中方才出現，而明代文人好名好奇，多造偽書，故《將苑》很可能也是明人偽託之作。二根據《將苑》內容，綜觀《將苑》，只有《不陣》、《習練》篇，光提到一個「陣」字，沒有具體闡述，斷定偽託者不懂陣法故避而不談。又《南蠻》篇隻字未提「七擒七縱」孟獲事，又篇幅短小。〔註11〕然後以大量的篇幅論證了《將苑》沒有竊取《孫子》書及其對後世兵書的指導作用。作者的「明人偽託」之說是否可取，還待商定，但作者不因其是偽書就否定其研究價值的觀點是我們應該採取的。

徐勇《〈將苑〉小議》〔註12〕，這是一篇五六百字的小文，其中點到《將苑》歷史上的真偽之爭及著錄上的名目不一，但並未展開來談。

李兆成《〈諸葛忠武侯文集・卷四〉考評》〔註13〕考察了《將苑》諸篇的出處，認為《四庫》所謂的竊取《孫子》書失實。作者又以其著錄上最早見於元末陶宗儀的《說郛》，故認為是元代的偽託之作。

從以上研究來看，關於此書真偽和名目兩個問題的探究還是比較混亂的。再者，就《大詞典》所引來看，有題「舊題三國蜀諸葛亮《將苑》」的，如「將器」條；有徑題「三國蜀諸葛亮《將苑》」的，占絕對比例；有徑題「三國蜀諸葛亮《心書》」的，如「烈烈」條、「叢戰」條、「擊崩」條；同一篇名，有題作《將苑》的，有題作《心書》的，如《將器》篇，又如《將材》篇，題作《將苑》的寫作「將材」，如「禮將」條，題作《心書》的寫作「將才」，如「智將」條。其中以其作為首例的有「沈慮」、「遭禍」、「習練」、「探候」、「羨餘」、「連合」、「洋海」、「金貝」、「強很」9條；為孤例的有「將器」、「烈烈」、「擊崩」、「削斂」、「善敵」、「諄候」、「輕懈」、「叢戰」、「進驅」9條。另有三條涉及，如「禮將」條、「智將」條、「軍幕」條，特別如「禮將」、「智將」二條，其混亂十分明顯：

〔註11〕《麗水師範專科學校學報》1981年第3期，頁21。
〔註12〕《歷史教學》1999年第1期，頁49。
〔註13〕載王汝濤、于聯凱、王瑞功主編《諸葛亮研究三編》，濟南：山東文藝出版社，1988年版，頁263～271。

【禮將】重禮儀之將領。三國蜀諸葛亮《將苑‧將材》:「貴而不驕,勝而不恃,賢而能下,剛而能忍,此之謂禮將。」[H〔3〕【7P.962】]

【智將】足智多謀的將領。三國蜀諸葛亮《心書‧將才》:「奇變莫測,動應多端,轉禍爲福,臨危制勝,此謂之智將。」[H〔3〕【5P.765】]

同爲「將材」(將才)篇,一題作《將苑》,一題作《心書》。

爲了解決上述混亂,對《將苑》進行文獻研究是十分必要的。

綜上所述,現有研究爭論的焦點集中在名目的紛歧和時代的眞僞上。下面分而言之。

三、《將苑》名目辨

一爲題名,一爲篇名。

(一) 題名

先看《將苑》在各大書目中的著錄情況:

《通志》「諸葛亮《將苑》一卷」;

《遂初堂書目》「諸葛亮《將苑》」;

高似孫《子略》「武侯又有《將苑》一卷」;

王應麟《玉海》有《三賢安邊集》十二卷,以諸葛亮《將苑》、郭元振《安邊策》、王當《邊備要略》編類爲一書;

《文淵閣書目》「《武侯將苑》一部一冊」,又「《武侯新書》一部一冊」;

《千頃堂書目》「《寧果武侯將苑》一卷」,又「《諸葛孔明心書》」;

《四庫全書總目》「《將苑》一卷,舊本題漢諸葛亮撰」,又「《心書》一卷」。

綜上所錄,有《將苑》、《心書》、《新書》三個名字。關於這個題名,歷來有不少爭議,大致有以下幾種說法:

1. 《將苑》,又名《心書》(或者《新書》)

即是將這三個名字看成是同書異名。如李夢陽《空同集‧刻〈諸葛孔明文集〉序》:「《諸葛孔明文集》六卷,凡七十六篇,將權之北狄五十篇世布之矣,稱將苑,一曰心書。」[K〔1〕【P.463】]《韜略世法存》裏《將苑心法》隸屬於《新編武侯兵要箋注評林》,五十篇,加按語,《將苑心法》下注「即孔明心書」[T〔3〕【P.142】]。現代研究者在自己行文時但隨自己意願來選擇題名,比如《〈心書〉新編譯評》一書「爲了突出本書內容特點,故取『心書』一名」

〔註14〕；《諸葛亮〈心書〉新解》「志在求其通俗易解，故仍稱爲《心書》，以免名目紛歧」〔註15〕；還有以內容是講爲將之道的，所以以《將苑》爲名，如《諸葛亮〈將苑〉注譯》；《諸葛亮集箋論》認爲：「漢魏人作品喜歡用『新書』（或『新論』）題名，如漢賈誼作《新書》58篇，曹操作《曹公新書》，晉虞喜撰《志林新書》，東漢桓譚撰《桓子新論》，晉夏侯湛撰《新論》等。同時期人諸葛亮有《新書》之作，其題目蓋亦類此而隨時尚耳。鑒此，本書在收錄這五十篇文字時，改張澍題《將苑》爲《新書》，以還其本來面目。」〔註16〕

2. 《將苑》與《心書》是不同的書，《新書》是《心書》的別名

即是將《將苑》與《心書》看成兩種不同的書。如《文淵閣書目》「《武侯將苑》一部一冊」（又「《武侯新書》一部一冊」）、《千頃堂目》「《寧果武侯將苑》一卷」（又「《諸葛孔明心書》」）、《四庫全書總目》「《將苑》一卷，舊本題漢諸葛亮撰」（又「《心書》一卷」），均作兩目收錄。《箋論》據此將《將苑》和《心書》（或《新書》）看作是兩種不同的書，認爲《心書》與《新書》乃一書而異名：「『皆言爲將用兵之法』的『五十篇』文字是《新書》，至於《將苑》的內容及篇數不明（其文本蓋於清中葉後亡）。」〔註17〕

又，文獻記載中亦有將《將苑》、《心書》（《新書》）並列而言者，如：

明楊時偉編《諸葛忠武書》引：「而取贋慁眞，疑誤後學，如《新書》、《將苑》等類，則匪必陳裴不載、岡伯不取而始辨也。」Z〔5〕【P.130】

明黃居中《千頃齋初集·文部·蘇松四郡武舉錄序》：「揣摩情形，纚纚金版，發揮奇正，鑿鑿陰符，與《將苑》、《心書》之文孰辯？」Q〔2〕【P.541】

清周中孚《鄭堂讀書記·子部·〈心書〉一卷（漢魏叢書本）》：「其書自兵機以迄北狄凡五十篇，篇幅俱不甚長，即可知其窘於才矣，大都剽掇孫吳家言而傅益以迂陋之談，與所傳《十六策》及《將苑》二書同一厚誣前賢，

〔註14〕張埶、章理佳《〈心書〉新編譯評》，北京：解放軍文藝出版社，1991年版，前言頁2。

〔註15〕國防部政工局編，1948年版《諸葛亮〈心書〉新解》，目次下按語，頁3。

〔註16〕李伯勳《諸葛亮集箋論》，西安：陝西人民出版社，1997年版，頁430。《箋論》本此說有點無稽，有以一律萬之嫌，退而說之，就是作「新書」的話，即有賈誼《新書》在先，諸葛亮就是想循舊，也必定會像《曹公新書》、《志林新書》一樣，在「新書」前加區別符的。

〔註17〕李伯勳《諸葛亮集箋論》，頁430。

皆不足究詰也。」^{Z〔3〕}【P.718~719】

《四庫全書總目提要・明郭惟賢〈三忠集〉》：「於武侯集兼取《將苑》、《心書》及雜文，編爲三卷。」^{Q〔3〕}【P.2699】

3. 不言《將苑》，將《心書》與《新書》作兩書收錄

如：

明王士騏輯《諸葛忠武侯文集》，內含《心書》兵法五十篇、《新書》兵法十二篇。

《四庫全書總目提要・〈武侯全書〉二十卷》：「明王士騏撰……次《心書》，次《新書》……是書搜羅完備，而《心書》、《新書》之類，眞僞蕪雜，未能刪汰。」^{Q〔3〕}【P.837】

《四庫全書總目提要・〈忠武志〉八卷》：「國朝張鵬翮撰……次《心書》，次《新書》……其遺文不收《黃陵廟記》之類，頗有甄別。而《心書》、《新書》確爲僞託，乃竝載之，則仍蕪雜也。既收《心書》、《新書》，姑存其舊，而《十六策》仍不載，則又疏漏也。」^{Q〔3〕}【P.842】又清周中孚《鄭堂讀書記・〈忠武志〉八卷》：「凡本傳、年表、世系一卷，《心書》、《新書》一卷，遺文、遺制各一卷，遺事用人勝蹟一卷，後人詩文一卷，其志忠武詳矣。」^{Z〔3〕}【P.459】

清徐時棟《煙嶼樓讀書志・心書》：「世傳武侯《心書》五十篇，《新書》十四篇……」^{Y〔2〕}【P.575】

綜合上述意見，筆者傾向於題作《將苑》。理由如下：

①從文獻上看，且看以下五幅圖片：

Or.12380-1840（K.K.）將苑（5-1）　　　　Or.12380-1840（K.K.）將苑（5-2）

Or.12380-1840（K.K.）將苑（5-3）

Or.12380-1840（K.K.）將苑（5-4）

Or.12380-1840（K.K.）將苑（5-5）

　　這是諸葛亮《將苑》番文譯本的殘留部分，共計 113 行，據克平、龔煌城的研究，《將苑》的番文譯本共有 37 篇：「譯本的最後一篇標以『三十七』（見譯本第 98 行）。在該篇末尾緊接著第 37 篇這樣寫道：『《將苑》，竟，校正和抄寫者……』（見第 113 行）譯本的卷首已佚，現存部分始於第 21 篇的最後一行。由此可知《將苑》的番文譯本現存 21～37 篇。」〔註18〕是番文本是以《將苑》命名的。

　　番文本《將苑》與今本有何關係，是否與現傳之五十篇毫無關係？答案是否定的。據克平等的研究，番文譯本篇次與傳世漢文本的篇目是具有對應關係的，如下〔註19〕：

〔註18〕彭向前譯克平、彭煌城著《諸葛亮〈將苑〉的番文譯本》，《寧夏社會科學》2008 年第 6 期，頁 131。譯自 K. KePPing, "huge Liang's The general's garden in the Mi-nia translation" Ksenia KePPing: Last works and documents, Санкт-етербург: Омега, 2003,. 12~23。

〔註19〕彭向前譯克平、彭煌城著《諸葛亮〈將苑〉的番文譯本》，《寧夏社會科學》2008 年第 6 期，頁 131～132。

漢文本篇	次番文譯本篇次	所在譯本行次
21	20	
22	21	2～3 之間
23	22	7
26	23	11～12 之間
27	24	17
28	25	22～23 之間
29	26	31
32	27	36
34	28	41
35	29	47
36	30	52
38	31	58
39	32	69
40	33	75
42	34	79
43	35	90
45	36	95
46	37	98

　　既有番文《將苑》，是以現傳之五十篇早於西夏時就已經存在了，《諸葛亮集箋論》認爲「《將苑》的內容及篇數不明」是不成立的。

　　②從著錄上看，《將苑》早於南宋時就已經出現了，如南宋鄭樵《通志》中的「諸葛亮《將苑》一卷」，南宋尤袤《遂初堂書目》中的「諸葛亮《將苑》」，南宋高似孫《子略》中的「武侯又有《將苑》一卷」及南宋王應麟《玉海》中的《三賢安邊集》十二卷（以諸葛亮《將苑》、郭元振《安邊策》、王當《邊備要略》編類爲一書）。而《新書》，最早見於元末陶宗儀的《說郛》，明弘治間刻版時改稱《心書》，之後，《國史經籍志》、《文淵閣書目》、《千頃堂書目》都著錄了《心書》。既然番文《將苑》譯本證實了《將苑》的存在，自當以最早著錄的名字爲準。

　　③從內容上看，這五十篇皆言爲將用兵之法，儼然是一部爲將之道的集大成，名爲《將苑》可謂實至名歸。

（二）篇名

關於這本兵書的篇目，有 46 篇的，如《叢書集成初編》本《新書》（一作《心書》）、《子書百家》本《心書》；有 50 篇〔註20〕的，如明諸葛羲、諸葛倬輯《諸葛孔明全集》本《將苑》、清張澍輯《諸葛忠武侯文集》本《將苑》。50 篇相較 46 篇，多出「東夷」、「南蠻」、「西戎」、「北狄」四篇。這 50 篇依次是〔註21〕：《兵權》、《逐惡》、《知人性》、《將材》、《將器》、《將弊》、《將志》、《將善》、《將剛》、《將驕悋》、《將強》、《出師》、《擇材》、《智用》、《不陣》、《將誡》、《戒備》、《習練》、《軍蠹》、《腹心》、《謹候》、《機形》、《重刑》、《善將》、《審因》、《兵勢》、《勝敗》、《假權》、《哀死》、《三賓》、《後應》、《便利》、《應機》、《揣能》、《輕戰》、《地勢》、《情勢》、《擊勢》、《整師》、《厲士》、《自勉》、《戰道》、《和人》、《察情》、《將情》、《威令》、《東夷》、《南蠻》、《西戎》、《北狄》。

在這 50 篇中，有個別篇名有不同說法。如《兵權》有作《兵機》的，《知人性》有作《知人》的，《將驕悋》有作《將驕》的、有作《將驕吝》的，《將材》有作《將才》的，《後應》有作《沒應》的、有作《泛應》的，《兵勢》有作《天勢》的，《厲士》有作《勵士》的，《便利》有作《使利》的，《重刑》有作《重形》的，各書這裡茲不備舉，可參附錄二。這裡只簡要介紹此書的相關版本。

該書現存版本主要有以下三個系統：

1.《諸葛亮集》系統

清張伯行《正誼堂全書》本《諸葛武侯文集》，題作《心書》，46 篇；

《四庫全書存目叢書》本《諸葛忠武侯全書》二十卷，卷之十一爲《心書》兵法五十篇；

清張澍《諸葛忠武侯文集》，題作《將苑》；

清譚福壽堂刊本《諸葛忠武侯文集四卷首一卷》，題作《將苑》；

中華書局本《諸葛亮集》，題作《將苑》。

2. 叢書本系統

《叢書集成初編》本，題作《新書》；

〔註20〕 明黃邦彥校《諸葛武侯心書》49 篇，相較脫「將情」1 篇。

〔註21〕 此據清張澍本。

《唐宋叢書》本，題作《新書》；

《學海類編》本，題作《新書》；

宛委山堂刻《說郛》本，題作《新書》；

《漢魏叢書》本，題作《心書》；

《子書百家》本，題作《心書》；

《子書三十六種殘本》，題作《心書》；

《子書四十八種》，題作《心書》；

《筆記小說大觀》本，題作《心書》；

《百子全書》本，題作《心書》；

《鮑紅葉叢書》本，題作《心書》；

《兵書七種》本，題作《心書》；

《四庫全書存目叢書》本，題作《諸武心書》；

《武侯兵要七種》本，題作《武侯心書》六卷〔註22〕。

3. 單行本系統

明正德十二年韓襲芳銅活字印本《諸葛孔明心書》一卷；

明書林鄭少齋刻本《諸葛孔明心書》二卷；

明黃邦彥刻本《諸葛孔明心書》一卷附《八陣合變圖說》一卷；

清李定太《漢丞相諸葛忠武鄉侯將苑全集》（簡稱「《將苑全集》本」）；

清抄本《武侯武備心法百章》一卷。

上述版本中，清抄本《武侯武備心法百章》一卷與通行各本出入較大，且篇幅上大大多於通行各本，有「百章」，故不參校。

要特別提出的是《將苑全集》本，張澍本夾注有很多「一作」，筆者發現，那往往就是《將苑全集》中的說法，所以張澍本的參校對象應該就是《將苑全集》本，《箋論》本往往根據張注改，有捨本逐末之嫌。如《北狄》篇「人不疲而虜自寬矣」，《箋論》本注：「《亮集》中華本作『自寬』，與文意不合。張澍本原注：『「自寬」一作「已靜」。』作此是，今暫從張注改。」〔註23〕《將苑全集》本正作「已靜」。再如《東夷》篇「東夷之性，薄禮少義」，張澍本注曰「一作薄識禮義」，《箋論》本按：「似作『薄識禮義』爲是，但不知張本

〔註22〕《武侯兵要七種》中還有《武侯新書》三卷，見《中國古籍善本書目》（子部），上海古籍出版社，1996年版，頁116。

〔註23〕李伯勳《諸葛亮集箋論》，頁536。

據何，暫不改。」﹝註 24﹞另外，張澍引《將苑全集》本亦有有出入的地方，如《戰道》篇「夫林戰之道，晝廣旌旗，夜多金鼓」，張澍本注曰「一『多金』作『張大』」，查《將苑全集》本，「張大」作「張火」，「大」、「火」形近，疑張澍本訛。《自勉》篇「賞於無功者離」張澍本注曰「一無小字」，與文不類，《將苑全集》本無「於」字，張澍本「小」字爲「於」字之訛。又《南蠻》篇「性不能教」張澍本注曰「『能』一作『帥』」，查《將苑全集》本，作「師」，疑張澍本訛。

在這眾多版本中，我們用清張澍《諸葛忠武侯文集》卷第四《將苑》爲底本，兼錄其中的校語，簡稱「張澍本」，校以明刻《唐宋叢書》本、《學海類編》本《新書》，明黃邦彥刻本、書林鄭氏刻本《諸葛武侯心書》，《百子全書》本、《廣漢魏叢書》本、《筆記小說大觀》本《心書》及《將苑全集》本，詳見附錄二「《將苑》集校」。

四、《將苑》眞僞辨

關於《將苑》眞僞的討論，大致可以分爲以下幾種情況：

（一）徑言其僞不加辨別者

《古今僞書考》：「《心書》，稱諸葛亮撰，僞也。」G﹝1﹞【P.21】

（二）言其僞加辨別但理由簡略者

許保林在談到兵書「通俗易懂」的特點時指出：「兵書的這種特點增強了兵書的可讀性，便於將士理解和掌握軍事上的一些抽象概念和深奧道理。這也是兵書能夠得以發展和流傳的一個原因。然而，後世一些辨僞家往往以『文辭淺陋』爲由，判定某書爲僞書，甚至指稱《孫子》亦『山林處士所爲』。考古發掘已證明這些辨僞家們的有些判斷是錯誤的，同時也反映了這些辨僞家對兵書缺乏深入瞭解。」﹝註 25﹞對《將苑》來說，亦存在這樣的不平等待遇，如：

《四庫全書總目提要·心書》：「考五十篇內之文，大都竊取《孫子》書而附以迂陋之言，至不足道。蓋妄人所僞作。」Q﹝3﹞【P.1304】

《重考古今僞書考》：「《心書》，稱諸葛亮撰，僞也。（重考）《蜀志·諸葛亮傳》詳列著作於後來，初無是書之名，隋唐諸志、宋人書目亦俱不載之，

﹝註 24﹞ 李伯勳《諸葛亮集箋論》，頁 531。
﹝註 25﹞ 許保林《中國兵書通覽》，頁 65。

故是書最爲晚出。自兵機以迄北狄，凡五十篇，篇幅俱不長，即可知其窘於才矣。大都剽掇孫吳家言，而傅益以迂陋之談，與所傳《十六策》及《將苑》二書，同一厚誣前賢，皆不足究詰也。清張鵬翮撰《忠武志》、朱璘編《諸葛丞相集》皆取是書，未免寡識。」C〔3〕【P.41~42】

對於竊取《孫子》書一類的說法，李兆成《〈諸葛忠武侯文集·卷四〉考評》、華赴雲《僞書〈將苑〉管見》二文及《諸葛亮集箋論》已據實批駁，可參看。

（三）認爲暫錄在諸葛亮名下爲好者

《諸葛亮集箋論》認爲「裴注未引，《隋志》未錄，均不足證《新書》爲僞作」，又內容上認爲《四庫提要》之「大都竊取孫子書」失之武斷，《新書》所選摘之書，皆爲漢代及其以前著作，所引人事亦產生在漢代及其以前，這一事實增加了《新書》爲諸葛亮著作的可能性而不是相反。在一一商榷現有的觀點後，認爲：「《新書》爲諸葛亮的著作，還不能輕易否定，但它晚出於明，先前史志、書目均未明確著錄的情況又確令人懷疑。在這種眞僞一時尙難斷定的情況下，對此五十篇有影響有價値的作品沿襲舊題，暫錄於諸葛亮名下待考爲妥。」〔註26〕

我們認爲這種觀點是審愼的、可取的。當然此書的成書年代問題，還是應該繼續探討的。

關於其成書年代，歸納起來，主要有以下幾種說法：

三國說：如我們前面提到的將之逕作諸葛亮作品進行研究的，均可歸爲此類。

元代說：李兆成《〈諸葛忠武侯文集·卷四〉考評》說：「《新書》既未見宋代諸書著錄，亦未見元代纂修的《宋史·藝文志》，而始見於元末的著作。由此可見，它應當是出現於元代的託名之作。」〔註27〕

明代說：《四庫全書總目提要·喻林》曰：「申培《詩說》、天祿閣《外史》、武侯《心書》之類，皆明代僞書，不能辨別。」Q〔3〕【P.1791】華赴雲《僞書〈將苑〉管見》亦言：「蓋《將苑》五十篇，宋、元以前未見著錄，直到明代王士騏編的《諸葛亮集》中方才出現，而明代文人好名好奇，多造僞書，《將苑》

〔註26〕李伯勳《諸葛亮集箋論》，頁431。
〔註27〕王汝濤、于聯凱、王瑞功主編《諸葛亮研究三編》，頁269。

出於此時，很可能也是明人偽託之作。」〔註28〕

我們認為，從著錄上看，名字即可定為《將苑》，則著錄可從《將苑》說起。《將苑》，南宋鄭樵《通志》始有著錄，稱《諸葛亮將苑》一卷。是以《通志》成書前已然成書，《通志》成書於1141年。

西夏文翻譯本《將苑》的出現，對我們確定《將苑》的成書下限提供了有力佐證。關於西夏譯本《將苑》的年代，我們可參《國學研究》第十一卷史金波《西夏書籍的編纂和出版》一文的說法：「目前所知有年代可考的西夏文刻本書籍，最早的是惠宗大安十一年（1085）刻印的《佛說阿彌陀經》，其後有很多標明崇宗、仁宗年款的刻印書籍。有的刻本雖未載明出版時間，但據其他線索可大體推斷其出版時間，如《聖立義海》、《六韜》、《黃石公三略》與《類林》的刻工頗多重複，可定為同時代，即乾祐年間。從以上有年代的西夏文刻本大致可以看出，多屬崇宗、仁宗時期，特別是仁宗天盛、乾祐年間最多。」〔註29〕上述所言雖未明確指出《將苑》譯本的刻印時間，但確定了《六韜》、《黃石公三略》等兵書的刻印年代為北宋仁宗乾祐年間。而正如史金波所言：「党項民族俗尚武力，西夏以軍事興國，建國前後不斷與相鄰的宋、遼、回鶻、吐蕃發生戰爭，因此對用兵特別重視。於是西夏把中原地區的主要兵書翻譯成西夏文刻印出版。如《孫子兵法三注》、《六韜》、《黃石公三略》。特別是《孫子兵法三注》不僅有刻本，還有鈔本。目前已發現的西夏文兵書皆為殘本。」〔註30〕既然可以確定《六韜》、《黃石公三略》的刻印年代為北宋仁宗乾祐年間，我們不妨推測《將苑》譯本的刻印年代亦是乾祐年間。這就是說在西夏翻譯前《將苑》就已經成書了，所以我們可以據此將其成書下限定為北宋仁宗時期。亦有論者認為西夏譯本是12世紀完成的，如《諸葛亮〈將苑〉的番文譯本》於「在《將苑》譯成之際（不早於12世紀下半葉，似乎還要晚得多）」加注曰：「西夏政權對漢文世俗作品的翻譯，包括兵書，主要是在12世紀。」〔註31〕又蒙社會科學院王培培博士見告下文——E. Grinstead，「The general's garden: A 12th century military work」，The British Museum Quarterly，26:2，1963，似乎將《將苑》西夏本譯定時間定為12世紀

〔註28〕《麗水師範專科學校學報》1981年第3期，頁21。
〔註29〕《國學研究》第十一卷，袁行霈主編，北京大學出版社，2003年版，頁383。
〔註30〕《國學研究》第十一卷，頁383。
〔註31〕彭向前譯克平、彭煌城著《諸葛亮〈將苑〉的番文譯本》，《寧夏社會科學》2008年第6期，頁133。

為好。這樣的話，按之 1141 年《通典》中的著錄，我們說最遲到南宋初高宗時期《將苑》已經成書。

至於其成書上限，筆者試圖從其用語上去考察，但發現其中從上古到近代都有用例，似乎很難把握。但有一個信息很重要，清徐時棟《煙嶼樓讀書志》已揭示：「《心書·將誠篇》引《書》曰：『狃侮君子，罔以盡人心；狃侮小人，罔以盡人力。』又《戒備篇》引曰：『惟事事乃其有備，有備無患。』則不應東晉晚出之偽古文而武侯得見之也。且蜀漢諸臣上表昭烈勸進時，以昭烈名合圖讖，稱聖諱昭著，又不應以武侯著書而以聖諱名篇也。」Y〔2〕【P.575】其中，「狃侮君子，罔以盡人心；狃侮小人，罔以盡人力」出自《書·旅獒》篇，「惟事事乃其有備，有備無患」出自《書·說命》篇，而這二篇恰又在 25 篇「晚書」中〔註32〕。此說否認了諸葛亮著，同時又指給了我們一個信息，如此我們可將《將苑》的成書上限大致確定為東晉《尚書孔傳》出現之後。

從東晉到南宋初高宗時期，中間這麼長一段時間，究竟《將苑》成於何時，還不好下結論。從其中的用語大量出現在唐代來看，我們不妨將《將苑》的寫作年代劃定在唐代和南宋之間，宋代的可能性極大，「宋以來兵家之書多託於亮」Q〔3〕【P.1304】就是明證。

第二節　兵略類──《黃石公三略》

何謂「兵略」？《淮南子·要略》曰：「兵略者，所以明戰勝攻取之數，形機之勢，詐譎之變，體因循之道，操持後之論也。」H〔9〕【P.1449】簡言之，兵略就是用兵的方略、謀略。

〔註32〕這 25 篇「晚書」，即《大禹謨》一、《五子之歌》二、《胤征》三、《仲虺之誥》四、《湯誥》五、《伊訓》六、《太甲》三篇九、《咸有一德》十、《說命》三篇十三、《太誓》三篇十六、《武成》十七、《旅獒》十八、《微子之命》十九、《蔡仲之命》二十、《周官》二十一、《君陳》二十二、《畢命》二十三、《君牙》二十四、《囧命》二十五。對這些「晚書」，從宋人吳棫、朱熹以來，懷疑者不絕，至清代閻若璩《尚書古文疏證》出，「晚書」25 篇為後人偽作，基本上已為學界主流所接受。廖名春《從郭店楚簡和馬王堆帛書論『晚書』的真偽》一文用簡帛文獻佐證了這一看法，載《北方論叢》2001 年第 1 期，頁 119～123。

一、中古兵略類兵書概況

　　東漢時出現了以「略」字命名的《黃石公三略》，之後晉司馬彪明確提出了「戰略」這一概念，並直接用「戰略」一詞命名他所著的關於戰略問題的兵書。

　　許保林曾據此說：「國外關於涉及戰略問題的最早的軍事著作，直到大約五世紀時，才在古羅馬和希臘出現（瓦‧達‧索科洛夫斯基主編《軍事戰略》第 16 頁，戰士出版社）。因此，我們可以自豪地說，我國是世界上形成戰略思想、提出『戰略』概念、出現戰略問題專著並以『戰略』命名書名的最早的國家。可是，一度有人斷言『戰略』概念是『舶來品』，認為『在我國現用的詞彙中，「戰略」二字嚴格來說是一種外來說』（鈕先鍾《國家戰略概論》第 2 頁）。一說我們現在所用的『戰略』名詞是以毛萊斯的《戰略學》為根源（鈕先鍾《戰略思想與歷史教訓》第 6 頁）；一說『「戰略」一詞係由日本軍語傳譯而來』（孫紹蔚《概論戰略思想之演進》，見臺灣《軍事雜誌》第 46 卷第 4 期，第 22 頁）。《戰略》一書的客觀存在使這些說法不攻自破。」〔註33〕

　　《戰略》的重要地位由此可見一斑。《大詞典》「戰略」條的最早例證是唐高適《自淇涉黃河途中作》詩之十一：「當時無戰略，此地即邊戍。」過晚。

　　先簡要看一下《戰略》。

　　《戰略》，司馬彪撰，所以又稱《司馬彪戰略》。《戰略》原書散佚，今存佚文散見於裴松之《三國志注》、《初學記》、《太平御覽》三書，明代茅元儀《戰略考》，清代錢儀吉《三國志證聞》、趙一清《三國志注補》亦有轉錄。清黃奭將這些佚文輯出，編為一卷，共 7 條和 1 則附錄。7 條是劉表、傅幹、孟達、司馬懿、蔣濟、傅嘏、王基等 7 人關於戰略謀劃的言行，其中 5 條錄自《三國志注》，2 條錄自《太平御覽》，附錄輯自《初學記》。

　　關於《戰略》這一題名，有兩種看法，一是將《戰略》看成是《兵記》的篇目，如《隋書經籍志考證‧兵記八卷（司馬彪撰）》：「嚴氏《全晉文編》曰：『司馬彪有《戰略》二十卷，隋、唐《志》作《兵記》。』常熟丁國鈞《補晉書藝文志》曰：『司馬彪《戰略》見裴氏《三國志》注，《御覽》引書綱目又有司馬彪《戰經》。彪有《兵記》二十卷，《戰略》、《戰經》疑皆其書篇目也。』」S〔15〕【P.513】另一種說法是將《戰略》獨立，認為《戰略》與《兵記》為

〔註33〕許保林《中國兵書通覽》，頁 218～219。

二書，如附錄條（《初學記》二十五引《戰略》）黃奭案曰：「《隋書·經籍志》載《兵記》八卷，司馬彪撰，一本二十卷，而不出司馬彪《戰略》；又另載《戰略》二十六卷，金城公趙昹撰。今檢《三國志注》俱引司馬彪《戰略》而不云《兵記》，《太平御覽》亦然。此屬可據，不知《隋經籍志》何以闕而不載。《兵記》又是一書，此條楚莊王事《初學記》引作司馬彪《戰略》，疑此或是《兵記》中語。若趙昹之《戰略》，則諸書無有引及者。」S〔10〕【P.226】

　　《戰略》的版本有黃奭《黃氏逸書考》本〔註34〕，明天啓元年茅氏刻套印本《武備全書七種》十二卷本〔註35〕。

　　關於《戰略》一書的性質，許保林說：「由於原書失傳，只能根據佚文來討論。裴松之雖然是採集《戰略》中的內容爲《三國志》中的人物作注，黃奭輯佚本也以人物名字列目，但窺其內容，卻都是講戰略問題的，或舉成功的事例，以證執行正確戰略決策必勝的道理。」〔註36〕附錄條黃奭案曰：「司馬氏《戰略》多是三國時事，與《九州春秋》相表裏。」S〔11〕【P.226】故我們研究《戰略》時，可與《九州春秋》、《後漢書》、《三國志》這些史書相參照。

　　《黃石公三略》共分上、中、下三略，文中多引《軍讖》、《軍勢》語，其文已自明言該書的創作緣由、內容及重要性：「是故《三略》爲衰世作：『上略』設禮賞，別奸雄，著成敗；『中略』差德行，審權變；『下略』陳道德，察安危，明賊賢之咎。故人主深曉『上略』，則能任賢擒敵；深曉『中略』，則能御將統眾；深曉『下略』，則能明盛衰之源，審治國之紀。」H〔10〕【P.15】正如黃樸民所言：「《黃石公三略》的書名本身已表明，它是一部專門論述韜略即古代戰略問題的兵書。全書上、中、下三略，都是緊緊圍繞治國御軍這個國家總體戰略問題而展開論述的。在東漢以前，像《三略》這樣從書名到內容都緊扣戰略問題而展開論述的兵學專著還不曾出現過。……據此可以斷言，《黃石公三略》是我國古代第一部以專講戰略爲特色的兵學理論著作。」〔註37〕《黃石公三略》作爲「武經七書」之一，具有很高的歷史地位，歷來受到很多的關注，如黃樸民所言：「據當代許保林先生等的研究，從南北朝時

〔註34〕《中國兵書集成》第2冊據以影印。
〔註35〕茅氏刻本著錄於《中國古籍善本書目》（子部），頁109。
〔註36〕許保林《中國兵書通覽》，頁217。
〔註37〕黃樸民《大一統兵學的奠基者——〈黃石公三略〉導讀》，北京：軍事科學出版社，2001年版，頁40。

期的北魏著名學者劉昞爲《黃石公三略》作注伊始，經唐宋直至清末，爲該書作各種注釋、解說的多達六十餘家。至於《黃石公三略》能夠入選著名的《武經七書》，更反映出它在歷史上享有特殊的地位。」〔註38〕所以本節我們以其爲兵略類兵書的代表，對之進行深入研究。

二、《黃石公三略》研究概況

　　《黃石公三略》多爲《將苑》、《便宜十六策》、《藝文類聚》、《北堂書鈔》、《太平御覽》、《兵錄》、《武備志》、《韜略世法存》、《登壇必究》等類書和兵書轉引，其中文字也多有出入，如：

　　明何汝賓《兵錄》卷一《選士總說》引《三略》曰：「貪者好超利，愚者不顧死。」B〔3〕【P.332】今本此句作：「貪者邀趨其利，愚者不顧其死。」《兵錄》引作「超利」，不辭，「超」應是「趨」之形訛。

　　關於其成書的來龍去脈、軍事思想、時代精神、兵學內涵、流傳及其對後世的影響等問題，許保林《〈黃石公三略〉淺說》、黃樸民《大一統兵學的奠基者——〈黃石公三略〉導讀》二書已進行了相關討論。版本校勘方面，許保林《〈黃石公三略〉淺說》後面附有《黃石公三略》校記〔註39〕，其以《續古逸叢書》中涵芬樓影印東京巖崎氏靜嘉堂所藏之宋本《武經七書》本《黃石公三略》爲底本，以《羣書治要》、宋施子美《七書講義》本、明劉寅《武經七書直解》本、清朱墉《武經講義全匯合參》本、日本松山堂《校訂七書》本等爲校本，對於文字、詞句的異同進行了校勘。許氏所作翔實可靠，故對於《黃石公三略》我們不再出校。這裡單就其成書年代及注者進行討論。

三、《黃石公三略》的年代問題

　　明代王守仁在其手批《武經七書》中說：「舊題黃石公撰，即圯上老人授張良者。文義不古，非秦漢以前書，疑爲後人僞託。」〔註40〕

　　明丘濬《大學衍義補・治國平天下之要・嚴武備・總論威武之道》引《三略》按曰：「《三略》之書或謂爲太公之書，然其中所引《軍讖》及所謂英雄、

〔註38〕黃樸民《大一統兵學的奠基者——〈黃石公三略〉導讀》，頁59。
〔註39〕許保林《〈黃石公三略〉淺說》，北京：軍事科學出版社，1986年版，頁135～144。
〔註40〕轉引自黃樸民《大一統兵學的奠基者——〈黃石公三略〉導讀》，頁9。

侵盜、縣官等語，皆非三代以前之言。」D〔1〕【P.362】

《重考古今僞書考》：「《黃石公三略》，其僞無疑。（重考）考《隋志》兵家，梁有《太公陰謀》三卷，《太公兵法》三卷，《黃石公記》三卷，《黃石公略注》三卷，要俱以同書而別本，故分別著錄。孫詒讓……孫說甚覈。又考讖語起於六國之前，《三略》多志軍讖，亦足爲秦漢古書之證。」C〔3〕【P.19~20】

《〈黃石公三略〉譯注》卷前「說明」：「作者和成書年代，歷來說法不一。根據《後漢書・臧宮傳》所載『《黃石公記》曰：「柔能制剛，弱能制強。柔者德也，剛者賊也……」』等句來看，似乎在東漢以前已經成書，或者已經有了該書的基礎。」〔註41〕

許保林從《三略》的思想體系、從其使用語言、從出土兵書、從引文上、從古文獻記載上、從著書目的幾個方面得出結論：「《三略》當是西漢末年，精通兵法、熟悉張良事蹟的隱士所爲。」〔註42〕

黃樸民說：「學術界在《三略》成書年代問題上的最普遍觀點，是認爲其書大致成書於西漢末年。但也有少數學者論證其成書於東漢時期……筆者的基本觀點，是認爲《三略》當爲東漢後期的兵學著作。一般而言，考定古書成書的確切年代，必須關照的重要因素不外乎：歷代典籍的著錄以及文字引用；其書本身的主體思想傾向、主要內容以及文字風格、著作體例等等。而就這些方面來看，我們認爲，將《三略》的成書年代確定爲東漢晚期更爲合理。」〔註43〕

我們讚同黃氏的看法，下面略作補充。

「縣官」一詞，上已言明丘濬以之否定《黃石公三略》爲三代以前書，許保林以之肯定《黃石公三略》爲西漢書，如許保林曰：「從《黃石公三略》使用的語言上看，它具有西漢時的語言特點。《上略》中有『世世作姦，侵盜縣官』，這裡的『縣官』指天子。《史記・絳侯周勃世家》中有『庸知其盜賣縣官器，怒而上變告子，事連污條侯』，《索隱〔註44〕》解釋說：『縣官，謂天子也。』《資治通鑑・九五・晉成帝咸康三年注》也指出：『西漢謂天子爲縣

〔註41〕中國人民解放軍軍事科學院軍事學院古代兵法譯注組編《〈黃石公三略〉譯注》，北京：中國人民解放軍總參謀部出版局，1965年版，頁1。
〔註42〕許保林《〈黃石公三略〉淺說》，頁17～18。
〔註43〕黃樸民《大一統兵學的奠基者——〈黃石公三略〉導讀》，頁10～11。
〔註44〕許氏作「索引」，誤，逕改。

官，東漢謂天子為國家。』由此可以看出，《黃石公三略》只有產生在西漢才能說得通。」〔註45〕

這給從語言角度去判定《黃石公三略》的成書年代開了先例。事實上，《黃石公三略》中有很多出現在東漢、三國時期的語詞，如：

> 《三略・上略》：「二者無功，則士力疲弊；士力疲弊，則將孤眾悖。」H〔10〕【P.5】

「疲弊」，《三國志・蜀志・諸葛亮傳》：「曹操之眾，遠來疲弊，聞追豫州，輕騎一日一夜行三百餘里。」S〔1〕【P.915】

> 《三略・上略》：「將無慮，則謀士去；將無勇，則士卒恐；將妄動，則軍不重；將遷怒，則一軍懼。……此四者，將之明誡也。」H〔10〕【P.8】

「明誡」，《漢書・谷永傳》：「皇天所以譴告人君過失，猶嚴父之明誡。」H〔2〕【P.3450】

> 《三略・上略》：「用兵之要，必先察敵情：視其倉庫，度其糧食，卜其強弱，察其天地，伺其空隙。」H〔10〕【P.9】

「空隙」，《三國志・吳志・周魴傳》：「今此郡民，雖外名降首，而故在山草，看伺空隙，欲復為亂，為亂之日，魴命訖矣。」S〔1〕【P.1388】

> 《三略・上略》：「上行虐，則下急刻；賦重斂數，刑罰無極，民相殘賊，是謂亡國。」H〔10〕【P.9】

「急刻」，《漢書・食貨志下》：「義縱、尹齊、王溫舒等用急刻為九卿。」H〔2〕【P.1168】

> 《三略・上略》：「羣吏朋黨，各進所親；招舉奸枉，抑挫仁賢；背公立私，同位相訕，是謂亂源。」H〔10〕【P.10】

「抑挫」，漢阮瑀《為曹公作書與孫權》：「昔赤壁之役，遭離疫氣，燒船自還，以避惡地，非周瑜水軍所能抑挫也。」Q〔4〕【P.974】

> 《三略・上略》：「世世作姦，侵盜縣官，進退求便，委曲弄文，以危其君，是謂國姦。」H〔10〕【P.10】

「國姦」，《漢書・息夫躬傳》：「發國姦，誅主讎，取封侯之計也。」H〔2〕【P.2180】《潛夫論・潛歎》：「是以范武歸晉而國姦逃，華元反朝而魚氏亡。」Q〔1〕【P.98】

〔註45〕許保林《〈黃石公三略〉淺說》，頁13～14。

《三略・上略》：「主任舊齒，萬事乃理。」^{H〔10〕【P.11】}

「舊齒」，《三國志・吳志・陸績傳》：「虞翻舊齒名盛，龐統荊州令士，年亦差長，皆與績友善。」^{S〔1〕【P.1328】}

《三略・中略》：「故人主深曉上略，則能任賢擒敵；深曉中略，則能御將統眾；深曉下略，則能明盛衰之源，審治國之紀。」^{H〔10〕【P.15】}

「深曉」，《後漢書・楊終傳》：「博士趙博、校書郎班固、賈逵等，以終深曉《春秋》，學多異聞，表請之。」^{H〔5〕【P.1599】}

《三略・下略》：「體降可以圖始，心降可以保終。」^{H〔10〕【P.17】}

「保終」，《後漢書・逸民傳・臺佟》：「佟幸得保終性命，存神養和。如明使君奉宣詔書，夕惕庶事，反不苦邪？」^{H〔5〕【P.2770】}

《三略・下略》：「故善施於順民，惡加於凶民，則令行而無怨。」^{H〔10〕【P.20】}

「凶民」，《潛夫論・遏利》：「故人有無德而富貴，是凶民之竊官位盜府庫者也，終必覺，覺必誅矣。」^{Q〔1〕【P.26】}

這些語言事實無疑可以佐證黃樸民的東漢說。至於「縣官」一詞，後代承襲前代的說法這是很正常的。

四、《黃石公三略》注家考

文獻記載中《黃石公三略》有二家注：劉昞注和成氏注。

劉昞注見《魏書・劉昞傳》^{W〔2〕【P.1160】}、《北史・劉延明傳》^{B〔1〕【P.1268】}：「注《周易》、《韓子》、《人物志》、《黃石公三略》，並行於世。」

成氏注如《隋志》、《通志》「《三略》三卷，下邳神人撰，成氏注」，《宋史》「成氏注三略三卷」，《國史經籍志》「黃石公三略三卷，成氏注」，《新唐書・藝文志》、《通志》、《國史經籍志》又著錄有《成氏三略訓》三卷。

另外，《羣書治要》、《太平御覽》、《長短經》中有部分夾注，劉景雲《西涼劉昞注〈黃石公三略〉的發現》中又提到了《俄藏敦煌文獻》中的注及西夏譯本中的注。

這些注之間有什麼關係？下面進行簡要梳理。

（一）《羣書治要》中的注

許保林說：「《羣書治要》中保存的部分夾注，究竟是劉昞注，還是成氏

注，不可詳考。」〔註46〕

鍾焓認爲：「《治要》是由初唐名臣魏徵主持編纂的，而他同時又是《隋書》的主修，故《治要》的小注應該就是《隋書·經籍志》所記的《三略》成氏注（按成氏注是《經籍志》中僅見的《三略》注本）。」〔註47〕

鍾氏所言有理。

（二）《太平御覽》和《長短經》中的注

《太平御覽》中的注大體同《長短經》中的注。

《長短經》中並未標出《三略》的名字，對於《長短經》中的注，周斌《〈長短經〉校證與研究》在【考源】部分指出正文源自《三略》，注文爲《黃石公三略》古注，並疑即《隋書·經籍志》所載之成氏注。〔註48〕

鍾焓從《長短經》與《羣書治要》中共有的注釋內容看，認爲「《長短經》的注文多數也可能屬於成氏注這一系統」〔註49〕。

（三）《俄藏敦煌文獻》中的注

劉景雲《西涼劉昞注〈黃石公三略〉的發現》一文〔註50〕認爲《俄藏敦煌文獻》Дx17449《黃石公三略》是目前所見最早的手抄夾注殘卷孤本，即史書所載北魏、西涼劉昞《黃石公三略》注本。劉氏說：「據紙質、紙色及書法、款式判斷，該卷子時代較早，爲隋以前北朝文物，大致爲 5 世紀抄本……敦煌出土的《黃石公三略》夾注本，時代當在隋以前的北朝。劉昞時爲北魏武昭王（400～416）李暠私署儒林祭酒、從事中郎。二者時代極相近，故《俄藏敦煌文獻》Дx17449 夾注抄本應該是北魏、西涼劉昞的注本。」〔註51〕「敦煌夾注本《三略》，是迄今發現最早的《三略》本，時爲北朝。《魏書·劉昞傳》、《北史·劉延明傳》載劉氏注《三略》，此前史籍均未載有人注《三略》的，那麼劉氏注《三略》，應該是《三略》唯一的最早注本。其後《隋書·經籍志》於『《黃石公三略》三卷』下注：『下邳神人撰，成氏注。』成氏注失

〔註46〕許保林《〈黃石公三略〉淺說》，頁 27～28。
〔註47〕中國社會科學院研究生院 2005 年博士學位論文鍾焓《〈黃石公三略〉西夏譯本之研究》，頁 5。
〔註48〕周斌《〈長短經〉校證與研究》，成都：巴蜀書社，2003 年版，頁 552～557。
〔註49〕鍾焓《〈黃石公三略〉西夏譯本之研究》，頁 16。
〔註50〕《敦煌研究》2009 年第 2 期，頁 82～87。
〔註51〕《敦煌研究》2009 年第 2 期，頁 84。

傳，成氏無考。由於隋（581～619）去西涼武昭王李暠（400～416）甚遠，因此敦煌本不爲成氏注本。又該卷子出自敦煌莫高窟，從卷子外觀判斷爲北朝卷子，劉昞又爲敦煌人，故敦煌夾注本爲西涼李暠朝，劉昞《黃石公三略》即公元 416 年前的注本，而卷子上校訂批改之語，抑或爲劉昞眞跡。」〔註 52〕劉氏所言有理。

Дx17499　夾注本《黃石公三略》

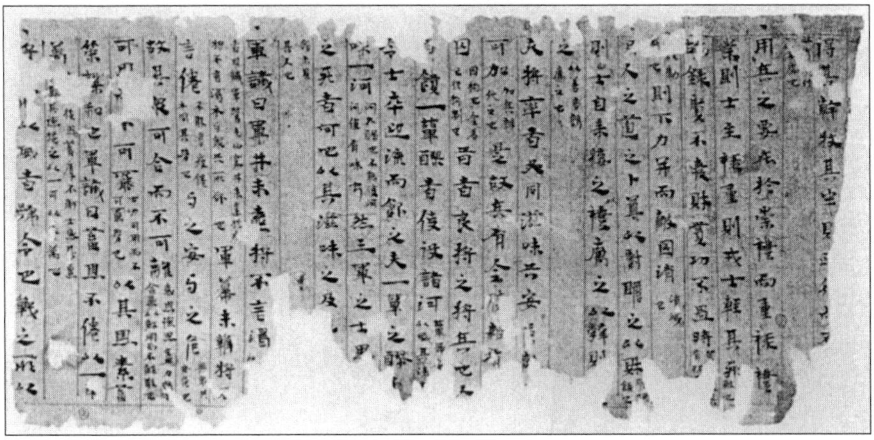

（四）西夏譯本中的注

劉景雲說：「由於它不同於敦煌本，又與金施子美本和景宋本不同，它是否就是《隋書・經籍志》、《新唐書・藝文志》、《宋史・藝文志》所提到的失佚『成氏注《三略》』，抑或就是一個西夏注本？」〔註 53〕「西夏文夾注本《黃石公三略》的發現，對研究中國古代軍事文獻也同樣意義重大。漢文史籍均未載有這麼一個西夏本，即便是《隋書》、《新唐書》、《宋史》亦只提到有成氏注《黃石公三略》，且亡佚。西夏譯本不僅僅是翻譯漢文《三略》，亦是一注本，且注釋詳盡，它比傳世的宋本更接近於《三略》原貌。它的注文不同於敦煌本，如果這些注文也是從漢文著作譯出的，那它是不是佚失的成氏《黃石公三略》注本？《宋史・藝文志六》:『成氏注《三略》三卷。』說明宋時成氏注本尚存世，那麼西夏朝據以翻譯，仍是可能的。」〔註 54〕

〔註 52〕《敦煌研究》2009 年第 2 期，頁 87。
〔註 53〕《敦煌研究》2009 年第 2 期，頁 86。
〔註 54〕《敦煌研究》2009 年第 2 期，頁 87。

俄 ИHB.NO.578　715　黃石公三卷上（24-10）

　　鍾焓《〈黃石公三略〉西夏譯本之研究》一文介紹了西夏譯本的相關情況，將西夏譯本進行直譯、總譯，從而使我們對《黃石公三略》西夏譯本有了明確的認識。鍾焓將西夏本注文與《羣書治要》、《長短經》中的注文進行了比較研究，得出結論為：「西夏本所據的底本並非宋人完全另起爐竈而成的一個全新的注釋本……充分地利用了當時尚存於世的宋以前的古注。但從西夏文注本往往比《羣書治要》、《長短經》所收錄的古注要詳細得多來看，宋人對於古注也不是一味抄襲，不僅將原有注文在內容上擴充了篇幅，而且還對先前沒有注解的部分增加新釋。」〔註55〕

　　綜合上述意見，現有研究認為《羣書治要》、《長短經》中的《三略》注文即為成氏注，敦煌本中的夾注為劉昞注，而西夏譯本是在中土注本上的一個意譯。

第三節　兵器類——《古今刀劍錄》

　　西漢任宏《兵書略》首創「兵技巧」類目，收錄兵器類兵書。中古時期，

〔註55〕鍾焓《〈黃石公三略〉西夏譯本之研究》，頁 14。同參鍾焓《〈黃石公三略〉西夏本注釋與〈長短經〉本注釋的比較研究》（《寧夏社會科學》2006 年第 1 期，頁 100～102）和《〈黃石公三略〉西夏譯本注釋來源初探——以與〈群書治要〉本注釋的比較為中心》（《寧夏社會科學》2007 年第 5 期，頁 90～93）二文。

兵器類兵書主要集中在刀、劍上，如梁陶弘景的《古今刀劍錄》和江淹的《銅劍讚》。據《中國古代軍事文化大辭典》載，這二部兵書與明郭子章的《蠔衣生劍記》，被稱爲是我國古代僅有的三大「兵器史書」。

一、中古兵器類兵書概況

　　《銅劍讚》記作者江淹於齊永明（483～493 年）中，掘地得一古銅劍，遂據有關文獻爲古劍考查詮釋，考古人鑄兵器用銅、後世鑄兵器用鐵之原委，並爲之作讚稱頌。其考證精微，文亦瀟灑，爲歷代學人所推重。

　　《銅劍讚》的著錄情況是：

　　《崇文總目》「《銅劍讚》一卷」；

　　《通志》「《銅劍讚》一卷，出《道藏》」；

　　《宋史·藝文志》「江淹《銅劍讚》一卷」；

　　《四庫全書總目》「《銅劍讚》一卷，梁江淹撰」。

　　由於《銅劍讚》只有一篇，故未見單行本，據筆者粗略檢索，《銅劍讚》收存在《四部備要·江文通集》、《四部叢刊·梁江文通集》、《漢魏六朝百三家集·江淹集》、《南齊文紀》、《廣博物志》等中。

　　在現有研究中，有言及《銅劍讚》之誤的，如：

　　《墨子·耕柱》「鼎成三足而方」孫詒讓曰：「王云『三足』本作『四足』，此後人習聞鼎三足之說，而不知古鼎有四足者，遂以意改之也……《銅劍讚》亦譌作三足。」[M [2] 【P.424~425】

　　《墨子·耕柱》「九鼎既成遷於三國」孫詒讓曰：「《銅劍讚》作『定之國都』，疑誤。畢云北、國爲韻，《藝文類聚》引作『而遷三國』。」[M [2] 【P.426】

　　《古今刀劍錄》記帝王刀劍，自夏啓至梁武帝凡四十事；諸國刀劍，自劉淵至赫連勃勃凡十八事；吳將刀，周瑜以下凡十事；魏將刀，鍾會以下凡六事。下面側重講《古今刀劍錄》。

二、《古今刀劍錄》研究概況

　　元張憲《玉笥集·北庭宣元傑西番刀歌》曰：「呱哇綉鑌柔可曲，東倭純鋼不受觸。賢侯示我西番刀，名壓《古今刀劍錄》。」[Y [7] 【P.68】

　　清姚之駰《後漢書補逸》「帝賜遵金剛鮮卑緄帶一具，金錯五十鐔把刀、墨再屈環橫刀、金錯屈尺八佩刀各一」案曰：「遵豈好劍乎？既得匕首，又賜名刃，此可入《刀劍錄》。」[H [6] 【P.422~423】

一與《古今刀劍錄》作比，一曰「可入《刀劍錄》」，這充分肯定了《古今刀劍錄》的歷史地位。事實上，《刀劍錄》歷來受到的關注較多，如《太平御覽》、《玉海》、《歷代鍾鼎彝器款識法帖》、《六藝之一錄》、《佩文齋書畫譜》、《說郛》、《廣博物志》、《格致鏡原》、《三國志補注》、《蜀中廣記》、《七國考》、《考古圖》、《清秘藏》、《山堂肆考》、《淵鑑類函》、《駢字類編》、《分類字錦》、《子史精華》、《佩文韻府》、《韻府拾遺》、《管城碩記》等中均多所引用。

又，《大詞典》中往往以《刀劍錄》孤證立條，如：

【定光】古劍名。南朝梁陶弘景《刀劍錄》：「殷太甲在位三十二年，以四年歲次甲乙鑄一劍，長二尺，文曰定光，古文篆書。」^{H〔3〕}【3P.1361】

【照膽】①劍名。南朝梁陶弘景《古今刀劍錄》：「武丁在位五十九年，以元年歲次戊午鑄一劍，長三尺，銘曰照膽。」^{H〔3〕}【7P.209】

【赤霄】③傳說中的古劍名。南朝梁陶弘景《刀劍錄》：「前漢劉季在位十二年，以始皇三十四年於南山得鐵劍長三尺。銘曰『赤霄』，大篆書。及貴，帝服之，此即斬蛇劍也。」^{H〔3〕}【9P.1173】

【秀霸】漢光武帝劉秀所佩劍名。南朝梁陶弘景《刀劍錄》：「後漢光武秀在位三十三年，未貴時在南陽鄂山得一劍，文曰『秀霸』，小篆書，帝常服之。」^{H〔3〕}【8P.10】

【興國】③劍名。南朝梁陶弘景《刀劍錄》：「成帝衍（晉成帝司馬衍）以咸和元年造十三口劍，銘曰『興國』。」^{H〔3〕}【2P.167】

【麟嘉】刀名。南朝梁陶弘景《刀劍錄》：「後涼呂光，以麟嘉元年造一刀，銘背曰麟嘉，長三尺六寸。」^{H〔3〕}【12P.1304】

人們在關注《刀劍錄》的同時，對其中的訛誤亦進行了討論，如：

《四庫全書總目提要·〈古今刀劍錄〉一卷》：「然關、張、諸葛亮、黃忠皆蜀將，不應附入吳將中，疑傳寫誤佚『蜀將刀』標題三字。又董卓、袁紹不應附魏，亦不應在鄧艾、郭淮之間，均為顛舛。至弘景生於宋代，齊高帝作相時已引為諸王侍讀，而書中乃稱順帝準為楊玉所弒，不應以身歷之事謬誤至此。且弘景先武帝卒，而帝王刀劍一條，乃預著武帝諡號，並直斥其名，尤乖事理。疑其書已為後人所竄亂，非弘景本文矣。然考唐李綽《尚書故實》引《古今刀劍錄》云：自古好刀劍多投伊水中，以禳膝人之妖，與此本所紀『漢章帝鑄劍』一條，雖文字小有同異，而大略相合，則其來已久，不盡出

後人贋造，或亦張華《博物志》之流，眞僞參半歟？」Q〔3〕【P.1526】

《四庫全書總目提要‧〈天香樓偶得〉十卷》：「國朝虞兆漋撰……如論《刀劍錄》誤以宋廢帝爲順帝，以楊玉夫爲楊玉……皆爲確當。」Q〔3〕【P.1688】

清李鍇《尙史‧本紀‧夏本紀》「啓崩子太康立」：「《帝王世紀》帝啓元年甲辰十年癸丑崩，《紀年》十一年放王季武觀於西河，十五年武觀以西河叛，彭伯壽帥師征西河，武觀來歸，十六年，陟。《通鑑前編》後啓九歲崩。《刀劍錄》後啓以庚戌八年鑄一銅劍，長三尺九寸，後藏之秦望山腹上，刻二十八宿，文有背、面，面文爲星辰，背記山川日月。」按曰：「《紀年》曰元年癸亥，《世紀》曰元年甲辰，如《世紀》，則庚戌鑄劍當是七年。」S〔3〕【P.43】

明顧起元《說略‧李法》：「陶隱居載漢高祖以始皇三十四年於南山得一鐵劍，長三尺，銘曰赤霄，大篆書，即斬蛇劍也，及貴，常服之。光武微時在南陽鄂山得一劍，文曰秀霸。魏武帝以建安二十年於幽谷得一劍，長三尺六寸，上有金字，銘曰孟德王，以見人主受命之征。按：《西京雜記》云斬蛇劍長七尺，晉太康中武庫火飛去。」S〔8〕【P.662】

三、《古今刀劍錄》的著錄及版本

（一）著錄

《（古今）刀劍錄》在各大書目中的著錄情況如下：

《通志》「《古今刀劍錄》一卷，梁陶弘景撰」；

《文獻通考》「《古今刀劍錄》一卷，鼂氏曰梁陶弘景撰，記古今刀劍」；

《崇文總目》「《古今刀劍錄》一卷」；

《遂初堂書目》「《刀劍錄》」；

《太平御覽‧經史圖書綱目》「陶弘景《刀劍錄》」；

《宋史‧藝文志》「陶弘景《古今刀劍錄》一卷」。

《千頃堂書目》「《古今刀劍錄》，陶弘景」；

《天錄琳琅書目》「《刀劍錄》」；

《四庫全書總目》「《古今刀劍錄》一卷，梁陶弘景撰」。

（二）版本

主要有以下幾個版本：

明弘治十四年華珵刻遞修本宋左圭編《百川學海》一百種一百七十九卷本；

明嘉靖十五年鄭氏宗文堂刊宋左圭編《百川學海》二十卷本；

明萬曆二十年程榮刻《漢魏叢書》三十八種二百五十卷本；

《說郛》本；

《筆記小說大觀》本；

文淵閣《四庫全書》本；

《魏晉百家短篇小說》本；

清陶氏賢奕書樓抄本《陶氏賢奕書樓叢書二十六種》八十六卷。

其中，陶氏本爲抄本，故多簡寫，亦有省文符號。

我們以明嘉靖十五年鄭氏宗文堂刊宋左圭編《百川學海》二十卷本爲底本，校以上述各本，詳見附錄三「《古今刀劍錄》集校」。

四、《古今刀劍錄》中的刀劍命名方式

究《刀劍錄》中刀劍命名之方式，不外乎以下幾種：

（一）以鑄劍或佩劍之人命名

【孟德】

　　魏武帝曹操以建安二十年於幽谷得一劍，長三尺六寸，上有金字，銘曰孟德王，常服之。

【司馬】

　　晉武帝司馬炎以咸寧元年造八千口刀，銘曰司馬。

【幼平】

　　周幼平擊曹公，勝，拜平虜將軍，因造一刀，銘背曰幼平。

【思召】

　　袁紹在黎陽夢有一神授一寶刀，及覺，果在臥所，銘曰思召。

　　紹解之曰：思召，紹字也。

（二）以鑄劍年號命名

【建義】

　　西秦乞伏國仁以建義三年造一刀，銘曰建義，隸書。

【麟嘉】

　　後涼呂光以麟嘉元年造一刀，銘背曰麟嘉，長三尺六寸。

【建平】

　　南燕慕容玄明以建平元年作刀四口，文曰建平，隸書。

【永安】

　　北涼沮渠蒙遜以永安三年造刀百口，銘曰永安，隸書。

（三）以鑄劍人官職命名

【司馬】

　　蔣欽拜列郡司馬，造一刀，文曰司馬，隸書。

【安國】

　　朱理君少受征討，黃武中，累功拜安國將軍，作一佩刀，文曰安國。

【新亭侯蜀大將也】

　　張飛初拜新亭侯，自命匠煉赤朱山鐵爲一刀，銘曰新亭侯蜀大將也。

（四）以美好的願望命名

這方面的例子比較多，這裡只簡要列舉：

「定秦」（秦始皇劍）；「秀霸」（光武秀劍）；

「安漢」（順帝保劍）；「中興」（靈帝宏劍）；

「興國」（成帝衍劍）；「定國」（劉裕劍）；

「永昌」（後廢帝昱劍）；「定業」（蕭道成劍）；

「服之者永治四方」（蕭衍劍）；「滅賊」（趙淵刀）；

「石氏昌」（石勒刀）；「霸」（張寔刀）；

「百勝」（李皓刀）；「宜爲將」（郭淮刀）。

第四節　注釋類——《鬼谷子》陶弘景注

　　姜亮夫《中國文化經典直解》序曰：「大凡傳播久遠的作品，往往注家蜂起，代代積累，形成專門之學，這在學術發展史上自有其不可磨滅的文獻價值。」〔註56〕

〔註56〕崔富章主編《中國文化經典直解》，杭州：浙江文藝出版社，1998年版，前言（姜亮夫口述，崔富章記錄整理）頁1。

在前面第一章中我們已對注釋類兵書進行過概說，在後面的下編部分還將重點論述《孫子》曹操注，所以這裡單就《鬼谷子》注家進行分析。

一、《鬼谷子》陶弘景注概況

（一）著錄及版本

1.《鬼谷子》注家著錄情況

《隋書‧經籍志》載：《鬼谷子》三卷（皇甫謐注）；
《鬼谷子》三卷（樂壹注）。
《舊唐書‧經籍志》載：《鬼谷子》二卷（蘇秦注）；
又三卷（樂壹注）；
又三卷（尹知章注）。
《新唐書‧藝文志》載：《鬼谷子》二卷（蘇秦注）；
樂壹注《鬼谷子》三卷；
尹知章注《鬼谷子》三卷。
《通志‧藝文略》載：《鬼谷子》三卷（皇甫謐注）；
又三卷（樂壹注）；
又三卷（唐尹知章注）；
又三卷（梁陶弘景注）。

是以陶弘景注直到宋代纔有著錄。

2.版本

陶弘景注版本主要有以下四種：

正統《道藏》本《鬼谷子》（《四部叢刊》本據以影印）；

文淵閣《四庫全書》本《鬼谷子》；

江都秦恩復乾隆五十五年刊本《鬼谷子》；

江都秦恩復嘉慶十年刊本《鬼谷子》。

房立中《新編鬼谷子全書‧鬼谷子新校》裏附錄了以上四個版本且做了簡要校勘〔註57〕，故此我們不再出校。

（二）四大注家

從上著錄中可以看出，《鬼谷子》注凡四家：皇甫謐、陶弘景、樂壹、尹

〔註57〕房立中《新編鬼谷子全書》，北京：學苑出版社，1995 年版，頁 123～333。

知章。其中，皇甫謐是晉人，《晉書》有傳；陶弘景爲梁人，《梁書》有傳。
這二位爲《鬼谷子》的中古注家自不需疑。尹知章爲唐代人，不在我們的研
究之列。

存在爭議的是樂壹一人。有「皇甫謐、陶弘景、樂壹、尹知章」排序的，
也有「樂壹、皇甫謐、陶弘景、尹知章」排序；有言「樂壹」爲「樂臺」是
唐人的，有言「樂壹」爲「樂一」，著錄於《隋書·經籍志》的。

前者，《玉海·藝文·諸子篇》：「《史記正義》《七錄》有《蘇秦書》，樂
壹注云：『秦欲神祕其道，故假名鬼谷也。』《鬼谷子》三卷，樂壹注，字
正，魯郡人。」^{Y〔6〕【P.429~430】}《隋書經籍志考證·鬼谷子三卷（樂一注）》案曰：
「兩漢唯有魯國，至晉始有魯郡，是樂壹大抵晉人。」^{S〔15〕【P.463】}據此，樂壹
似爲晉人，宋高似孫《子略》以「樂壹、皇甫謐、陶弘景、尹知章」爲序是
合理的。

後者，清徐文靖《管城碩記》曰：「《唐志》有樂臺注《鬼谷子》三卷，《史
記注》作樂壹，疑誤也。」^{G〔3〕【P.526】}是以「壹」爲錯。實則不然，宋王堯臣
《崇文總目·鬼谷子三卷》清錢東垣輯釋：「侗按：《書錄解題》云《隋志》
有皇甫謐、樂壹二家，今本稱陶宏景注。考《通志略》作樂臺，誤也。今《隋
志》樂臺作樂一，則臺字亦誤。」^{C〔4〕【P.141】}《隋書經籍志考證·鬼谷子三卷（樂
一注）》注曰：「一當爲壹，或作樂臺，字之誤也。」^{S〔15〕【P.463】}

皇甫謐注已佚，樂壹注存有三條佚文，如：

《文選·盧子諒〈贈劉琨並書〉》「因其自然用安靜退」李善注：「《鬼谷
子》曰物有自然，樂氏曰：『自然，繼本名也。』」^{L〔2〕【P.469】}

《史記·蘇秦傳》「東事師於齊，而習之於鬼谷先生」，索隱：「樂壹注《鬼
谷子》書云：『蘇秦欲神秘其道，故假名鬼谷。』」^{S〔5〕【P.2241】}

宋高承《事物紀原》「指南」引樂臺注《鬼谷子》曰：「肅愼還，周公恐
其迷路，造指南車送之。」^{S〔7〕【P.107】}

二、關於陶弘景注的討論

（一）對陶弘景的質疑

自秦恩復校刊題爲陶弘景注後，似已成爲定論。但亦有懷疑的聲音，
如：

清周廣業《蓬廬文鈔·跋書後·書鈔本鬼谷子（題陶宏景注）後》：「淥

飲鮑君購得《鬼谷子注》鈔本，屬余是正。注甚明白簡當，自非五季宋人所及。乃其卷首題曰東晉貞白先生丹陽陶宏景注，則非也。陶係梁人，大同初賜諡貞白，東晉之誤無待深辨。案：《鬼谷》錄自《隋志》有皇甫謐、樂壹注各三卷，新、舊《唐志》無皇甫而增尹知章注三卷，不聞陶也。陶注始見於晁氏《讀書志》，潛溪《諸子辨》繼之，卷如樂、尹而亡《轉圓》、《胠篋》二篇……若果係陶注，則同時劉勰作《文心雕龍》明言《轉丸》騁其巧辭，《飛鉗》伏其精彩，此豈不見原文者可遽云《轉丸》已亡乎？……庾仲容亦梁人，其所鈔子今在《意林》『人動我靜』及『以德養民』二條，顯有完書可據，何是本獨以脫誤爲恨？此亦是尹非陶之明証矣！乃其訛尹爲陶，莫解其由。」P〔1〕【P.128~129】

清孫詒讓《札迻·鬼谷子（陶弘景注，秦恩復校刊述古堂鈔本）》案：「陶注，晁公武《讀書志》始著錄，云《唐志》以爲尹知章注，未知孰是。周廣業跋謂注筆法絕似管子注，當是尹注。今案校，殆非也。……今本題陶注雖未可盡信，而非尹注則無疑義。」Z〔1〕【P.183】

清周中孚《鄭堂讀書記·鬼谷子三卷》：「陶注至宋代始出，晁氏引《唐志》以爲尹知章注，未知孰是。晁氏誤也，《唐志》但云尹知章注，不以陶注爲尹注也。」Z〔3〕【P.1030】

清孫志祖《讀書脞錄·鬼谷子注》：「《鬼谷子》注向有樂壹、皇甫謐、陶宏景、尹知章四家，今所傳者不著撰人名氏。近秦太史恩復刻本題爲梁陶宏景注，以注中有引『元亮曰』之文。元亮爲陶潛字，宏景引其言去姓稱字，故斷爲陶注。志祖案注中又有稱『陶宏景曰』者，則其人在宏景後而非宏景注明矣。」D〔2〕【P.250】

爭論無果，所以還是從今本作陶弘景注。

（二）對今本陶弘景注的質疑

俞樾《諸子平議補錄》裏對《鬼谷子》原本進行校勘，其中多言及陶弘景注據誤文爲說者，如：

1. 其有惡也，不能隱其情，情慾必失其變。（《揣篇》第七）

俞樾按曰：「『失』字無義，疑當作『知』，『知』字缺壞，僅存右旁『矢』字，因誤爲『失』矣。下文曰感動而不知其變者，即承此文而言。陶氏作注時已誤作『失』，乃曲爲之說曰『情慾因喜懼而失』，於文義殊未安也。」Z〔6〕【P.106】

2. 故觀蜎飛蠕動，無不有利害，可以生事美。（《揣篇》第七）

俞樾按曰：「『美』當作『變』，言蜎飛蠕動之蟲，無不有利害可以生事變也。『變』、『美』形近而誤，《決篇》『危而美名者』，秦氏校本曰：『美』一本作『變』，即其例矣。注曰『可以成生事之美』，是其所據本已誤。」^{Z〔6〕【P.107】}

3. 無以人之近所不欲，而強之於人。（《謀篇》第十）

俞樾按曰：「『近』字衍文，蓋即『所』字之誤而衍者，兩字並從『斤』，故致誤也。注云『謂其事雖近，彼所不欲』，則其所據本已衍矣。」^{Z〔6〕【P.110】}

4. 聽之術，曰：勿堅而拒之。（《符言》第十二）

房立中按曰：「正統道藏本及秦氏嘉慶本皆爲『德之術』，『聽』與『德』字形相似，易誤寫。從全篇看可證當爲『聽之術』。陶注曰『崇德之術』，是據誤文曲爲之說。」〔註58〕

5. 家於其無常也。（《符言》第十二）

俞樾按曰：「隸書『寂』字每作『家』……此文『家於』二字乃『寂乎』二字之誤。《管子・九守》篇正作『寂乎其無端也』可爲確證。陶注曰：『家，猶業也。羣臣既亂，故所業者無常。』據誤文而臆爲之說，漫無訂正，抑何鄙陋之至。」^{Z〔6〕【P.113】}

6. 有主恭。（《符言》第十二）

俞樾據《管子・七守》篇改爲「右主參」，並按曰：「……『恭』乃『參』字之誤……陶注曰『主於恭者，在於聰明文思』，斯曲說矣。」^{Z〔6〕【P.113】}房氏認爲俞說甚是，故從之改爲「右主參」。筆者以爲值得商榷，本篇前有「有主位」、「有主明」、「有主德」、「有主賞」、「有主問」、「有主因」、「有主周」，「有主恭」承之。

三、陶弘景注對《鬼谷子》的校勘

俞樾《諸子平議補錄》、房立中《新編鬼谷子全書》等肯定了陶弘景注對《鬼谷子》的校勘價值，下面擷取幾例以示管窺：

1. 微排其所言而捭反之，以求其實，貴得其指，闔而捭之，以求其利。（《捭闔》第一）

俞樾按曰：「『貴』字乃『實』字之誤，上云以求其實，此云實得其指，兩文相承。陶注但曰『實情既得』，而不解『貴』字，其所據本未誤也。」^{Z〔6〕【P.102】}

〔註58〕房立中《新編鬼谷子全書》，頁81。

2. 立勢而制事，必先察同異之黨。（《飛鉗》第五）

房立中按曰：「正統道藏本及文淵閣四庫全書本『同異』下無『之黨』二字。秦恩復嘉慶刊本注曰：『按：下文及注，「異」下脫「之黨」二字。』秦恩復嘉慶刊本按曰：『「異」下據注脫「之黨」二字。』下文爲：『別是非之語，見內外之辭，知有無之數。』補『之黨』二字，正成對文。注中說：『必先察黨與之同異，別言語之是非。』可見陶氏所據本未奪『之黨』二字。秦氏之說甚是。」〔註59〕

3. 因之所多所少，以此先知之，與之轉化。（《忤合》第六）

俞樾按曰：「『因』字無義，據注云『所多所少謂政教所宜多所宜少也』，是多少以政教言，則『因』字或『國』字之誤。」Z〔6〕【P.106】

4. 故常必以其見者，而知其隱者，此所謂測深揣情。（《揣篇》第七）

房立中按曰：「正統道藏本、文淵閣四庫全書本及秦氏乾隆刊本均爲『測深揣情』，唯秦恩復嘉慶刊本爲『測深探情』，且按曰：『「探情」，正統道藏本作「揣情」，據注則「探」字似誤。』秦氏所言據注是指陶注『觀色而知情者，必用此道，此所謂測深揣情也』。」〔註60〕

5. 常有事於人，人莫先事而至，此最難爲。（《揣篇》第七）

俞樾按曰：「『人莫』下奪『能先』二字，據注云『故有事於人，人莫能先也，又能窮幾盡變，故先事而至』，是其所據本未奪。」Z〔6〕【P.107】

6. 摩之符也。內符者，揣之主也。（《摩篇》第八）

俞樾按曰：「此本作『摩者，揣之術也』，傳寫奪『者』、『揣』二字，又涉下句『內符』而誤爲『符』耳，注曰『謂揣知其情，然後以其所欲摩之，故摩爲揣之術』。是其所據本正作『摩者，揣之術也』。當據以訂正。」Z〔6〕【P.107】

7. 故爲強者，積於弱也；有餘者，積於不足也。此其道術行也。（《謀篇》第十）

俞樾按曰：「『積於弱也』下本有『爲直者，積於曲也』一句。注曰『柔弱勝於剛強，故積弱可以爲強大；直若曲，故積曲可以爲直；少則得眾，故積不足可以爲有餘』。是陶氏作注時，此句未奪，可據補。」Z〔6〕【P.109~110】

〔註59〕房立中《新編鬼谷子全書》，頁52。
〔註60〕房立中《新編鬼谷子全書》，頁58。

8. 微而正之，符而應之。（《謀篇》第十）

俞樾按曰：「『正』本作『證』，故注曰『雖恐動之尚不知變者，則微有所引，據以證之』，是陶氏所據本作『證』，不作『正』也。俗書每以『證』字代『證』字，故『證』誤爲『正』。」[Z〔6〕【P.110】]

9. 智用於衆人之所不能知，而能用於衆人之所不能見。（《謀篇》第十）

俞樾按曰：「『而能』二字衍文也。『用於衆人之所不能知，用於衆人之所不能見』，皆蒙『智』字爲文，非以『智』、『能』並列也。注曰：『衆人所不能知，衆人所不能見，智獨能用之，所以貴於智矣。』其義甚明，不當有『而能』二字。」[Z〔6〕【P.110】]

第三章　中古兵書的研究價值

　　許保林說：「兵書中包含有豐富的哲學、政治、經濟、科技、管理學、文學、史學、醫學、地理學、外交、航海等史料，今後將會有更多的人從不同的角度去開掘這些史料。」〔註1〕對中古兵書來說亦是如此，不同的研究角度會產生不同的見解。據我們的考察，中古兵書對兵書文獻學、文化學、語言學等方面都有重要作用。下面分而言之。

第一節　文獻學價值

　　針對中古兵書情況，我們從以下三個方面來分析其文獻學價值：對兵書分類的研究；對兵書體例及內容上的拓展；對兵書文獻的傳承發展及校訂。

一、對兵書分類的研究

　　兵書一級類目名稱始於《七略》的「兵書略」，到西晉荀勗編《中經新簿》（亦稱《晉中經簿》）時，把軍事著作區分為「兵書」和「兵家」兩類。《中經新簿》雖然失傳，但從《隋書・經籍志》中，我們可以看出其分類體系：「秘書監荀勗，又因《中經》，更著《新簿》，分為四部，總括羣書……二曰乙部，有古諸子家、近世子家、兵書、兵家、術數。」S〔14〕【P.906】「兵書」與「兵家」之分和「古諸子家」與「近世子家」之分一樣，「兵書」是指古代軍事家的著作，而「兵家」是指近世軍事家的著作。魏晉時期湧現出了曹操、諸葛亮等軍事大家，荀勗將古代軍事家的著作與近世軍事家的著作並列立

〔註 1〕 許保林《中國兵書通覽》，頁 92。

類，說明了人們對當代軍事問題的重視和研究的深入，以及近世兵書地位的提高。

東晉時期，李充編《晉元帝四部目錄》，兵書改歸爲丙部，將荀勗經子史集之次序易爲經史子集，自此以經史子集爲次序的四部分類法就固定了下來，史稱「甚有條貫，秘閣以爲永制」J〔3〕【P.2391】，「自爾因循，無所變革」S〔12〕【P.906】。

南北朝時，有兩位著名的目錄學家曾對兵書類目的命名進行過研究。南朝劉宋時的王儉認爲「兵字淺薄，軍言深廣，故改兵爲軍」G〔4〕【P.112】。在他的《七志》中，把紀兵書的大類改爲《軍書志》。到南朝梁時，阮孝緒不同意他的觀點，認爲「古有『兵革』、『兵戎』、『治兵』、『用兵』之言，斯則武事之總名也，所以還改軍從兵」G〔4〕【P.112】。他的《七錄》以「子兵」命名兵書類。通過這兩位目錄學家的爭論，使兵書類目命名趨於統一，以後的兵書一級類目幾乎全用「兵」字命名。這從一個側面反映了人們對軍事問題的重視和研究的深入。〔註2〕

二、對兵書體例及內容上的拓展

體例上，上古兵書主要爲問答體，如《六韜》是以周文王、武王與姜太公對話的形式寫成的，《尉繚子》是以梁惠王對尉繚子的問話起筆的，《吳子》是魏文侯與吳起之間的對話，《孫子》每節是以「孫子曰」起頭的。中古時期打破了這一格局，不再以問答體的形式出現，且出現了注疏體，如曹操等注《孫子》、陶弘景注《鬼谷子》等。

內容上，出現了以「略」字命名的講戰略的兵書《黃石公三略》，並出現了以「戰略」一詞命名的晉司馬彪的《戰略》，同時又出現了「三大兵器史書」中的兩種——《古今刀劍錄》與《銅劍讚》。另外，《韜略世法存·將苑心法》篇末按曰：「武侯《心書》五十條俱宗之《武經七書》中來，而《武經七書》又多以孫武子爲主。是兵家要訣亙古如出一律，所謂聖人復起不易吾言者類是也。惟至末論東夷、西戎、南蠻、北狄等論，獨創名言，不經人道，此又《武經》之所未備者，故謂之曰《心書》。乃武侯心中文經武緯迴出萬世之上，堪與《武經七書》並垂世法而爲人矣！」T〔3〕【P.150】武侯《心書》是否眞具有

〔註2〕 參許保林《從古代兵書分類演變看軍事學術的興衰》(《軍事歷史》1985年第1期，頁60~62)一文及高路明《古籍目錄與中國古代學術研究》(南京：江蘇古籍出版社，1997年版)一書。

如此高的地位權且不論，其中的《東夷》、《西戎》、《南蠻》、《北狄》四篇確出《武經》之外，爲兵書內容又添了豐富的一筆。

三、對中國兵書傳承發展的貢獻

中國兵書的發展是一脈相承的，後代兵書往往是在前代的基礎上融以本代的特色而創作的，中古兵書是前代兵書思想的傳承。另一方面，中古時期對前代的兵書幾乎都有注釋，這不僅有利於前代兵書在當代的運用，對前代兵書的傳承亦有積極作用，而且可藉以校勘原兵書。就《孫子》而言，中古時期有多個注家，這對《孫子》永久不衰的歷史地位無疑起了很大的作用，特別是曹操的注，具體的後面還要詳談，茲不贅。這裡主要來分析中古兵書研究在文獻校訂上的重要作用：

（一）補失校

兵書在流傳過程中，版本之間的錯訛在所難免，利用其注釋可以還原兵書原貌。如：

> 《黃石公三略·上略》：「故兵有全勝，敵有全因。」 H〔10〕【P.4】

其中的「因」字，景宋《武經七書》本、明劉寅《武經七書直解》本、清朱墉《武經七書彙解》本皆作「因」，明茅元儀《武備志》、清汪紱《戊笈談兵》、清馬驌《繹史》引亦均作「因」。「因」爲何義？《武備志·兵訣評·三略》：「士卒同心，則我能以全取勝，而敵之莫我當者，亦全因乎此矣。」 W〔5〕【P.432】《武經七書直解》劉寅注曰：「『因』字未詳，或曰當作『湮』言。吾兵有全勝，則敵有全沒者，未知是否？」 W〔9〕【P.1014】對「因」字往往臆會。其實，「因」爲「囚」之訛，敦煌本《黃石公三略》夾注：「囚，拘也。全爲己於拘制也。」注文釋「囚」，說明其所據本正爲「囚」。金人施子美《三略講義》亦作「囚」，據施氏講解，「全囚」指拘敵「不殺一人」 S〔6〕【P.738】。改「因」爲「囚」，則文從字順。〔註3〕現代研究多拘泥於景宋本，失校「因」爲「囚」之訛，如許保林就「因」作釋：「即湮，作湮沒講。」 〔註4〕

> 《戰略·蔣濟》：「今海表之地，累世委質，歲選計考，不乏職貢。」 S〔11〕【P.217】

其中的「計考」一詞，吳金華在《三國志校詁》中認爲：「『考』字無義。

〔註3〕《〈黃石公三略〉譯注》從《武經七書講義》改「因」爲「囚」，確甚，頁9。
〔註4〕許保林《〈黃石公三略〉淺說》，頁36。

《資治通鑑》卷七十二明帝太和六年載此文作『孝』，胡三省注：『計孝，謂每歲上計及舉孝廉也。』胡注甚是。又載黃初三年詔曰：『今之計（考）【孝】，古之貢士也。』校點本《校記》云：『計孝，據《資治通鑑》六九胡注改。』竊謂校點本據《資治通鑑》卷六十九訂正《文帝紀》之『計考』，極是；此《戰略》之『計考』，亦當依《資治通鑑》卷七十二校改。」S〔1〕【P.99】吳氏所言極是。《大詞典》據誤文「今之計考，古之貢士也」立條「計考」，可商。

（二）正誤斷

《孫子・作戰》：「孫子曰：凡用兵之法，馳車千駟，革車千乘，帶甲十萬。」

曹操注：「……養二人，主炊；家子一人，主保固守衣裝；廄二人，主養馬，凡五人……養二人，主炊；家子一人，主守衣裝，凡三人也。」

其中的「炊家子」標點不一，中華書局 1999 年版《十一家注孫子校理》如文，中華書局 1972 年港版《十一家注孫子》、上海古籍出版社 1978 年版《十一家注孫子》及李零《〈孫子〉十三篇綜合研究・曹操注集校》均以「炊家子」連言。

且看文獻中的用例：

杜牧注引《司馬法》：「一車，甲士三人，步卒七十二人，炊家子十人，固守衣裝五人，廄養五人，樵汲五人。」〔註 5〕明唐順之《武編》前集卷六：「大車者二十五人，炊家子十人，樵汲五人，固守衣裝五人。」W〔6〕【P.459】似乎「炊家子」連言已成通語。

而事實上，曹操注中以「養」、「家子」、「廄」並列而言，如「炊家子」連言，斷作「養二人主炊家子，一人主保固守衣裝，廄二人主養馬」，則不類。孫詒讓《札迻》已揭示其誤：「曹注本以養爲主炊之人，家子爲主守衣裝之人，廄爲主養馬之人。《公羊》宣七年何注云：『炊亨曰養。』《漢書・張耳傳》韋昭注『司曹以養主炊』，與何說正合。而杜牧、張預乃以炊家子爲一，廄養爲一，是襲曹說而失其讀，顯與古義不合。」Z〔1〕【P.355】是李零等本均誤斷。

《孫子・作戰》曹操題解：「欲戰必先籌其費務，因糧於敵。

〔註 5〕楊丙安《十一家注孫子校理》，頁 29。

《孫子參同》本如文，作「費務」S〔19〕【P.665】而斷，其他各本皆作「欲戰必先籌其費，務因糧於敵」，割裂「費務」，不當。「費務」實爲一詞，《文選‧何平叔〈景福殿賦〉》：「乃命有司，禮儀是具，審量日力，詳度費務。」呂延濟注：「詳其費務，恐多用人財。」L〔2〕【P.223】

（三）正誤釋

《黃石公三略‧下略》：「犯上者尊，貪鄙者富。」H〔10〕【P.20】

「貪鄙」，許保林釋爲「貪婪卑鄙」〔註6〕，《大詞典》相應的例證亦釋爲「貪婪卑鄙」H〔3〕【10P.109】，有以今文釋古義之嫌。「鄙」古有「貪吝」之義，如《韓非子‧五蠹》：「今之爭奪，非鄙也，財寡也。」H〔1〕【P.1041】是以「貪鄙」爲同義並列雙音詞。

《戰略‧傅嘏》：「有始不必善終，古事之明效也。」S〔11〕【P.217】

「效」有驗證之義，屢發之於舊注，如《荀子‧議兵》：「隆禮效功，上也；重祿貴節，次也。」楊倞注：「效，驗也。」X〔7〕【P.270】《淮南子‧修務》：「夫謳者樂之徵也，哭者悲之效也。」高誘注：「效，驗也。」H〔9〕【P.1327】《漢書‧楚元王傳》：「世之長短，以德爲效。」顏師古注：「効謂徵驗也。」H〔2〕【P.1951】《後漢書‧班超傳》：「以是傚之，則蔥領可通。」李賢注：「效猶驗也。」H〔5〕【P.1577】《文選‧潘安仁〈閑居賦〉》：「雖通塞有遇，抑亦拙者之效也？」李善注引《廣雅》曰：「效，驗也。」L〔2〕【P.289】有「效」、「驗」對文者，如《論衡‧雷虛篇》：「何怒罰有效，喜賞無驗也？」L〔4〕【P.297】有「效」、「證」對文者，如《論衡‧薄葬篇》：「故事莫明於有效，論莫定於有證。」L〔4〕【P.962】「效驗」、「效證」連言者常見，茲不贅舉。又有「明效」與「大驗」連言者，如《漢書‧賈誼傳》：「此天下之所共見也。是非其明效大驗邪！」H〔2〕【P.2253】有「明效」與「顯證」連言者，如清李光地《榕村集‧吳將軍行間紀遇後序》：「遂以次誅滅，則此其明效顯證也。」R〔1〕【P.705】凡此種種，足證「明效」爲明顯的證驗，《大詞典》「明效」條釋爲「明顯的效果」H〔3〕【5P.607】，以今律古，不當。拿「明顯的證驗」驗之《大詞典》所舉例證〔註7〕，甚通。

〔註6〕　許保林《〈黃石公三略〉淺說》，頁102。

〔註7〕　《大詞典》「明效」條例證爲：《漢書‧匈奴傳讚》：「此則和親無益，已然之明效也。」三國魏曹植《陳審舉表》：「伯樂馳千里，明君致太平，誠任賢使能之明效也。」清端方《請平滿漢畛域密摺》：「又如駐藏使節，亦已採用漢人，凡此皆出自朝廷爲地擇人之權衡，亦隱示兩族耦俱無猜之明效。」

第二節　文化學價值

　　在中華民族幾千年的文明史中，有幾種重要的學說如儒學、易學、兵學等，它們是中華文化的重要組成部分。李澤厚在《中國古代思想史論》中提出在研究中國古代思想史時「應加強兵、農、醫、藝四大『實用文化』的研究」〔註 8〕，這其中，「兵」佔了很大的比重，對兵書的研究對豐富兵學文化乃至中國文化都有極大的價值。前面提到，中古時期出現了「三大兵器史書」中的兩部——《古今刀劍錄》與《銅劍讚》，對刀劍文化、兵器文化、實物文化有參考價值。如《古今刀劍錄》中提到的帝王刀劍自夏啓至梁武帝凡四十事、諸國刀劍自劉淵至赫連勃勃凡十八事、吳將刀周瑜以下凡十事、魏將刀鍾會以下凡六事。雖有舛誤、失眞之處，如將蜀將誤入吳將中，董卓、袁紹誤入魏將中等，但可藉以考察古代兵器。

　　《古今刀劍錄》中的刀劍在前面第二章中已經述及了，這裡主要看一下曹操與諸葛亮在兵器方面的貢獻。

　　曹操有《百辟刀令》：「往歲作百辟刀五枚適成，先以一與五官將，其餘四，吾諸子中有不好武而好文學，將以次與之。」W〔3〕【P.652】何謂「百辟刀」？正如《百辟刀令》〔註 9〕所言：「百鍊利器，以辟不祥、攝服姦宄者也。」同上《大詞典》據以立釋曰：「古寶刀名。三國魏曹操製，以辟不祥，懾奸宄。」H〔3〕【8P.241】又《軍策令》裏提到了「卑手刀」：「孤先在襄邑，有起兵意，與工師共作卑手刀。」〔註 10〕「卑手刀」即如《大詞典》所言的「古代一種軍用短刀」H〔3〕【1P.870】。另外，據史載，曹操發明了發石車，《三國志·魏志·袁紹傳》：「太祖乃爲發石車，擊紹樓，皆破，紹眾號曰霹靂車。」S〔1〕【P.199】以其發石時聲如霹靂，故又稱「霹靂車」。《後漢書·袁紹傳》：「紹爲高櫓，起土山，射營中，營中皆蒙楯而行。操乃發石車擊紹樓，皆破，軍中呼曰『霹靂車』。」李賢注：「以其發石聲震烈，呼爲霹靂，即今之拋車也。」H〔5〕【P.2400】字又作「礔礰車」，如《隋書·刑法志》：「作礔礰車，以威婦人。」S〔14〕【P.710】

　　諸葛亮爲補救蜀國國小兵少的缺陷，創造了一些兵器來加強戰鬥力，如木牛（參下圖）、流馬、元戎等。關於木牛、流馬研究已經很多了，茲不贅言。這裡主要來看「元戎」。《三國志·蜀志·諸葛亮傳》「亮性長於巧思，損益連

〔註 8〕　李澤厚《中國古代思想史論》，北京：人民出版社，1985 年版，頁 304。
〔註 9〕　此據《漢魏六朝百三家集》，中華本無此句。
〔註 10〕　《曹操集》，頁 55。

弩」裴松之注引《魏氏春秋》：「（亮）又損益連弩，謂之元戎，以鐵爲矢，矢長八寸，一弩十矢俱發。」S〔1〕【P.928】

《武經總要》中的木牛車

是連弩早在諸葛亮前就發明了，諸葛亮所作的就是「損益」連弩，使連弩更具威力。這更具威力也只是相較之前的連弩而言，事實上，關於諸葛弩，《天工開物》記載說：「又有諸葛弩，其上刻直槽，相承函十矢，其翼取最柔木爲之。另安機木，隨手扳弦而上，發去一矢，槽中又落下一矢，則又扳木上弦而發。機巧雖工，然其力棉甚，所及二十餘步而已。此民家防竊具，非軍用器。」T〔4〕【P.391】《武備志・軍資乘・戰八・器械二》中亦有「圖說」：「此弩即懦夫閨婦皆可執以環守其城。一弩連發十矢，鐵鏃塗以射虎毒藥，發矢一中，人馬見血立斃。便捷輕巧，即付騎兵亦可持之以衝突。但矢力輕，必藉藥耳。」W〔5〕【P.4269】由此我們對「元戎」就有了明確的認識，參下圖：

<table>
<tr><td>《天工開物》中的連弩圖</td><td>《武備志》中的諸葛分形弩圖</td></tr>
</table>

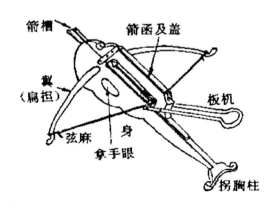

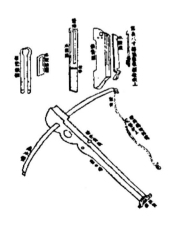

第三節　語言學價值

作爲兵書專類題材，中古兵書中的語言運用具有獨特性。其對於漢語詞彙歷史建構的重要價值主要表現在：

一、有利於完整的漢語史的研究

周祖謨就「漢語發展的歷史」說：「過去研究歷史的人不十分注意語言的發展和人民活動之間的關係；而研究語言歷史的人又往往忽略了人民活動的歷史。」〔註11〕《四庫全書總目提要·太白陰經》言：「兵家者流大抵以權謀相尚，儒家者流又往往持論迂闊，諱言軍旅，蓋兩失之。」Q〔3〕【P.1299】的確，在我們引言部分提到的幾家中古漢語研究概況中都未提及中古兵書，而研究軍事的往往又忽略了語言研究，這就自然影響了完整系統的漢語史研究。

就漢語史研究來說，隨著中古複音詞的大量產生，中古軍語中出現了一些活躍的構詞語素，如「候」、「部」等。下面分而言之：

【候】

《說文·人部》：「候，司望也。」S〔9〕【P.374下】引申之，在軍語中就有了動詞「偵察、探聽」義和名詞「偵察敵情的人」義。前者如《廣雅·釋詁三》：「候，覘也。」G〔5〕【P.102下】《呂氏春秋·貴因》「武王使人候殷」高誘注：「候，視也。」L〔5〕【P.925】後者如《墨子·號令》：「守入城，先以候爲始。」孫詒讓《閒詁》：「蘇云：『候，謂訪知敵情者。』」M〔2〕【P.610】這二義分別進入了構詞，出現了以下幾個雙音詞：

「探候」，《將苑·輕戰》：「探候不謹，與無目同。」Z〔4〕【P.167】《三國志·魏志·杜恕傳》「出爲弘農太守，數歲轉趙相」裴松之注引三國魏魚豢《魏略》：「時出案行，皆豫敕督郵平水，不得令屬官遣人探候，修設曲敬。」S〔1〕【P.506】

「邏候」，諸葛亮《與兄瑾言治綏陽谷書》：「有綏陽小谷，雖山崖絕險，谿水縱橫，難用行軍。昔邏候往來，要道通入。」Q〔4〕【P.1373】

「偵候」，《三國志·魏志·牽招傳》：「招既教民戰陳，又表復烏丸五百餘家租調，使備鞍馬，遠遣偵候。」S〔1〕【P.731】

〔註11〕周士琦編《周祖謨語言文字論集》，北京：人民教育出版社，1999年版，頁1。

「覘候」，《後漢書・獨行傳・陸續》：「續母遠至京師，覘候消息。」H〔5〕【P.2682】

「諜候」，南朝梁簡文帝《與衡山侯恭手令》：「諜候惟遠，箱庾惟積。」Q〔4〕【P.3000】

以上幾詞中，「候」以動詞義與「探」、「邏」、「伺」、「偵」、「覘」、「諜」構成同義並列雙音詞，意思爲偵察、偵探。

「諝候」，《將苑・謹候》：「律有十五焉，一曰慮，閒諜明也；二曰詰，諝候謹也。」Z〔4〕【P.158】

「屯候」，《三國志・吳志・呂蒙傳》：「晝夜兼行，至羽所置江邊屯候，盡收縛之。」S〔1〕【P.1278】

「人候」，《北史・隋房陵王勇傳》：「帝惑之，遂疏忌勇。迺於玄武門達至德門量置人候，以伺動靜，皆隨事奏聞。」B〔1〕【P.2461】

以上三例中的「候」爲名詞義。其中，「諝候」爲動賓結構，「諝」爲詰問義，《莊子・山木》：「虞人逐而諝之。」郭象注：「諝，問之也。」Z〔7〕【P.697】《大詞典》以《將苑》此例孤證立「諝候」條，釋爲「訊問」H〔3〕【11P.318】，未言及「候」，不確。

【部】

「部曲」，在曹操注中四見，如《孫子・始計》「法者：曲制、官道、主用也」曹操注：「曲制者，部曲、旗幟、金鼓之制也。」《孫子・兵勢》「孫子曰：凡治眾如治寡，分數是也」曹操注：「部曲爲分，什伍爲數。」《孫子・兵勢》「治亂，數也」曹操注：「以部曲分名數爲之，故不可亂也。」〔註12〕《孫子・軍爭》「孫子曰：凡用兵之法：將受命於君，合軍聚眾」曹操注：「聚國人，結行伍，選部曲，起營陳也。」所謂「部曲」，就是部隊的意思。中古時期多實行世兵制，故「部曲」一詞有時又用來特指古代豪門大族的私人軍隊，如《三國志・魏志・鄧艾傳》：「孫權已沒，大臣未附，吳名宗大族，皆有部曲。」S〔1〕【P.777】《南史・張瓌傳》：「瓌宅中常有父時舊部曲數百。」N〔1〕【P.813】

「部下」，《三國志・魏志・司馬芝傳》：「自黃初以來，聽諸典農治生，各爲部下之計，誠非國家大體所宜也。」S〔1〕【P.388】

〔註12〕此例「部曲分」不辭，似有衍文，《長恩書室叢書》本、左樞本、日本藏本、《參同》本無「曲」字。

「部眾」，《三國志‧吳志‧吳範傳》：「備部眾離落，死亡且半。」 S〔1〕【P.1421】

「部隊」，《後漢書‧馬融傳》：「用關東兵五千，裁假部隊之號，盡力率屬，埋根行首，以先吏士，三旬之中，必克破之。」 H〔5〕【P.1971】

「部伍」，《南史‧張敬兒傳》：「部伍泊沔口，敬兒乘舴艋過江，詣晉熙王燮。」 N〔1〕【P.1137】

以上爲名詞義，「部下」、「部隊」直到今天還在使用。下二例爲動詞義：

「部分」，《後漢書‧馮異傳》：「及破邯鄲，乃更部分諸將，各有配隸。軍士皆言願屬大樹將軍，光武以此多之。」 H〔5〕【P.642】此乃部署、安排義。亦有乙作「分部」的，如《三國志‧魏志‧公孫瓚傳》注引《英雄記》曰：「袁紹分部攻者，掘地爲道。」 S〔2〕【P.253】盧弼《集解》引何焯曰：『『分部』當作『部分』。」同上吳金華認爲「『分部』與『部分』同義，均部署之謂，何氏以爲『分部』誤倒，失之」〔註13〕。吳氏所言極是。

「部列」，《陳書‧高祖紀上》：「高祖召徐度、侯安都、周文育等謀之，仍部列將士，分賞金帛，水陸俱進。」 C〔2〕【P.7】《大詞典》以此孤例釋爲「按部排列」 H〔3〕【10P.651】，不當，「部列」同義連言。

二、爲漢語詞彙史的構建提供了一批時代較早的詞語和義項例證

《大詞典》「古今兼收，源流並重」，對於考察漢語詞彙的歷史變化無疑具有十分重要的參考價值。通過考察，我們發現《大詞典》一批詞語和義項的首證即爲中古兵書。如：

【譎奇】

《大詞典》釋爲「詭變出奇」，首證爲《三略‧中略》：「故非計策，無以決嫌定疑；非譎奇，無以破姦息寇；非陰謀，無以成功。」 H〔3〕【11P.432】

按：「譎」有奇義，《文選‧傅武仲〈舞賦〉》：「軼態橫出，瑰姿譎起。」李善注：「譎，異也。」 L〔2〕【P.323】「譎奇」同義並列，早在《六韜‧龍韜》中即有「奇譎」之說：「權士三人，主行奇譎，設殊異，非人所識，行無窮之變。」 L〔3〕【P.446~447】

【殊絕】

《大詞典》義項①爲「特出；超絕」，首證爲舊題漢黃石公《三略‧下略》：「德合於己，則建殊絕之功，故其道高而名揚於後世。」 H〔3〕【5P.162】

〔註13〕吳金華《三國志校詁》，頁57。

按：「殊」、「絕」均有過義，如《後漢書・梁竦傳》：「母氏年殊七十。」
李賢注：「殊，猶過也。」 H〔5〕【P.1174】《荀子・勸學》：「假舟檝者，非能水也，
而絕江河。」楊倞注：「絕，過。」X〔7〕【P.4】引申之，則有超過、特出、卓越
之義，如《樂府詩集・相和歌辭三・古辭〈陌上桑〉》：「坐中數千人，皆言夫
婿殊。」X〔1〕【P.260】《後漢書・荀彧傳》：「謀殊功異，臣所不及。」H〔5〕【P.2288】
南朝宋鮑照《代朗月行》：「鬢奪衛女迅，體絕飛燕光。」X〔1〕【P.1266】「殊絕」
一詞爲中古習語，如三國蜀諸葛亮《後出師表》：「曹操智計殊絕於人。」
〔註14〕與此相類的中古雙音詞還有：「殊奇」，《論衡・吉驗》：「有殊奇之骨，
故有詭異之驗；有神靈之命，故有驗物之效。」L〔4〕【P.84】「殊卓」，《論衡・佚
文》：「漢氏浩爛，不有殊卓之聲。」L〔4〕【P.868】

【材術】

《大詞典》釋爲「本領；才學」，首證爲《鬼谷子・飛箝》「或以重累爲
毀，或以毀爲重累」南朝梁陶弘景注：「或有狀其所有，其短自形，此以重累
爲毀也。或有歷說其短，材術便著，此以毀爲重累也。」H〔3〕【4P.757】

按：此詞陶弘景注中四見。另三例爲：

《捭闔》第一：「審定有無，以其實虛；隨其嗜欲，以見其志
意。」

陶弘景注：「言任賢之道，必審定其材術之有無，性行之虛實，
然後隨其嗜欲而任之，以見其志意之眞僞也。」

《飛鉗》第五：「其不可善者，或先徵之，而後重累。」

陶弘景注：「不可善，謂鉤鉗之辭所不能動，如此必先命徵召之。
重累者，謂其人既至，然後狀其材術所有。知其所能，人或因此從
化也。」

《飛鉗》第五：「或先重以累，而後毀之。」

陶弘景注：「或有雖都狀其所有，猶未從化，然後就其材術短者
訾毀之，人或過而從之，無不知化也。」

以上三例陶弘景注均在《大詞典》所引陶注之前，雖在一書之中，《大詞
典》似也應提前到《捭闔》第一的陶注爲好。

【鬱勃】

《大詞典》義項②爲「形容氣勢旺盛或充滿生機」，首證爲《鬼谷子・權

〔註14〕《諸葛亮集》，頁7。

篇》「怒者妄動而不治也」南朝梁陶弘景注：「怒者鬱勃，故妄動而言不治也。」H〔3〕【3P.1140】

按：《說文・林部》：「鬱，木叢者。」S〔9〕【P.271下】可形容草木茂盛貌，如《文選・張衡〈西京賦〉》：「鬱蓊薆薱，橚爽櫹槮。」薛綜注：「皆草木盛貌也。」L〔2〕【P.57】引申之，可形容氣盛，《爾雅・釋言》：「鬱，氣也。」郭璞注：「鬱然氣出。」郝懿行義疏：「《一切經音義》二引李巡曰：『鬱，盛氣也。』」E〔1〕【P.485】又，《文選・馬季長〈長笛賦〉》：「氣噴勃以布覆兮，乍跱跂以狼戾。」李善注：「勃，盛貌。」L〔2〕【P.328】「鬱勃」同義連言。

【邊壤】

《大詞典》釋爲「猶邊地」，首證爲《三國志・魏志・傅嘏傳》「斯必然之數也」裴松之注引晉司馬彪《戰略》：「今邊壤之守，與賊相遠，賊設羅落，又持重密，間諜不行，耳目無聞。」H〔3〕【10P.1301】

按：「壤」即地也，《後漢書・申屠蟠傳》「今先生處平壤，遊人間，吟典籍」李賢注：「壤，地也。」H〔5〕【P.1753】《文選・張景陽〈詠史詩〉》「清風激萬代，名與天壤俱」李周翰注：「壤，地也。」L〔2〕【P.390】「邊地」一詞早見於《漢書・晁錯傳》：「臣聞漢興以來，胡虜數入邊地，小入則小利，大入則大利。」H〔2〕【P.2278】

【閒構】

《大詞典》義項②爲「指潛入敵方，偵察情況，刺探情報，進行顛覆的人」，首證爲《三國志・魏志・傅嘏傳》「振長策以禦敵之餘燼」裴松之注引晉司馬彪《戰略》：「羅落遠設，閒構不來。」H〔3〕【12P.89】

按：《詩・小雅・青蠅》：「讒人罔極，構我二人。」孔穎達正義：「構者，構合兩端，令二人彼此相嫌。」M〔1〕【P.484】《左傳・昭公十二年》：「叔仲子欲構二家。」杜預注：「欲構使相憎。」C〔6〕【P.2063】楊伯峻注：「構乃離間義。」C〔7〕【P.1335】是以「閒構」同義並列，亦作「間構」，如《南史・宋竟陵王誕傳》：「彭城邵領宗在城內陰結死士欲襲誕，先欲布誠於慶之，乃說誕求爲間構，見許。」N〔1〕【P.398】

【舉發】

《大詞典》義項①爲「檢舉揭發」，首證爲三國魏曹操《步戰令》：「臨戰，兵弩不離陳；離陳，伍長什長不舉發，與同罪。」H〔3〕【8P.1297】

按：「舉」、「發」同義連言，《史記・秦始皇本紀》：「有敢偶語《詩》《書》

者棄市。以古非今者族。吏見知不舉者與同罪。」^{S〔5〕}【P.255】《漢書‧鄭當時傳》：「司馬安爲淮陽太守，發其事，當時以此陷罪。」^{H〔2〕}【P.2325】與之相類複音詞還有：

「舉白」，《漢書‧杜欽傳》：「假令丹知而白之，此誣罔罪也；不知而白之，是背經術、惑左道也：二者皆在大辟，重於朱博、孫宏、陳咸所坐。方進終不舉白。」^{H〔2〕}【P.2680】三國魏曹操《步戰令》：「諸部曲者，各自安部陳兵疏數，兵曹舉白。」〔註15〕《三國志‧吳志‧陸遜傳》：「會稽太守淳于式表遜枉取民人，愁擾所在。遜後詣都，言次，稱式佳吏。權曰：『式白君而君薦之，何也？』遜對曰：『式意欲養民，是以白遜。若遜復毀式以亂聖聽，不可長也。』」^{S〔1〕}【P.1344】「舉」、「白」亦同義。

「舉告」，《魏書‧世祖紀上》：「夫法之不用，自上犯之，其令天下吏民，得舉告守令不如法者。」^{W〔2〕}【P.88】《史記‧佞倖列傳》：「居無何，人有告鄧通盜出徼外紙鑄錢。」^{S〔5〕}【P.3193】

【間諜】

《大詞典》義項 2 爲「指潛伏在敵方，偵察情況、刺探情報、進行破壞活動的人」，首證爲《孫子‧用間》三國魏曹操題解：「戰者必用間諜，以知敵之情實也。」^{H〔3〕}【12P.92】

按：「間」本爲縫隙之義，引申之，可指可乘之機，用於軍事上，就有了利用這可乘之機進行挑撥做此事之人，具有「行間」（動詞）和「間諜」（名詞）兩種意義，前者如《逸周書‧武紀》：「間其疏，薄其疑。」朱右曾校釋：「間，謂設事以離間之。」^{Y〔5〕}【P.1077】，後者如《孫子‧用間》：「非聖智不能用間，非仁義不能使間。」^{S〔18〕}【P.33】「諜」，《說文‧言部》「軍中反間也」^{S〔9〕}【P.101下】，《左傳》杜預有三注「諜，間也」，是以「諜」的軍語性質貫穿始終。「間諜」同義連言，現代漢語中在通語裏直接得到廣泛運用，如「商業間諜」等。

三、爲漢語詞彙史的構建提供了獨有的詞語和義項例證

具體體現在《大詞典》中爲孤證，如：

【招舉】

招致舉用。《三略‧上略》：「羣吏朋黨各進所親，招舉姦枉，抑挫仁賢，

〔註15〕《曹操集》，頁 56。

背公立私，同位相訕，是謂亂源。」H〔3〕【6P.520】

　　按：此「招」音 qiáo，《漢書·陳勝項籍傳讚》引漢賈誼《過秦論》：「然秦以區區之地，致萬乘之權，招八州而朝同列。」顏師古注引蘇林曰：「招，音翹。」H〔2〕【P.1826】「招」有舉義，舊注中已發之，《後漢書·班固傳上》：「招白閒，下雙鵠，揄文竿，出比目。」李賢注：「招猶舉也。」H〔5〕【1351】《漢書》上例鄧展注曰：「招，舉也。」H〔2〕【P.1826】是其證。「招舉」同義並列，《大詞典》所釋不夠確切。

　　【螲蟷】

　　《大詞典》釋爲「一種生活於地下的小蜘蛛。又名顚當、蛈蝪。體黑褐色。築穴於土中，呈圓筒形，內部滿布蛛絲，穴口有圓蓋，可以開閉，伺小蟲經過，即翻蓋捕捉。遇敵害，則閉蓋躱避」，例證爲《鬼谷子·內揵》「若蚨母之從其子也」南朝梁陶弘景注：「蚨母，螲蟷也，似蜘蛛，在穴中，有蓋。」H〔3〕【8P.959】

　　按：核原文，明正統道藏本作「蚨母」，清乾隆刻本作「蛈母」。《大詞典》二者並出：

　　【蚨母】即青蚨。《鬼谷子·內揵》：「用其意，欲入則入，欲出則出……若蚨母之從其子也。」H〔3〕【8P.865】

　　【蛈母】即螲蟷。也稱蛈蝪。《鬼谷子·內揵》：「若蛈母之從其子也，出無間，入無朕，獨往獨來，莫之能止。」陶弘景注：「蛈母，螲蟷也，似蜘蛛，在穴中，有蓋。」H〔3〕【8P.876】

　　二者誰對？清朱駿聲《說文通訓定聲》豫部弟九「蚨」：「青蚨，水蟲，可還錢。從蟲，夫聲。以其血塗錢，出之飛還。其事見《淮南萬畢術》、《搜神記》。《鬼谷子·內揵》曰『若蚨母之從其子也，出無閒，入無朕』，注以螲蟷解之，誤蚨爲《爾雅》王蛈蝪之蛈。」S〔10〕【P.406上】又履部弟十二「蛈」：「《爾雅·釋蟲》王蛈蝪注螲蟷似蜘蛛，在穴中，有蓋，河北人呼蛈蝪。鬼谷子內揵『蛈母之從其於〔註16〕也』，今作蚨母。」S〔10〕【P.647下】朱氏所言極是，《大詞典》處理失當。

　　《大詞典》以中古兵書作爲孤證的詞條有很多，下面簡要例舉，以示管窺。

　　【校察】察考；偵察。《三國志·魏志·傅嘏傳》「詔以訪嘏」裴松之注

　　────────────────
　　〔註16〕「於」爲「子」之訛，清道光二十八年刻本。

引晉司馬彪《戰略》：「夫軍無耳目，校察未詳，而舉大眾以臨巨險，此為希幸徼功，先戰而後求勝，非全軍之長策也。」ᴴ〔3〕【4P.1004】

【祖祖】①以祖為祖。《三略・上略》：「世能祖祖，鮮能下下。祖祖為親，下下為君。」ᴴ〔3〕【7P.850】

【羅落】⑤指擔任警戒聯絡的士兵。三國蜀諸葛亮《兵要》：「軍已近敵，羅落常平明以先發，絕軍前十里內；各案左右下道，亦十里之內。」ᴴ〔3〕【8P.1051】

【良式】好的模式。三國魏曹操《置屯田令》：「夫定國之術在於強兵足食，秦人以急農兼天下，孝武以屯田定西域，此先世之良式也。」ᴴ〔3〕【9P.261】

【白地將軍】喻指不善於用兵的將領。三國魏夏侯淵的綽號。三國魏曹操《軍策令》：「淵（夏侯淵）本非能用兵也，軍中呼為『白地將軍』，為督帥尚不能親戰，況補鹿角乎！」ᴴ〔3〕【8P.172】

【雷鼓】擂鼓，打鼓。雷，通「擂」。三國魏曹操《船戰令》：「雷鼓一通，吏士皆嚴。再通，什伍皆就船。」ᴴ〔3〕【11P.681】

【校督】檢查督促。三國魏曹操《步戰令》：「諸部曲都督將吏士，各戰時校督部曲，督住陳後，察凡違令畏懦者。」ᴴ〔3〕【4P.1003】

【白辨】②謂弄明白情況。三國魏曹操《步戰令》：「有急，聞雷鼓音絕後，六音嚴畢，白辨便出。」ᴴ〔3〕【8P.211】

【五官將】「五官中郎將」的省稱。三國魏曹操《百辟刀令》：「往歲作百辟刀五枚適成，先以一與五官將。」此指曹丕。ᴴ〔3〕【1P.365】

四、辭書編纂價值

（一）為辭書釋義提供依據

中古兵書中的注釋類，其注釋多為辭書採納，作為自己的釋義依據，如《大詞典》利用《孫子》曹操注釋的有 38 處，詳第五章。這裡以陶弘景《鬼谷子》注為例，《大詞典》利用《鬼谷子》陶弘景注 12 次，其中 8 次是作為《鬼谷子》之注釋來利用，如「守司」條，「伎巧」條，「象比」條，「釣語」條，「抵巇」條，「倍反」條，「宣散」條，「象比」條。試看一例：

【象比】

《大詞典》釋為「摹擬類比」，利用的是陶弘景注——《鬼谷子・反應》：「言有象，事有比，其有象比，以觀其次。象者，象其事；比者，比其辭也。以無形求有聲。」《鬼谷子・反應》：「己反往，彼覆來，言有象比，因而定基。」

陶弘景注：「應理既出，故能言有象，事有比，前事既有象比，更當觀其次，令得自盡。象謂法象，比謂比例。」H〔3〕【10P.16】

按：首例中「象者，象其事；比者，比其辭也。以無形求有聲」爲陶之注文，《大詞典》誤入《鬼谷子》正文。

（二）增補漏收詞目

斯大林在《馬克思主義與語言學問題》中曾經談到：「語言中的詞彙的變化不像上層建築，它的變化不是用廢除舊的、建設新的那種方式來實現，而是用新詞去充實現行詞彙的辦法來實現。」〔註 17〕語言作爲一種社會現象，會隨著社會的變化而發生變化。詞作爲語言中最活躍的要素，其隨著社會的變化而變化的重要表現就是產生了大量的新詞。中古兵書中就出現了不少新詞，例如：

【密定】

《黃石公三略·上略》：「匡正八極，密定九夷。」H〔10〕【P.1~2】

按：「密」有安定義，毛傳中已揭示，如《詩·周頌·昊天有成命》：「成王不敢康，夙夜基命宥密。」毛傳：「密，寧也。」M〔1〕【P.587】又《大雅·公劉》：「夾其皇澗，遡其過澗。止旅乃密，芮鞫之即。」毛傳：「密，安也。」M〔1〕【P.543】是以「密定」爲同義並列雙音詞，《大詞典》失收。

【紛然】

《孫子·虛實》：「以吾度之，越人之兵雖多，亦奚益於勝敗哉？」

曹操注：「越人相聚，紛然無知也。或曰吳越讎國也。」

按：《大詞典》失收「紛然」一詞。「紛然」之義，古注中多有揭之，《漢書·王莽傳》「白黑紛然」顏師古注：「紛然，亂意也。」H〔2〕【P.4141】《文選·東方曼倩〈非有先生論〉》「果紛然傷於身」呂延濟注：「紛然，多貌。」L〔2〕【P.955】

審文，原文言「多」，注文言「紛然」，「紛然」意自明。

【情謀】

《孫子·軍爭》：「故不知諸侯之謀者，不能豫交。」

曹操注：「不知敵情謀者，不能結交也。」

〔註17〕斯大林《馬克思主義與語言學問題》，北京：人民出版社，1953 年版，頁 19。

　　按：曹操注以雙音詞「情謀」釋原文之「謀」，此句張預注曰：「先知諸侯之實情，然後可與結交；不知其謀，則恐翻覆爲患。」以「實情」釋「謀」。又《用間》篇曹操題解：「戰者必用間諜，以知敵之情實也。」是以「情謀」、「情實」、「實情」義同，《大詞典》無「情謀」一詞。

【眹跡】

　　《鬼谷子》：「籌策萬類之終始，達人心之理，見變化之眹焉。」陶弘景注「眹」爲「眹跡」。

　　按：中古時期是複音詞大量產生的時期，這在中古兵書中也有所體現，特別是其中的注釋類兵書，多有用複音詞注解前代兵書單音詞的，此處「眹跡」即爲一例。「眹跡」，《大詞典》未收，收了與之相近的「眹兆」一詞，義爲先兆；又收了「朕跡」一詞，首證爲唐李嶠《宣州大雲寺碑》詩，似有不知「朕跡」即「眹跡」之嫌。「朕」通「眹」。《莊子·應帝王》：「體盡無窮，而遊無朕。」成玄英疏：「朕，跡也。」Z〔7〕【P.308】《莊子·齊物論》：「必有眞宰，而特不得其眹。」陸德明釋文：「眹，除忍反，兆也。」Z〔7〕【P.57】是以「朕跡」（「眹跡」）爲同義並列雙音詞。《大詞典》不妨進行如下處理，立「眹跡」條，以上例陶弘景注爲例證，然後說亦作「朕跡」，再舉唐李嶠詩例。

（三）提前晚出書證

　　張小豔在《敦煌書儀語言研究》中說：「即使所有的文獻都已實現了電子化，漢語詞彙的溯源工作也仍然是有意義的。因爲一方面電子文本並不完全可靠；另一方面，一個詞語輸入電腦後，一檢索便會有成千上萬條類似的『詞形』出現，這其中哪些是詞，哪些不是，哪些更早、更可靠，都還須我們『人腦』進一步識別。」〔註18〕就是說在電子文本檢索已經相當發達的今天，關於大型辭書書證滯後的研究還是有意義的，既有利於《大詞典》的進一步修訂和完善，也可以爲漢語詞彙史的構建提供更多的準確的基礎材料。

　　通過對中古兵書語詞的考察，我們發現其中爲《大詞典》收錄而書證滯後的例子有很多，下面舉數例言之，如：

【毛】

　　　　《古今刀劍錄》：「宣帝詢，在位二十五年。以本始四年鑄二劍，
　　　　長三尺，一曰毛，二曰貴，以足下有毛，故爲之，皆小篆書。」

按：《大詞典》「毛」義項 22 爲「古兵器名」，例證爲《西遊記》第三回：「那裏面無數器械：刀、槍、劍、戟、斧、鉞、毛、鐮……弓、弩、叉、矛，件件俱備。」H〔3〕【6P.996】過晚，《刀劍錄》中此例「毛」即爲劍名。當然，這兩個「毛」存在一定的區別，《刀劍錄》中的爲具體一把劍的名字，《西遊記》中的是泛指，《大詞典》可處理爲「毛，漢宣帝劉詢劍名，《刀劍錄》……後泛指兵器，《西遊記》……」。

【拒】

《孫子·謀攻》：「凡用兵之法，全國爲上，破國次之。」

曹操注：「興師深入長驅，拒其城郭，絕其內外，敵舉國來服爲上，以兵擊破敗而得之其次也。」

按：前言「深入長驅」，曹操注中的「拒」爲到達的意思，《大詞典》該義項的首證爲《隋書·西域傳·党項》：「東接臨洮、西平，西拒葉護。」H〔3〕【6P.362】過晚，可提前到曹操注。

【屯壘】

《戰略·傅嘏》：「夫屯壘相偪，形勢已交，智勇得陳，巧拙得用。」S〔11〕【P.221】

按：「屯壘」猶營壘，《大詞典》首例爲《新唐書·裴寂傳》：「寂無它才，惟飛檄郡縣，促入屯壘相保贅，焚積聚，人益惴駭思亂。」H〔3〕【1P.488】可提前到司馬彪《戰略》。

【破壞】

《戰略·王基》：「昔子午之役，兵行數百里而值淋雨，橋閣破壞，後糧腐敗，前軍縣乏，姜維深入，不待輜重，士眾飢餓，覆軍上邽。」S〔11〕【P.224】

按：此「破壞」即破損、損壞之義，《大詞典》作此義時首證爲元張光祖《言行高抬貴手》卷二：「寇萊公寢處一青幃二十餘年，時有破壞，輒命補葺。」H〔3〕【7P.1040】過晚。

【進趣】

《王氏新書》：「時朝廷議欲伐吳，詔基量進趣之宜。」W〔1〕【P.199】

按：此「進趣」乃進攻之義。《大詞典》「進趣」條見「進趨」，而「進趨」義項④「進攻；攻取」首證爲晉葛洪《抱朴子·明本》：「攻守進趣之術，輕

身重義之節。」^{H〔3〕}【10P.998】過晚。

【變動】

　　　《黃石公三略・上略》：「端末未見，人莫能知；天地神明，與

　　物推移；變動無常，因敵轉化；不爲事先，動而輒隨。」^{H〔10〕}【P.1】

　按：此「變動」爲變化義，《大詞典》作此義時首證爲唐韓愈《送高閑上

人序》：「故旭之書，變動猶鬼神，不可端倪。」^{H〔3〕}【5P.532】過晚。

【體天】

　　　《黃石公三略・中略》：「帝者，體天則地，有言有令，而天下

　　太平。」^{H〔10〕}【P.13】

　按：「體天」即依據天命，《大詞典》作此義時首證爲唐黃滔《省試王者

之道如龍首賦》：「王者以御彼萬國，居於九重，既體天而立制，遂如首以猶

龍。」^{H〔3〕}【12P.412】過晚。

下編　《孫子》曹操注個案研究

朱慶之認為理想語料應該具備三個條件：「（1）內容具有廣闊的社會文化生活覆蓋面，（2）語體不過於典雅而含有較多的口語成分，（3）基本保持歷史原樣，年代大致可考，並具有充足的數量。」〔註1〕

在整體把握中古兵書文獻與語詞的基礎上，我們之所以選擇《孫子》曹操注進行個案研究，是基於以下考慮：第一，是鑒於曹操注在《孫子》傳承史上的重要地位，之後我們還要細說。第二，「基本保持歷史原貌，年代大致可考」，這是沒有問題的。至於「充足的數量」，對於不足四千字的曹操注來說，似乎稱不上充足，但任何事物都是相對而言的，《孫子》本身也不過六千字左右，而其得到的關注與研究令我們對曹操注不得不重視。而曹操注中富有口語化的用語及對三國兵學文化內容的涉及亦在我們的考慮之內。

〔註1〕　朱慶之《佛典與中古漢語詞彙研究》，臺北文津出版社，1992年版，頁1。

第四章 《孫子》曹操注研究概況

第一節 《孫子》中古注概況

《武經七書彙解·孫子彙解》朱墉序云：「自六經復出於漢，學者莫得其本真，於是諸儒章句之學興焉。其後傳注箋解疏義轉相講述而聖道以明。至兵法之書，則猶多缺略也。」^{W〔8〕〔P.1〕}朱氏所言「至兵法之書，則猶多缺略也」是相較於注六經而言的，事實上，受漢代注經之風的影響，中古時期注釋兵書之風盛起。

曹操注中有「一云」字眼，如《孫子·作戰》「故智將務食於敵：食敵一鍾，當吾二十鍾；萁稈一石，當吾二十石」，曹操注：「六斛四斗爲鍾。萁，豆稭也；稈，禾稿也。石，百二十斤也。轉輸之法，費二十石，乃得一石。一云：萁音忌，豆也。七十斤爲一石。當吾二十，言遠費也。」這說明在曹操之前即有人對《孫子》做過注解，可惜的是都亡佚了，也未見文獻著錄。現在能見到的最早的對兵書的注解當是東漢許慎的《六韜》注，現有一條佚文，存於《太平御覽》卷三百五十七，但未見到文獻著錄，這條是否可信已不得而知。真正能看到較爲完整系統的兵書注本即是曹操的《孫子》注。

一、《孫子》中古注概況

自曹操注《孫子》起，魏王凌、魏賈詡、吳沈友、梁孟氏、隋蕭吉等相繼爲《孫子》作注，直至經過唐李筌、杜牧、陳皞、賈林、杜佑，宋梅堯臣、王晳、何氏、張預等注家，在宋代形成著名的「十一家注」。之後，元趙本學的《孫子書校解引類》、張賁注《孫子》，明劉寅的《武經七書直解》、陳錫的

《校訂魏武帝注孫子三卷》、李贄的《孫子參同》、劉寅的《孫子直解》，清朱墉的《孫子彙解》、孫星衍的《魏武帝注孫子》、左樞的《魏武帝注孫子左箋》、王念孫校《魏武帝注孫子》，現代錢基博的《孫子章句訓義》、陸達節的《孫子兵法書目匯編》及郭化若、楊丙安、李零、褚良才等的研究，形成蔚為大觀的「孫子學」。

就中古這段的《孫子》注來說，曹操注、孟氏注較為完整，其他四家大多都亡佚了，據杜佑注及《武經彙解》等輯佚王凌注《孫子》7 條〔註1〕：

《孫子・計篇》：「士卒孰練？」

杜佑曰：「知誰兵器強利、士卒簡練者。故王子曰：『士不素習，當陣惶惑；將不素習，臨陣闇變。』」〔註2〕

《孫子・計篇》：「賞罰孰明？」

杜佑曰：「賞善罰惡，知誰分明者。故王子曰：『賞無度，則費而無恩；罰無度，則戮而無威。』」〔註3〕

《孫子・計篇》：「卑而驕之。」

杜佑曰：「彼其舉國興師，怒而欲進，則當外示屈撓，以高其志，俟惰歸，邀而擊之。故王子曰：『善用法者，如狸之與鼠，力之與智，示之猶卑，靜而下之。』」〔註4〕

《孫子・謀攻篇》：「將能而君不禦者勝。」

杜佑曰：「《司馬法》曰：『進退唯時，無曰寡人』，將既精能，曉練兵勢，君能專任，事不從中御。故王子曰『指授在君，決戰在將』者是矣。」〔註5〕

《孫子・勢篇》：「鷙鳥之疾，至於毀折者，節也。」

〔註1〕 孫星衍校刊《孫子十家注》序曰：「書中或多出杜佑，而置在其孫杜牧之後。杜佑實未嘗注《孫子》，其文即《通典》也。多與曹注同，而文較備，疑佑用曹公、王凌諸人古注，故有王子曰，即凌也。」《叢書集成初編》本，頁1～2。

〔註2〕 李零《〈孫子〉十三篇綜合研究・杜佑注集校》以中華書局校點本《通典》（1988 年版）為底本，校以宋本《十一家注孫子》中的杜佑注以及《長短經》、《太平御覽》等書的引文，所作翔實可靠，故以其作為底本。下同，頁294。

〔註3〕 李零《〈孫子〉十三篇綜合研究》，頁294。《孫子彙解》中「王子曰」獨立，未隸屬於杜佑注，W〔8〕P.84。

〔註4〕 李零《〈孫子〉十三篇綜合研究》，頁294。

〔註5〕 李零《〈孫子〉十三篇綜合研究》，頁302。

杜佑曰：「發起討敵，如鷹鷂之所攫撮也，必能挫折禽獸者，皆由伺候之明，邀得屈折之節也。王子曰：『鷹隼一擊，百鳥無以爭其勢；猛虎一奮，萬獸無以爭其威。』」〔註6〕

《孫子・勢篇》：「紛紛紜紜，鬬亂而不可亂也；渾渾沌沌，形圓而不可敗也。」

杜佑曰：「車騎齊轉。形圓者，出入有道，齊整也。渾渾，車輪轉行；沌沌，步驟奔馳。視其行陳縱橫，圓而不方，然則指趣各有所應。故王子曰：『將欲內明而外暗，內治而外渾，所以示敵之輕己者也。』」〔註7〕

《孫子・虛實篇》：「使敵不得至者，害之也。」

杜佑曰：「出其所必趨，攻其所必救。能守其險害之要路，敵不得自至。故王子曰：『一犬當穴，萬鼠不敢出；一虎當溪，萬鹿不敢過。』言守之上也。」〔註8〕

賈詡注《孫子》2條：

《孫子・作戰》：「故兵貴勝不貴久。」

賈詡注：「遠輸艱難，因糧於敵，一不得已也；士不用命，姑行激勸，二不得已也；車破馬斃，用人車卒，三不得已也。是皆久師所致，故孫子斷之如此。」 W〔8〕【P.118~119】

《孫子・虛實》：「吾所與戰之地不可知，不可知則敵所備者多；敵所備者多，則吾所與戰者寡矣。」

賈詡注：「兵以合聚，乃得爲眾，而其所以合眾者，必我能使敵之多寡以備己也。」 W〔8〕【P.205】

沈友注《孫子》3條：

《孫子・作戰》：「故兵貴勝，不貴久。」

沈友曰：「貴勝即貴速也。貴與不貴，是指示之詞，亦決斷之詞。」 W〔8〕【P.118】

《虛實》題解：沈友曰：「虛者，怯弱、亂飢、勞寡、不虞也。實者，勇強、治飽、佚眾、有備也。兵之有虛實，猶人元氣之有虛

〔註6〕李零《〈孫子〉十三篇綜合研究》，頁304～305。
〔註7〕李零《〈孫子〉十三篇綜合研究》，頁306。
〔註8〕李零《〈孫子〉十三篇綜合研究》，頁307。

實也。己實彼虛，擊之可也；己虛彼實，避之可也。爲將者，必知彼我虛實之情，而爲戰守之法。軍形言攻守，兵勢言奇正，奇正自攻守而用，虛實由奇正而見。」W〔8〕【P.191】

　　《孫子・兵勢》：「戰事不過奇正。」

　　沈友曰：「戰事不過奇正，不過二字有包舉之意。」W〔8〕【P.178】

蕭吉注《孫子》1條：

　　《孫子・兵勢》：「不責之於人。」

　　蕭吉曰：「不才之人，責成重事亦不能勝任，故不責也。」W〔8〕【P.185】

二、曹操注概況

（一）曹操注的注釋體例

　　曹操除了對《孫子》進行注釋外，據文獻著錄，他還注釋過《太公陰謀》、《司馬法》，亡佚不存。就其《孫子》注來說，從整體來看，可分兩個方面：疏通文義和解釋字詞。在疏通文意方面，卿三祥《曹操與〈孫子兵法〉》一文〔註9〕總結的四大特點——畫龍點睛（舉十三篇篇名的曹操注爲例）；解釋簡明；引書爲證（引了《司馬法》、《太公兵法》、《左傳》等）；引事爲證，無疑是很全面很到位的闡釋。這幾大特點得到了大家的共識，如宮雲維在《〈孫子略解〉的特點及其影響》一文〔註10〕中對曹操注的特點作了以下總結：簡明；質切；根據自己的實踐經驗對孫武的軍事理論作了許多闡發；繼承、豐富了《孫子兵法》樸素的唯物論和辯證法思想。而宮雲維的第四點，郭國靈的《從〈孫子注〉看曹操的樸素軍事辯證法思想》一文中又有詳細解說。在解釋字詞方面，爲全面把握，我們不妨分以下幾種情況〔註11〕：

　　1. A，B也

　　這是曹操注中最常用的格式，共出現22次，如：

　　《作戰》「勝久則鈍兵挫銳，攻城則力屈」，曹操注「鈍，弊也；屈，盡也」；

　　《謀攻》「其次伐交」，曹操注「交，將合也」；

〔註9〕《成都大學學報（社科版）》2005年第6期。

〔註10〕《浙江師大學報（社會科學版）》2001年第5期。

〔註11〕這裡的「A」爲被釋詞，「B」爲釋詞。例子以篇目的先後次序排列。

《謀攻》「修櫓轒轀，具器械，三月而後成」，曹操注「修，治也；櫓，大楯也；具，備也」；

《謀攻》「是謂亂軍引勝」，曹操注「引，奪也」；

《兵勢》「其節短」，曹操注「短，近也」；

《虛實》「敵不得與我戰者，乖其所之也」，曹操注「乖，戾也」；

《虛實》「角之而知有餘不足之處」，曹操注「角，量也」；

《軍爭》「無邀正正之旗，勿擊堂堂之陳」，曹操注「正正，齊也；堂堂，大也」；

《九變》「役諸侯者以業」，曹操注「業，事也」；

《行軍》「欲戰者無附於水而迎客」，曹操注「附，近也」；

《九地》「無所往則固深入則拘」，曹操注「拘，縛也」；

《九地》「是故方馬埋輪，未足恃也」，曹操注「方馬，縛馬也；埋輪，示不動也」；

《九地》「能愚士卒之耳目，使之無知」，曹操注「愚，誤也」；

《九地》「聚三軍之眾，投之於險」，曹操注「險，難也」；

《九地》「犯三軍之眾，若使一人」，曹操注「犯，用也」；

《九地》「厲於廊廟之上，以誅其事」，曹操注「誅，治也」；

《火攻》「煙火必素具」，曹操注「煙火，燒具也」。

2. A者，B也

這種格式在曹操注中也佔有一定的分量，有 12 次，如：

《作戰》「故兵聞拙速，未睹巧之久也」，曹操注「未睹者，言其無也」；

《謀攻》「修櫓轒轀，具器械，三月而後成；距闉，又三月而後已」，曹操注「轒轀者，轒牀也；距闉者，踊土稍高而前以附其城也」；

《行軍》「視生處高」，曹操注「生者，陽也」；

《行軍》「軍行有險阻、潢井、蒹葭、山林、蘙薈者」，曹操注「阻者，多水也；潢者，池也；井者，下也；蒹葭者，眾草所聚也；林木者，眾木所居也；蘙薈者，可以屏蔽之處也」。

《地形》「遠形者勢均，難以挑戰，戰而不利」，曹操注「挑戰者，延敵也」；

《火攻》「時者，天之燥也」，曹操注「燥者，旱也」；

3. A，猶B也

這種格式但見3處，如：

《始計》「此兵家之勝，不可先傳也」，曹操注「傳，猶泄也」；

《作戰》「善用兵者，役不再籍，糧不三載」，曹操注「籍，猶賦也」；

《軍爭》「五十里而爭利，則蹶上將軍，其法半至」，曹操注「蹶，猶挫也」。

4. A者，B

這種格式出現過2次，如：

《謀攻》「修櫓轒轀，具器械，三月而後成」，曹操注「器械者，機關攻守之總名，飛樓、雲梯之屬」；

《行軍》「軍行有險阻、潢井、蒹葭、山林、翳薈者」，曹操注「險者，一高一下之地」。

5. A，謂B

只見1例，如《作戰》「丘牛大車」，曹操注「丘牛，謂丘邑之牛」。

6. A，乃B也

僅見1例，如《作戰》「丘牛大車」，曹操注「大車，乃長轂車也」。

7. A，B貌

有2例，如《行軍》「諄諄翕翕，徐與人言者，失眾也」，曹操注「諄諄，語兒；翕翕，失志兒」。

8. B為A

這種格式也出現過19次，如：

《兵勢》「凡治眾如治寡，分數是也」，曹操注「部曲為分，什伍為數」；

《兵勢》「三軍之眾，可使必受敵而無敗者，奇正是也」，曹操注「先出合戰為正，後出為奇」；

《軍爭》「交和而舍」，曹操注「軍門為和門，左右門為旌門，兩軍相對為交和」；

《軍爭》「不知山林、險阻、沮澤之形者，不能行軍」，曹操注「高而崇者為山，眾樹所聚者為林，坑塹者為險，一高一下者為阻，水草漸洳者為沮，眾水所歸而不流者為澤」；

《行軍》「凡地有絕澗、天井、天牢、天羅、天陷、天隙，必亟去之，勿

近也」，曹操注「山水深大者爲絕澗，四方高中央下者爲天井，深山所過若蒙籠者爲天牢，可以羅絕人者爲天羅，地形陷者爲天陷，山澗道迫狹地形深數尺長數丈者爲天隙」。

9. B曰A

有 5 例，如：

《兵勢》「鬥眾如鬥寡，形名是也」，曹操注「旌旗曰形，金鼓曰名」；

《軍爭》「交和而舍」，曹操注「以車爲營曰轅門，以人爲營曰人門」；

《九變》「圮地無舍」，曹操注「水毀曰圮」。

從上來看，曹操注中的注釋術語已經很完備。

（二）曹操注的版本

1. 版本概況

曹操注自誕生之日起，就受到極大的關注。《孫子》兩大版本系統——十一家注本系統及武經系統均有曹操注，且武經系統只有曹操注，《續資治通鑑長編》卷三四一云：「（元豐六年）丙辰，國子司業朱服言承詔校定《孫子》、《吳子》、《司馬兵法》、《衛公問對》、《三略》、《六韜》，諸家所注《孫子》互有得失，未能去取，它書雖有注解，淺陋無足採者，臣謂宜去注行本書，以待學者之自得。詔《孫子》止用魏武帝注，餘不用注。」^X〔6〕【P.3168】孫星衍《孫子略解序》亦言：「《孫子》有魏武帝、杜牧、李筌、陳皡、賈林、張預、孟氏、何氏、王晢、梅堯臣十人注，本存道藏中，後有滎陽鄭友賢《十家注孫子遺說》，或是其所合。予以魏武注最古，故鈔撮專行之。」^S〔17〕【P.416】

除單行外，以集注形式出現者共有五種，如《隋書・經籍志》、《通志・藝文略》著錄的《孫子兵法》一卷，魏武、王凌集解〔註12〕；《宋史・藝文志》著錄的蕭吉注（或題曹、蕭注）《孫子》一卷，《五家注孫子》三卷（魏武帝、杜牧、陳皡、賈隱林〔註13〕、孟氏），曹、杜注《孫子》三卷（曹操、杜牧），吉天保《十家孫子會注》十五卷。十家注集本應該是在前面幾家集注的基礎上產生的，自它產生後，其他幾個集注本也就亡佚了。

〔註12〕 李零案：「魏武、王凌集解，疑是王凌集魏武帝注並他家說而成。王凌，《三國志・魏書》有傳，《通典》卷一五〇引《孫子》杜佑注兩引『王子』說，孫星衍謂即王凌。」《〈孫子〉十三篇綜合研究》，頁 115。

〔註13〕 李零案：「賈隱林，《舊唐書》、《新唐書》均有傳，他書及《十一家注孫子》皆作賈林，此係誤記。」同上，頁 123。

　　楊丙安《十一家注孫子校理・宋本十一家注孫子及其流變（代序）》對十一家注本系統的流變進行了詳細的探討，茲不贅述，這裡只簡要介紹曹操注的版本。曹操注的版本可以分爲以下三個系統：

（1）十一家注本系統

主要有：

宋刻本《十一家注孫子》（《中華再造善本》依其影印）；

《岱南閣叢書》本《孫子十家注》；

（明）談愷刻《孫子集注》；

（明）黃邦彥刻《孫子集注》；

（清）存幾堂《孫子集注》；

（清）顧福棠《孫子集解》。

（2）單行本系統

主要有：

《平津館叢書》本《魏武帝注孫子》；

日本京都大學圖書館藏《孫子》，上題「永祿三年（1560 年）十月五日以唐本書寫之加朱墨點」〔註14〕；

清抄本王念孫校《孫子注》二卷；

《漢魏叢書》本《孫子》二卷（魏武帝注）；

新昌莊肇麟過客軒清咸豐 4 年（1854 年）《長恩書室叢書》本《魏武帝注孫子》三卷；

左樞《孫子左樞箋》，齊魯書社《孫子集成》第 16 冊，頁 1～42。

（3）《孫子》其他注家及類書系統

主要包括：

《十一家注孫子》中其他注家中的曹操注；

《孫子參同》中的曹操注；

《孫子彙解》中的曹操注；

《北堂書鈔》、《羣書治要》、《初學記》、《通典》、《太平御覽》等書的引文。

〔註14〕此本係抄寫本，故多簡寫、省文符號，亦有形近誤鈔之處，詳見附錄一。上題「以唐本書寫之」，是否反映了未經宋人修改的漢文古本原貌呢？

在這眾多版本中，李零用影宋本《魏武帝注孫子》為底本，校以宋本《十一家注孫子》所收曹操注以及《北堂書鈔》、《羣書治要》、《初學記》、《通典》、《太平御覽》等書的引文，並錄孫星衍《孫子十家注》中的校語和改動之處，作《曹操注集校》〔註15〕。我們利用其成果，在《曹操注集校》的基礎上，以李零未及的明談愷刻《孫子集注》、明黃邦彥刻《孫子集注》、日本京都大學圖書館藏《孫子》、清抄本王念孫校《孫子注》二卷、《漢魏叢書》本《孫子》二卷（魏武帝注）、《長恩書室叢書》本《魏武帝注孫子》三卷及《孫子參同》、《孫子彙解》中的曹操注進行對校，詳見附錄一「《孫子》曹操注集校」。

2. 關於曹操注版本的有關問題

（1）《平津館叢書》本之不全

《孫子·作戰》：「凡用兵之法，馳車千駟，革車千乘，帶甲十萬。」

曹操注：「馳車，輕車也，駕四馬。革車，重車也。」

此據《平津館叢書》本《魏武帝注孫子》，《十一家注》本、談本、黃本、王本此注均作：「馳車，輕車也，駕駟馬；革車，重車也。言萬騎之重，車駕四馬，率三萬軍，養二人主炊，家子一人主保固守衣裝，廝二人主養馬，凡五人，步兵十人；重以大車駕牛，養二人主炊，家子一人主守衣裝，凡三人也。帶甲十萬，士卒數也。」清孫詒讓《札迻》就之言孫星衍景宋刊本曰：「此宋元豐監本，乃唐以後刪定之本，注文簡略不完。」Z〔1〕【P.354】

《孫子·行軍》：「軍旁有險阻、潢井、蒹葭、林木、翳薈者，必謹覆索之，此伏姦之所也。」

曹操注：「險者，一高一下之地。阻者，多水也。潢者，池也。井者，下也。蒹葭者，眾草所聚也。林木者，眾木所居也。翳薈者，可以屏蔽之處也。此以上論地形，以下相敵情也。」

李零《〈孫子〉十三篇綜合研究》曰：「曹操注：『潢者，池也；井者，下也。』《通典》卷一五〇、《御覽》卷二九一引作『蔣潢井生』，杜佑注：『蔣者，水草之蔈生也；潢者，池也；井者，下也。』蓋今本正文並曹注均有脫字。孫星衍《孫子十家注》改為「蔣潢井生」，連下文為讀。」〔註16〕

〔註15〕李零《〈孫子〉十三篇綜合研究》，頁246～290。
〔註16〕李零《〈孫子〉十三篇綜合研究》，頁63。

《孫子·虛實》:「吾所與戰之地不可知,不可知則敵所備者多;
敵所備者多,則吾所與戰者寡矣。」

曹操注:「形藏敵疑,則分離其眾備我也,言少而易擊也。」

《十一家注》本、談本、黃本、王本及《通典》卷一五八、《御覽》卷三一三引同此,《平津館叢書》本無。《十一家注孫子校理》同文,校記曰:「此處曹注,平津本無,而《通典》卷一五八祐注則有之,且與此全同。再,王注亦引有曹注,可知原有曹注,平津本無者,迨爲後人所刪也。」〔註17〕

穆志超《櫻田本〈孫子兵法〉補考》一文亦言:「盛唐時期趙蕤所著《長短經》卷九《兵權·五間》中引用《用間篇》『反間者,因敵間而用之也』句,下引曹注云:『敵使間來視我,我知之,因厚賂重許,使反爲我間,故曰反間。』這條注文不見於通行各本,當是佚文。足證今所傳曹注本非足本、非原貌。」〔註18〕

從附錄一《〈孫子〉曹操注集校》裏我們亦可看出《平津館叢書》本的殘略不完,正如李零所言:「《魏武帝注孫子》是現存最早的《孫子》注本,宋代單行舊注保存至今,祇剩這一種。此本注文與古書引文及宋本《十一家注孫子》對勘,看來有不少節略之處,已非曹注單本之舊。」〔註19〕

(2)與《武經》本、《十一家注》本的關係

對曹單注本、《武經》本、《十一家注》本三者的關係,學者多有述及,自是互有優劣,茲不贅述,可參李零《〈孫子〉十三篇綜合研究·現存宋代〈孫子〉版本的形成及其優劣》一文〔註20〕。

(3)與簡本的關係

自銀雀山漢墓竹簡出土以來,受到研究者的極大關注,如謝國良、吳如嵩爲日本服部千春《孫子兵法校解》一書作的序中所言「竹書文句優於傳本之處甚多,國內外學者多有論證」〔註21〕。我們不否認漢簡本的重要作用,但同時應該辯證地看待這一問題。就《孫子》漢簡本與曹操注本來說,各有短長,我

〔註17〕楊丙安《十一家注孫子校理》,頁129。
〔註18〕《〈孫子〉新論集粹》,第二屆孫子兵法國際研討會論文選,北京:長征出版社,1992年版,頁39。
〔註19〕李零《〈孫子〉十三篇綜合研究》,頁396。
〔註20〕李零《〈孫子〉十三篇綜合研究》,頁396～400。
〔註21〕(日)服部千春《孫子兵法校解》,北京:軍事科學出版社,1987年版,序頁13。

們不該厚此薄彼。正如褚良才所言：「『故善用兵者，譬如率然』，檢漢簡本作『故善用軍者，闢如衛然。』……先秦古籍中常見『用兵』、『興兵』、『興師』，卻無見『用軍』、『興軍』之說。從中可知漢簡本並非處處皆優於傳世本。據本人研究認爲：漢簡本爲民間藏本，有『簡』、『疏』、『竄』、『訛』等問題，而傳世本自曹注後文字相對穩定，何況曹操所見本子，當爲漢廷中保藏的最佳善本，多有優於漢簡本之處。將二者優勢互補，方可盡還其原貌。」〔註22〕

（4）與櫻田本的關係

昌平學教官安積信《古文孫子序》曰：「仙臺櫻田子惠，舊藏古本《孫子》，校之魏武注本，大有異同，意亦佚於彼者。今本《九變篇》云『圮地無舍，衢地合交，絕地無留，圍地則謀，死地則戰』，夫篇稱九變，則篇中必當有九變之目。觀之《九地篇》之例可知矣。而今本所舉者，止五事耳。古本則云『高陵勿向，背丘勿逆，佯北勿從，銳卒勿攻，餌兵勿食，歸師勿遏，圍師勿周，窮寇勿逼，絕地勿留』，九變之目，明白如此。其爲《孫子》眞本也昭昭矣。今本『圮地』以下二十字，《九地篇》論之詳矣，不宜驀出於此，蓋攙錯也。且《九變篇》與《軍爭篇》相接，故本文誤跳於上篇之末。而魏武以來，襲誤踵謬已久，歷代兵家目不覩眞鼎，故注釋迴護舛駁，可發一笑。今也古本一出，千古之昏夢始醒矣。今本《用間篇》云『死間者，爲誑事於外，令吾間知之，而傳於敵間也。生間者，反報也』，古本則云『死間者，委敵也。生間者，反報也』，此亦簡練明潔，過今本遠甚。其他小異同，亦多優於今本。其爲魏武以前之書無疑也。」G〔2〕【P.4~8】

此言不可盲從。服部千春在《孫子兵法校解》中論及「《孫子兵法》的版本源流」時就說：「櫻田本古文《孫子》……正文前有日本昌平學教官安積信所撰《古文孫子序》，序稱：此櫻田本『爲魏武以前之書無疑』，然據何有此斷語，語焉不詳。」〔註23〕

第二節　《孫子》曹操注的研究概況

曹操注從古到今、從中到外都曾獲極高讚譽，古如李卓吾《孫子參同》：「嗚呼！雖使孫武子復生於今，不如一記誦七篇舉子耳……夫孫武子且然，

〔註22〕褚良才《孫子兵法研究與應用》，杭州：浙江大學出版社，2002年版，頁121。
〔註23〕（日）服部千春《孫子兵法校解》，概說頁12。

況魏武乎？益以市井奴輩視之矣。嗚呼！若魏武者，吾以謂千載而一見者也，學者愼勿作矮人觀場之語，可也。」S〔19〕【P.573~574】近如周傳銘言：「十家之注，概爲書生，故惟曹操所注尙屬近情。」〔註24〕國外的關注拿日本來說，《日本孫子書知見錄》一書可謂洋洋大觀，今就其中的由中島悟史譯、評說的《曹操注解〈孫子兵法〉》來看，其對曹操注語冠以黑體字「曹操」，這種突出曹操注的做法頗爲稱奇。〔註25〕

　　大家對曹操注的關注多是立足於《孫子》而言的，論及的焦點有兩個：一是曹操對《孫子》的刪削，一是曹操注對《孫子》的誤解。下面分而言之：

一、對曹操刪削《孫子》的討論

　　根據現有的研究，大概有以下幾種說法：

（一）以杜牧爲代表的刪削說

　　唐杜牧《樊川文集·注孫子序》中談到：「武所著書，凡數十萬言，曹魏武帝削其繁剩，筆其精切，凡十三篇，成爲一編。曹自爲序，因注解之。」F〔1〕【P.151】

　　杜牧此言一出，後世對這個問題就多有爭論，其中不乏附和者，如：

　　明趙本學《孫子書校解引類》吳允中序：「昔《藝文志》謂《孫子兵法》八十一篇，杜牧亦謂其書數十萬言，魏武削其繁剩，筆其精粹，以成此書，固已披沙見寶。」S〔20〕【P.6】

　　清朱墉《武經七書彙解》目錄「孫子上」下之按語：「《漢藝文志》稱武子兵法八十二篇，今之十三篇，乃魏武帝注而刪之。」W〔8〕【P.71~72】

　　清李光地在《榕村語錄》裏認爲：「《孫武子》十三篇，魏武所刪，粗心浮氣人，那管文字，留其要言，有裨於用而已。今閱其書，無段落可尋。」R〔2〕【P.633】

　　清孫志祖《讀書脞錄》「孫子脫句」條曰：「《文選·鷦鷯賦》李善注引《孫子兵法》曰：『林木翳薈，草樹蒙籠。』案：今本武經所載《孫子·行軍篇》云『軍旁有險阻、潢井、林木、蒹葭、翳薈者，必謹覆索之』，無『草樹蒙籠』句。蓋今本《孫子》爲魏武刪節，非完書也。」D〔2〕【P.251】

〔註24〕周傳銘《孫子古今釋例》，濟南：齊魯書社，1993年版，自序頁2。

〔註25〕蘇桂亮、阿竹仙之助合編《日本孫子書知見錄》，濟南：齊魯書社，2009年版，頁233～234。

《孫子集注》黃邦彥萬曆己丑仲夏朔旦序：「孫子所著十三篇，武帝爲注，班固《志藝文》乃言孫吳兵法八十二篇，豈其有脫簡耶？司馬遷稱十三篇已兩言之矣！自如杜牧言武書數十萬言，魏武削繁剩而筆精粹，僅取足其大略爾。」〔註26〕

亦有不下結論對這種說法不置可否的，如清姚際恒《古今僞書考》：「若夫篇數，其果爲史遷之傳而非曹瞞之刪，《漢志》八十二篇或反爲後人附益，劉歆、任宏輩不察而收之耶？則亦不可得而知也。」G〔1〕【P.33】

（二）反對杜牧的刪削說

清章學誠《校讎通義》認爲孫子的全部著述包括兩大部分內容：一部分爲「經語」，即有關權謀之一般道理，也就是現存之《孫子》十三篇；其自爲一書，在闔閭時已然。另一部分爲「法度名數，有如形勢、陰陽、技巧之類」，編次於中下。章氏認爲：「八十二篇之僅存十三，非後人之刪削也。大抵文辭易傳而度數難久，即如同一兵書，而權謀之家尚有存文，若形勢、陰陽、技巧三門，百不能得一矣。」J〔2〕【P.125】章氏此說對後來學者有一定影響。

《四庫全書總目提要·孫子》曰：「然《史記》稱十三篇在《漢志》之前，不得以後來附益者爲本書。牧之言固未可以爲據也。」Q〔3〕【P.1296】

清孫星衍《孫子兵法序》言：「魏武始爲之法，云『撰爲略解』，謙言解其犢略。《漢官解詁》稱『魏武瑣連孫武之法，則謂其捷要』，杜牧疑爲魏武刪削者，謬也。」〔註27〕

《孫子參同》小引：「《漢藝文志》稱《孫子兵法》八十二篇，杜牧亦云武子書數十萬言，魏武削其繁剩，筆其精粹，則今之十三篇豈魏武注之而刪定者與？」S〔19〕【P.530】

清畢以珣《孫子敘錄》：「按：《孫子十三篇》者，出於手定，《史記》兩稱之。而杜牧以爲魏武筆削所成，誤已！」〔註28〕

《重考古今僞書考》：「準此〔註29〕以談，則唐宋以來一切悠謬之言，皆可掃除矣。」C〔3〕【P.24】

〔註26〕明萬曆八年黃邦彥刻本。
〔註27〕岱南閣叢書本，轉引自楊丙安《十一家注孫子校理》附錄七，頁332。
〔註28〕岱南閣叢書本附刻，轉引自楊丙安《十一家注孫子校理》附錄八，頁353。
〔註29〕「此」指孫詒讓《札迻》所言：「《呂氏春秋·上德篇》高注云『孫武，吳王闔閭之將也。兵法五千言』是也。今宋本曹注《孫子》凡五千九百一十三字，蓋蓋舉成數言之。」《札迻》，頁354。

　　（日）服部千春《孫子兵法校解》「概說」極力讚同畢氏說法：「按畢以珣的這一分類，正如司馬遷所記吳王語『子之《十三篇》，吾盡觀之矣』，即《十三篇》蓋八十二篇中之精華，而其他六十九篇即屬附從。可是，杜牧說：『孫武書數十萬言，魏武削其繁剩，筆其精粹，成此書。』這是不對的。該以畢以珣所評爲是。」〔註30〕其又在「概說」中引及日本山鹿素行之《孫子諺義》之敘云：「今古兵書，以《孫子》爲武經第一，而《孫子》之書此《十三篇》盡矣。吳王闔閭所謂之十三篇吾盡觀之者是也。《漢志》出《孫子八十二篇》之說，若從唐杜牧，則以爲魏曹操注解時，《十三篇》始成。然而司馬遷《史記》稱《十三篇》者凡兩次，且其篇次文義，決非筆削之書也。」〔註31〕

　　褚良才認爲唐代杜牧言曹操刪理了《孫子兵法》是錯誤的，無確鑿證據說曹操刪理了《孫子兵法》和「還其本來面目」。並就引起後人誤會之因的曹操《孫子序》進行解說，認爲曹操並未刪理《孫子》。〔註32〕

　　以上爭論的焦點在於「十三篇」與「八十二篇」的關係及對「削」一詞的理解上。對於前二者之間的關係問題，清畢以珣《孫子敘錄》裏早已揭示，上面提到的反對刪削之說者多承之而言。李零認爲曹操注《孫子》直接的前身並不是漢初十三篇本，而是西漢末以來的八十二篇本：「其流傳過程從西漢初到東漢末是經歷了從十三篇到八十二篇，然後又由八十二篇到十三篇兩個過程。」〔註33〕而曹操所作的就是將「八十二篇中所包括的漢初十三篇重新抽出別行罷了」〔註34〕。這「抽出別行」之作就是杜牧所謂的「削其繁剩」，杜牧所言並沒有錯，反對者們之所以反對，在於誤解了「削」的意思。宋羅大經《鶴林玉露·秦誓》：「且非特定《書》爲然也，其刪《詩》亦然。十五國風，莫非中國之詩也，吳楚流而入於夷狄，則削而不錄。」H〔4〕【P.84】是曹操「削」《孫子》正同孔子「刪」《詩》。所以我們同意李零爲杜牧刪削說正名的說法：「曹操只是將八十二篇本所包含明顯不同的兩部分重作區分，直截了當地恢復了漢初本的原貌。」〔註35〕

〔註30〕　（日）服部千春《孫子兵法校解》，頁16。
〔註31〕　（日）服部千春《孫子兵法校解》，頁16。
〔註32〕　詳參《孫子兵法研究與應用·論叢篇·〈孫子〉辨正四則·曹操刪理〈孫子〉說》，頁392～393。
〔註33〕　李零《〈孫子〉十三篇綜合研究》，頁376。
〔註34〕　李零《〈孫子〉十三篇綜合研究》，頁377。
〔註35〕　李零《〈孫子〉十三篇綜合研究》，頁378。

二、關於曹操注的爭議

　　《孫子》歷來受關注較多，相及之下，研究者們多有立足於《孫子》對曹操注進行議論的，例如《孫子》歷代注家、清于鬯、清俞樾及現代李零、褚良才等的研究。其中，有對曹操注的正面肯定，如李卓吾在《孫子參同》中加批註「甚確」[S〔19〕【P.862】]、「的確」[S〔19〕【P.925】]直言肯定，又如在「操所以倍兵圍下邳生擒呂布也」上加批註曰：「以自家實事作注解，更親切。」[S〔19〕【P.708】]在魏武帝注「交和」上加批註曰：「釋『交和』明白。」[S〔19〕【P.708】]

　　但大多都是對曹操注進行質疑的，如：

　　　　筱崎司直撰《孫子發微》三卷，敬儀《序》謂：「二書《發微》，是以其說精審而不疏，其學備成而無疵，夫自魏曹孟德以至明劉寅注《孫子》者，數十家皆以訓詁窺之，以自家之兵解之，故其說疏漏讕劣，而犬牙齟齬，牽強附會，而跋前失後者不可勝計也。是故《發微》之精緻者未之有也。」天保十三年《自序》亦謂：「予讀曹注，以詳知其薄才無識，而炫爛小慧，賣飾奸曲，以譸張庸愚烏乎，欲以操注知孫子，猶緣木求魚、挾山超海也。」〔註36〕

　　　　李卓吾《孫子參同》曰：「一曰道，孫子已自注得明白矣，曰『道者，令民與上同意，可與之死，可與之生，而不畏危也』是也……此《始計》之本謀用兵之第一義，而魏武乃以『導之以政令』解之，失其本矣。緣魏武平生好以權詐籠絡一時之豪傑，而以道德仁義為迂腐，故只以自家心事作注解。是豈至極之論、萬世共由之說哉？」[S〔19〕【P.571~572】]

　　以上二說有誇大之嫌，事實上，曹操注並沒有那麼糟糕。當然，其中存在的爭議亦是不少的，綜合歷代研究，大致可以分為以下幾種情況：

（一）言曹操不明通假而致誤

【逃】

　　　　《孫子·謀攻》：「少則能逃之。」
　　　　曹操注：「高壁堅壘，勿與戰也。」

　　于鬯《香草續校書》案：「逃，必無之理。且逃，又何所謂能？此逃當讀為『挑』。逃、挑並諧兆聲，例在通借。挑，謂挑戰也。挑戰非正戰，特出師少許以挑之。《說文·手部》云：『挑，撓也。』蓋不能敗之，但能撓之耳。

〔註36〕蘇桂亮、阿竹仙之助合編《日本孫子書知見錄》，頁39。

曹解云『高壁堅壘，勿與戰也』，無論不知逃之讀『挑』，而即逃字之義，豈有當乎？」[X〔2〕]【P.433~434】

筆者按：「逃」，《平津館》本、十一家注本、《孫子書校解引類》本同文。梅堯臣注：「彼衆我寡，去而勿戰。」王晢注：「逃，伏也。」張預注：「逃去之，勿與戰。」則這三家就「逃」而注明甚。又有作「守」者，如《武備志》卷一、《戊笈談兵》卷七、清袁宮桂《洴澼百金方》卷十四、《讀書雜誌・讀漢書》「能或滅之」引作「守」，《孫子校釋》據《孫子》「守則不足」及曹操注、杜牧注認爲當作「守」〔註37〕。褚良才認爲：「『逃』字當爲原文，義爲『隱匿防守』」，「《孫子參同》、《孫子彙解》作『少則能守之』，乃是知句義而不知字義的改字注解。」〔註38〕

褚氏釋「逃」字有理。《大詞典》「逃」條義項3 正釋爲：「逃伏；逃匿」，例證爲《孫子・謀攻》：「故用兵之法，十則圍之，五則攻之，倍則分之，敵則能戰之，少則能逃之，不若則能避之。」杜佑注：「彼之衆，我之寡，則當自逃守匿其形。」王晢注：「逃，伏也。謂能倚固逃伏以自守也。」[H〔3〕]【10P.795】明戴少望《將鑑論斷・李陵一舉失當身名俱廢》作：「少則能退之，不若則能避之。」[J〔1〕]【P.676】

「少則能逃之，不若則能避之」，「少」是從人數上說的，如《孫子書校解引類》所言「少者，寡不敵也」[S〔20〕]【P.132】；「不若」是從實力上講的，如《孫子書校解引類》言「不弱者，強弱、勞逸、饑飽、治亂不敵也」[S〔20〕]【P.132】。渾言之，「少」與「不若」就是說「勢力不相敵」[S〔20〕]【P.132】。「逃」、「避」亦是如此，既然「勢力不相敵」，則「宜善於逃避」[S〔20〕]【P.132】。渾言之，逃避不分；析言之，正如清顧福棠所言：「然則，逃與避有異乎？曰逃者，大不如人，不敢與人敵也；曰避者，稍不如人，不願與人敵也。」〔註39〕

【屬】

　　《孫子・九地》：「輕地吾將使之屬。」

　　曹操注：「使相及屬。」

褚良才《孫子兵法研究與應用》：「檢漢簡本僅存前句，其云：『輕地吾將使之傺。』……曹操等皆注『屬』爲『使相及屬』，恐誤。『屬』字於此句不

〔註37〕 吳九龍主編《孫子校釋》，頁 43。
〔註38〕 褚良才《孫子兵法研究與應用》，頁 369。
〔註39〕 清光緒 26 年顧福棠《孫子集解》本。

如『僂』字於義為長。僂，有『疾速』義。……『僂』與『屬』字，形近易誤。」〔註40〕

李零《〈孫子〉十三篇綜合研究》亦言：「簡本作『僂』，應是『遱』的假借字……『遱』、『屬』意義相近，而簡本義長。」〔註41〕

筆者按：褚良才認為「僂」於義為長，釋為「疾速」是錯誤的。正如李零所言，簡本之「僂」應是「遱」之假借。「遱」為何義？朱駿聲《說文通訓定聲·需部》：「遱，連遱也，從辵婁聲。按步行不絕之貌。如絲曰『聯縷』，辭曰『謰謱』，亦雙聲連語。」S〔10〕【P.345下】

再看原文中的「屬」。「屬」音 zhǔ，《漢書·匈奴傳》：「邊既空虛，不能奉軍糧，內調郡國，不相及屬，此二難也。」顏師古注曰：「屬，音之欲反。」H〔2〕【P.3825】「屬」為何義？《武經總要前集·九地·輕地》「輕地，居將使之屬」：「屬，營壘連屬也，一備逃逸，一敵至易相救也。」W〔10〕【P.377】宋施子美《施氏七書講義》「輕地吾則使之屬」：「欲其人無相離之心，故曹公釋之曰使相及屬。此趙奢去邯鄲三十里卷甲而趨厚集其陣以待。」S〔6〕【P.215】《武備志·兵訣評·孫子》「輕地，吾將使之屬」注曰：「輕地，則使之連屬。」W〔5〕【P.225】明佚名《韜略世法存·新編孫武子十三篇說印卷下》「輕地吾將使之屬」注曰：「部伍營壘密近聯屬，蓋以輕散之地，一者備其逃逸，二者恐其敵至，使易相救。」T〔3〕【P.267】明趙本學《孫子書校解引類》「輕地吾將使之屬」：「屬，續也。行則隊伍相聯，止則營壘相接，所以備逃役、戒不虞也。蓋去國未遠，人心浮動，密之則固，疏之則懼。」S〔20〕【P.405】清汪紱《戊笈談兵·孫子》「輕地，吾將使之相屬」注：「猶維繫也。」W〔7〕【P.1135】

是以「遱」、「屬」意義相近。所以筆者認為不煩改字，「屬」自可明義。

【順詳】

　　《孫子·九地》：「故為兵之事，在於順詳敵之意。」

　　曹操注：「佯，愚也。或曰：彼欲進，設伏而退；彼欲去，開而擊之。」

于鬯《香草續校書》案：「順當讀為慎……順詳敵之意者，謂謹慎詳察敵之意也。自來不知順為慎字，而轉以詳為佯字，則當云佯順敵之意，不可倒言順佯矣。」X〔2〕【P.447】

〔註40〕褚良才《孫子兵法研究與應用》，頁 123～124。
〔註41〕李零《〈孫子〉十三篇綜合研究》，頁 79。

筆者按:《孫子》「順詳」之義明甚,正如《孫子書校解引類》〔註42〕中言:「詳,張賁讀作『佯』是也。順,順奉之也。如彼欲進,誘之令進;彼欲退,縱之使退……佯爲不知,從順其意……所以甚言佯順其意爲必勝之道。」S〔20〕【P.422~423】《孫子》下文「是謂巧能成事」之「巧」正巧佐證了「順詳」之義。曹操注「佯,愚也」,「愚」有「蒙蔽;欺騙」義,《孫子》同篇:「能愚士卒之耳目,使之無知。」是也。

「詳」、「佯」通,如《史記・秦始皇本紀》:「子嬰與其子二人謀曰:『丞相高殺二世望夷宮,恐羣臣誅之,乃詳以義立我。』」集解:「詳音羊。」S〔5〕【P.276】《武經七書直解》「故爲兵之事,在順詳敵之意」注曰:「一本『詳』作『佯』。」W〔9〕【P.333】楊丙安等《孫子校釋》「在於順詳敵之意」據曹操注「佯,愚也」亦言:「是曹所見本『詳』作『佯』。」〔註43〕

《香草續校書》以「順」通「愼」,《大詞典》以郭化若注「順,就是謹愼」將「順詳」釋爲「愼密地審察」H〔3〕【12P.244】,可商。

對於假借這些條目,我們該明確一點,就是兵書的閱讀對象大多是當時文化水平並不高的士兵,簡單明白是兵書的一大特色,正如《四庫全書總目提要》所言:「其(指《紀效新書》)詞率如口語,不復潤飾,蓋宣諭軍眾,非如是則不曉耳。」Q〔3〕【P.1302】所以我們在研究兵書時,切忌將簡單問題複雜化。

(二)言曹操誤讀文意而致誤

《孫子・始計》:「兵者,詭道也。」

曹操注:「兵無常形,以詭詐爲道。」

褚良才《孫子兵法研究與應用》:「『兵者,詭道也』,此『詭』字,曹操注云:『兵無常形,以詭詐爲道。』前句爲是,後句爲非。『詭道』非『詐道』,當與漢簡本『民弗詭也』之『詭』同義,爲『變易之道』。如《三國志・魏志・武帝紀》所云:『兵之變化,固非一道也。』……軍語『詭道』也如此,一直爲後世所誤解,以至於宋人高似孫在《子略》中詬罵『兵流於毒,始於孫武』。『詭道』即爲「殊異變易之道」。……檢《孫子》古今諸多注本釋『詭道也』之『詭』爲『欺詐』義,皆因不明其古義而失之。」〔註44〕

〔註42〕趙氏本「順詳」乙作「詳順」。
〔註43〕吳九龍主編《孫子校釋》,北京:軍事科學出版社,1991年版,頁213。
〔註44〕褚良才《孫子兵法研究與應用》,頁6～7。

筆者按：褚良才言「詭」字甚對，但說曹操注「前句爲是，後句爲非」，並言諸多注本釋「詭道也」之「詭」爲「欺詐」義，皆因不明古義而失之，筆者認爲褚氏亦犯了不明古義之病，殊不知「詐」亦有「詭」義，特指用兵奇詭多變，而誘使敵方判斷錯誤的戰術，如《公羊傳·哀公九年》：「其易奈何？詐之也。」何休注：「詐，謂陷阱奇伏之類。」 C〔5〕【P.2349】 又《孫子·軍爭》「故兵以詐立，以利動，以分合爲變者也」亦明確揭示了「詐」義，張預注曰：「以變詐爲本，使敵不知吾奇正所在，則我可爲立。」〔註45〕 黃邦彥刻本、《武經七書彙解》本「詭詐」又作「譎詐」，「譎」亦有變義，如《文選·張衡〈東京賦〉》：「玄謀設而陰行，合二九而成譎。」薛綜注：「譎，變也。」 L〔2〕【P.81】

　　《孫子·作戰》：「故兵聞拙速，未覩巧之久也。」
　　曹操注：「雖拙，有以速勝。未覩者，言其無也。」

　　于鬯《香草續校書》案：「兵貴速不貴久，貴巧不貴拙。而曹解云『雖拙有以速勝』，何延錫注且引魏思恭對徐敬業語『兵貴拙速』，然則拙亦有取乎？要魏語即誤據曹義，非孫子之意也。孫子之意，不過欲極言久之無巧，而非敢言速之無拙。蓋久必拙，速必巧。然因過速而取敗者亦有之矣，是拙速也。而卒無引過久而巧者。兩者相較，究貴速不貴久，而豈有貴拙之意乎？」 X〔2〕【P.432~433】

　　顧福棠《孫子集解》曰：「以『拙』字本義解，言攻取之間雖拙於機智猶必以神速爲上，未聞有鈍兵挫銳屈力殫貨而以爲巧者。然愚意此說未當也。……此云『拙速』，蓋因『巧』字作對之誤也。『拙』字當作『出』字。」〔註46〕

　　筆者按：「拙」、「巧」相對，「速」、「久」相對，《孫子》蓋言「速」則「拙」不怕，「久」則「巧」不行，是「貴速」之義，故《孫子》下文言「夫兵久而國利者未知有也」。李卓吾《孫子參同》亦曰：「故至於不得已而戰，寧速母久，寧拙母巧，但能速勝，雖拙可也。非愛拙也，以言速勝爲巧之至而人不知也，故未見有巧而久者。」 S〔19〕【P.668】 于氏誤解了「拙速」的意思，所說不可取。顧氏改「拙」爲「出」，似亦不必。

　　《孫子·謀攻》：「其次伐交。」

〔註45〕楊丙安《十一家注孫子校理》，頁142。
〔註46〕顧福棠《孫子集解》本。

曹操注：「交，將合也。」

于鬯《香草續校書》案：「謂兵交而不合戰，所謂使敵望風而逃者也。故曹解云『交，將合也』，『將合』，明未合矣。後人或解作散其鄰交者，非。散其鄰交，已在上文伐謀中。」X〔2〕【P.433】

筆者按：于氏所言不確，誤解了「將」的意思，曹言「將合」，其「將」是名詞將領的意思，而于氏將「將」看成了副詞將要的意思。曹言「將合」，即指鄰交而言，所以也就有了杜牧注中對之的批判：「非止將合而已，合之者，皆可伐也。」〔註47〕正如《武經七書彙解》所言：「交，黨與也。伐交者，離其黨與，翦其羽翼，以孤其勢也。」W〔8〕【P.128】又于氏言「伐謀」亦誤，「伐謀者，以計破其計，使其畏服而不敢爲」同上。

《孫子・謀攻》：「小敵之堅，大敵之擒也。」

曹操注：「小不能當大也。」

李零《〈孫子〉十三篇綜合研究》：「曹操注：『小不能當大也。』李筌注：『小敵不量力而堅戰者，必爲大敵所擒也。』注家皆同其說。今案此說有誤，《荀子・議兵》：『是事小敵毳（脆）則偷可用也，事大敵堅則渙焉離耳。』其『小敵』、『大敵』『堅』同此，是說碰上『小敵』脆弱還勉強可用，碰上『大敵』堅強就渙散瓦解，『堅』字並非貶義。我們認爲，這兩句或應解釋爲：小的對手如果能集中兵力，即使大的對手也可擒獲。」〔註48〕

筆者按：《孫子》前文曰：「十則圍之，五則攻之，倍則分之，敵則能戰之，少則能逃之，不若則能避之。」審文義，如照李零所解，則此句文意與前面文字旨意背離。《漢書・霍去病傳》：「《兵法》：『小敵之堅，大敵之禽也。』」顏師古注曰：「言眾寡不敵，以其堅戰無有退心，故士卒喪盡也。」H〔2〕【P.2477】《資治通鑑・漢紀・世宗孝武皇帝中之上》：「《兵法》：『小敵之堅，大敵之禽也。』」胡三省注曰：「孫子之言，言大小不敵，小雖堅於戰，終必爲大所禽。」Z〔9〕【P.620】是也。

《孫子・虛實》：「角之而知有餘不足之處。」

曹操注：「角，量也。」

《武經七書直解》「角之而知有餘不足之處」注曰：「舊注訓『角』爲『角量』，與儒家不同，不知何所出也。」W〔9〕【P.210】

〔註47〕楊丙安《十一家注孫子校理》，頁47。
〔註48〕李零《〈孫子〉十三篇綜合研究》，頁26。

　　李零《〈孫子〉十三篇綜合研究》釋「角之」曰：「指敵我雙方在實戰中競力爭勝，而不是指計算上的比較敵我。案『角』本指動物的觸角，並由動物的角鬮、角抵，引申爲人的競力遊戲。……舊注多訓『角』爲『量』，非是。王晳注：『角，謂相角也。角彼我之力，則知有餘不足之處。』得之。」〔註49〕

　　筆者按：李零所言是。「角」音 jiǎo，爲角觸、相角的意思，如《武經七書直解》「角之而知有餘不足之處」注曰：「以銳兵左右角觸之，則知敵人有餘不足之處。」^{W}〔9〕【P.209】《孫子書校解引類》引「劉備伐吳，連圍立數十屯，陸遜先攻其一營，不利，諸將曰『空殺兵耳』，遜曰『吾今曉破之之術』，乃敕各持一把茆，以火攻援之」注曰：「此『角之而知有餘不足之處』也。」^{S}〔20〕【P.223】《戊笈談兵》「角之而知有餘不足之處」注曰：「以兵觸之，而觀其有餘不足也。」^{W}〔7〕【P.1112】此爲角觸。《左傳・宣公十二年》「左右角之」，杜預注曰：「張兩角從旁夾攻之。」^{C}〔6〕【P.1881】《續資治通鑑・元泰定帝致和元年》：「命知院伊蘇岱爾……等分爲三隊，張兩翼以角之，敵軍敗走。」^{X}〔5〕【P.1130】《左傳・襄公十四年》：「晉御其上，戎亢其下……譬如捕鹿，晉人角之，諸戎掎之。」孔穎達疏：「角之，謂執其角也。掎之，言戾其足也。」^{C}〔6〕【P.1956】楊伯峻注：「角謂執其角……引申之，凡當面迎擊曰角，從後牽引曰掎。」^{C}〔7〕【P.1006】《後漢書・袁紹傳》：「大軍汎黃河以角其前，荊州下宛、葉而掎其後。」^{H}〔5〕【P.2397】此明言相角。

　　《大詞典》以《孫子》此文立「角」條，並利用曹操注「角，量也」釋爲「衡量；考察」^{H}〔3〕【10P.1345】，且置在「jué」音下，值得商榷。

　　　　《孫子・行軍》：「兵怒而相迎，久而不合，又不相去，必謹察之。」

　　　　曹操注：「備奇伏也。」

　　于鬯《香草續校書》案：「曹解云『備奇伏也』，竊謂非也。兵怒而相迎，久而不合，又不相去，是當有所俟於遠方之兵來合然後戰也，故必謹察之。」^{X}〔2〕【P.441】

　　筆者按：注家皆同曹操注，深得《孫子》旨意，于氏所言不合。

　　　　《孫子・行軍》：「足以併力、料敵、取人而已。」

　　　　曹操注：「廝養足也。」

〔註49〕李零《〈孫子〉十三篇綜合研究》，頁43～44。

　　于鬯《香草續校書》案：「『取人』之義，惟賈林說為得，取敵人也。故下文云『夫惟無慮而易敵者，必擒於人』，『取人』與『必擒於人』義正反對。諸家說『取人』涉及廝養者，皆非也。」X〔2〕【P.442】

　　筆者按：于氏所言「取人」為取敵人，不錯。但就此言「諸家說『取人』涉及廝養者，皆非也」，是于氏理解有偏差，曹操注「廝養足也」是就「併力」而言的，如《武經七書直解》「兵非貴益多，惟無武進，足以併力、料敵、取人而已」注曰：「兵非貴益之以多，若勢力既均，惟無剛武而輕進，但廝養足用、料敵之虛實而取勝於人而已。」W〔9〕【P.278】

　　　　《孫子・九地》：「是故方馬埋輪，未足恃也。」

　　　　曹操注：「方馬，縛馬也。埋輪，示不動也。此言專難不如權

　　巧。故曰：雖方馬埋輪，不足恃也。」

　　于鬯《香草續校書》案：「方當訓為並……方馬者，並馬也。埋當讀為壁……壁輪者，並輪也。並馬並輪者，謂齊一其車馬也。齊一其車馬，未足恃也……曹解以方馬為縛馬，埋輪為示不動，似太可哂。夫既縛其馬，又不動其輪，自然未足恃，又何必言之？」X〔2〕【P.444~445】

　　《孫子集注》「例言」：「《孫子》文義與經傳相同，為諸家拘牽附會，轉令讀者生疑。如方馬之為比方，與《詩》『比物四驪』同義，而訓為縛。」〔註50〕

　　筆者按：是否曹操注真如于氏所言「太可哂」，關鍵就在對「方馬」的理解上。

　　文獻中，除「方馬」外，還有「方驪」、「方轡」、「方舟」、「方船」、「方車」、「方軌」、「方轂」、「方轅」、「方道」、「方馳」、「方駕」等詞，且多有古注認為「方」為並義，如：

　　《漢書・酈食其傳》：「諸侯之兵四面而至，蜀漢之粟方船而下。」顏師古注：「方，併也。」H〔2〕【P.2109】《後漢書・蔡邕傳》：「速速方轂，夭夭是加。」李賢注：「蓋謂小人乘寵，方轂而行。方，猶並也。」H〔5〕【P.1983】《文選・陸士衡〈贈馮文熊遷斥丘令〉》：「方驪齊鑣，比跡同塵。」張銑曰：「方，並；驪，馬也。」L〔2〕【P.451】《資治通鑒・陳宣帝太建十一年》：「周天元如洛陽……仍令四後方駕齊驅，或有先後，輒加譴責，人馬頓僕，相及於道。」胡三省注：「方駕，並駕也。」Z〔9〕【P.5402】

────────

〔註50〕存幾堂《孫子集解》本。

是否「方馬」之「方」亦作「並」解呢？〔註51〕

有說「方」爲「放」的，如：

宋鄭友賢《十家注孫子遺說並序》：「或曰：『方馬埋輪』，諸家釋『方』爲縛，或謂縛馬爲方陳者，何也？曰：解『方』爲『縛』者，義不經；據縛而方之者，非武本辭。蓋『方』當爲『放』字……雖放去其馬而牧之，陷輪於地而埋之，亦不足恃之爲不散也。」〔註52〕《武經七書直解》「是故方馬埋輪，不足恃也」注：「或曰：方，放字之誤也。言放去其馬，埋輪於地，轅不得馬而駕，車不得輪而馳，軍士尚且奔北，散亂而不一。此放馬埋輪之所以不足恃，以爲不散之術也。」W〔9〕【P.317】

有說「方」爲「紡」的，如：

章炳麟《新方言》曰：「紡、縛，古雙聲，故或以紡爲縛義。《晉語》：獻子執董叔而紡於庭之槐，叔向曰：求繫，既繫矣；求援，既援矣。（韋解：紡，縣也。）此即今人所謂佻者。亦或作方，《孫子·九戰篇》：方馬狸輪。曹公曰：方，縛馬也。」X〔3〕【P.65】

如此，關於「方」，就有了四種看法：并、縛、放、紡。孰對？

還是要從《孫子》「方馬」說起，且看後代學者對「方馬」的理解，清劉堅《修潔齋閒筆·方馬》：「《孫子》：『方馬埋輪，未足恃也。』二字諸家注解皆欠明白。按：《詩·大明篇》注：『《傳》曰：天子造舟，諸侯維舟，大夫方舟，士特舟。』《爾雅》注：『方舟，並兩船；特舟，單船。』方馬之義，當與方舟同，蓋並縛其馬使不得動耳。」X〔4〕【P.692】《戊笈談兵·孫子》「是故方馬埋輪，未足恃也」注曰：「方馬謂拴連其馬，埋輪謂埋輪於土中，所以固眾而致死者也，然使人心不一，終不足恃也。」W〔7〕【P.1133~1134】大致同曹操注。我們認爲《孫子》「方馬埋輪」的來源是《九歌·國殤》「霾兩輪兮縶四馬」，曹操注「縛馬」深得《孫子》旨意。後世文獻中多以己意發揮，但總的不出「縛馬」之義，有以下三種說法：

「絆馬」，晉常璩《華陽國志·蜀志》：「郡功曹朱遵逆戰，眾寡不敵，遵絆馬死戰，遂爲述所併。」H〔8〕【P.273】

「束馬」，《全宋文·鮑照〈侍郎滿辭閣〉》：「志逐運離，事與衰合，束馬

〔註51〕周一良《魏晉南北朝史札記·〈陳書〉札記》「埋輪」條可參看，頁297～298。
　　　　黃靈庚《楚辭章句疏證·九歌·國殤》「霾兩輪兮縶四馬」之疏證可參看，頁978～979。
〔註52〕楊丙安《十一家注孫子校理》之附錄五，頁325。

埋輪，絕遊息世。」 Q〔4〕【P.2691】

「繫馬」，《陳書・虞寄傳》：「孰能披堅執銳，長驅深入，繫馬埋輪，奮不顧身，以先士卒者乎？」 C〔2〕【P.261】

何以「方」有「縛」義呢？是如章太炎說的「方」爲「紡」之假借嗎？

我們認爲「方」自可明義，無需假借，理由如下：

從語音上來看，從「方」之字和從「専」之字可以相訓，如《說文》：「旁，溥也。」《儀禮・聘禮》：「賓裼，迎大夫賄，用束紡。」鄭玄注：「紡，紡絲爲之，今之縛也。」 Y〔3〕【P.1067】清黃生《義府・紡》：「按：紡當讀爲繃，古字通用。《說文》：『繃，束也。』今俗綁字，即繃音之轉，因轉音，故字從而變耳。紡於庭槐，即綁縛之意。」 Z〔8〕【P.157】聯綿詞「磅礴」亦可佐證。

從語義上來看，《說文》：「方，併船也，象兩舟省總頭形。」是「方」之本義爲併兩船。何以「方」可以與其他語素組合構成「方驪」、「方轡」、「方車」、「方軌」、「方轂」、「方轅」、「方道」、「方馳」、「方駕」等詞呢？《說文》中的「總」字很關鍵，「總」即匯聚，這一意思就是「方」的核心義〔註53〕。在這一核心義的支配下，「方馬」的出現也就不足爲奇了。

綜上，筆者認爲「方」不需改字，曹操注深得《孫子》旨意，于鬯所言可不理會。

（三）言曹操不明原本之訛而致誤

《孫子・始計》：「法者，曲制、官道、主用也。」

曹操注：「曲制者，部曲、旗幟、金鼓之制也。官者，百官之分也。道者，糧路也。主用者，主軍費用也。

于鬯《香草續校書》案：「『曲』疑『典』字之誤。《國語・周語》『瞽獻曲』，宋公序本『曲』作『典』，是其例也。曹操《略解》以『曲』爲部曲，蓋不然。」 X〔2〕【P.432】

俞樾《諸子平議補錄》按：「諸家皆訓『曲』爲部曲，非是，『曲』疑『典』字之誤。《國語・周語》『瞽獻典』，明道本作『瞽獻曲』，是『曲』與『典』形近易混之證……又按：諸家以此六字分爲六義，亦非是。此六字爲三義：

〔註53〕王雲路說：「核心義不是本義，不是主要意義，不是常用意義，而是由本義概括而來，貫穿於所有相關義項的核心部分，是詞義的靈魂。」詳參王雲路《論漢語詞彙的核心義──兼談詞典編纂的義項統系方法》，《語言暨語言學》專刊外編之六《山高水長：丁邦新先生七秩壽慶論文集》，2006年，頁320。

典制一也，官道二也，主用三也。典制者，典章之定製；官道者，官府之常道；主用者，主將之運用。上兩者所謂法也，主用則用法也。」^{Z〔6〕【P.7】}

筆者按：漢簡本作「曲制」，《孫子校釋》按曰：「用兵言典，雖古固有之，然此處俞說非是。除漢簡本等作『曲』外，曹注以『曲』為『部曲』，是其所據之本亦非『典』字。《管子·七法》亦云：『曲制時舉，不失天時。』」〔註54〕是。

　　　　《孫子·作戰》：「貴賣則百姓財竭。」
　　　　曹操注：「軍行已出界，近於師者貪財，皆貴賣，則百姓虛竭也。」

于鬯《香草續校書》案：「『百姓』二字疑涉上文而衍。貴賣則財竭者，謂軍中財竭，非謂百姓財竭也。故下文云『財竭則急於丘役』。蓋軍中財竭，始必急徵百姓之財矣。此處先著不得『百姓』二字。又案：曹解云『軍行已出界』，王晳謂『將出界』。曹意若未出界而貴賣，正百姓之賣，何云財竭？王意若已出界，則可因糧於敵，何事貴賣？此並不知『百姓』二字之衍。近於師者貴賣，何論已出界與未出界？皆勢所必然。」^{X〔2〕【P.433】}

筆者按：于氏此言有理，《孫子參同》亦言「軍中財用既竭，則丘甸之役又不得不急也」^{S〔19〕【P.669】}。自來注家多委曲言之，如《孫子書校解引類》曰：「不但畿甸之民貧於遠輸，彼頓兵之地人多日久，百貨飲食之物皆因之湧貴，彼近師之民不免貴買，貴買則其財亦竭於此矣！」^{S〔20〕【P.97】}《武經七書彙解》言：「貴賣者，人多物少，售賣必貴也。財竭者，近師之百姓買其貴物，則財力亦竭盡也。」^{W〔8〕【P.112】}

　　　　《孫子·九變》：「圮地無舍。」
　　　　曹操注：「無所依也，水毀曰圮。」

李零《〈孫子〉十三篇綜合研究》：「『圮』字，宋本多刻作『圯』（音 yí）；舊注多以『圮』（音 pǐ）釋之，如曹操注：『水毀曰圮。』李筌注：『地下曰圮。』但《御覽》卷二七二引作『汜地』，簡本《九地》作『泛地』，《後漢書·文苑列傳》李賢注、《長短經·地形》引《九地》作『汜地』。『泛』與『汜』通，可見今本『圮』字應是『汜』字之訛，舊注乃是據誤字為說。」〔註55〕

筆者按：查李零言及的作「汜地」的書目，《御覽》^{T〔1〕【P.1273】}、《後漢書》

─────────────────────

〔註54〕吳九龍主編《孫子校釋》，頁9。
〔註55〕李零《〈孫子〉十三篇綜合研究》，頁56。

H〔5〕【P.2651】、《長短經》C〔1〕【P.536】引並作「汜（音 sì）地」，《後漢書》集解引劉放刊誤曰：「注有汜地，案：《孫子》汜當作圯。」H〔6〕【P.925】。「汜」、「汜」、「泛」、「圯」〔註 56〕四字形近易訛，在沒有更有利證據前，還是維持原文爲好。對於曹操注「水毀曰圯」，顧福棠曰：「曹陳之說均非也。《九地篇》云行山林險阻沮澤，凡難行之道者爲圯地。山林高處也，其難行之道亦謂之圯。明圯是傾覆之義，非水毀低下之義也。」〔註 57〕是，《大詞典》「圯地」條正釋爲「指難於通行的地方」H〔3〕【2P.1015】。《武經七書注譯》亦釋「圯地」爲「指山林、險阻、沼澤、水網等難於通行的地方」〔註 58〕。

   《孫子·行軍》：「黃帝之所以勝四帝也。」

    曹操注：「黃帝始立，四方諸侯無不稱帝，以此四地勝之。」

  于鬯《香草續校書》案：「曹解云『黃帝始立，四方諸侯無不稱帝』，此奇聞也。然四帝既莫能考，解作『四方諸侯無不稱帝』，亦無徵實。黃帝所勝之帝，特一炎帝耳。鬯終疑此『四』字涉上文『四軍』之『四』字而誤，『四帝』實作炎帝。又案：曹解『四方諸侯無不稱帝』，王晳注云『一本無作亦』，然則作『四方諸侯亦不稱帝』，與正文反背矣。」X〔2〕【P.440~441】

  筆者按：《施氏七書講義》曰：「李筌《陰經》曰『黃帝獨立於中央而勝四帝者，善師不陣也』，是則四帝爲四方之帝明矣！」S〔6〕【P.156】《十一家注孫子校理》校記曰：「『四帝』，諸本皆如此，王注與梅注則謂當作『四軍』，趙注又說或作『四方』，于鬯又疑當作『炎帝』。按：此皆無取。簡本《黃帝伐赤帝篇》有『……東伐□帝，……西伐白帝，……北伐黑帝……已勝四帝，大有天下』，可知原文作『四帝』不誤。」〔註 59〕是于氏所言不足取。又，于氏言「王晳注云『一本無作亦』」，查王晳注，如文，但如此正如于氏所言「與正文反背」。《平津館叢書》作「亦」，《十一家注》本、談本、黃本、王本均作「無不」，是王晳注「一本無作亦」「無」下脫「不」字。

  從以上的研究概況中，我們可以看出對曹操注本體的研究是很不夠的，所以接下來兩章我們著力研究其本體。

〔註 56〕至於「圯」，古書中常常「己」、「巳」、「巳」相混。

〔註 57〕顧福棠《孫子集解》本。

〔註 58〕《中國軍事史》編寫組《武經七書注譯》，北京：解放軍出版社，1986 年版，頁 35。

〔註 59〕楊丙安《十一家注孫子校理》，頁 207。

第五章 《孫子》曹操注的研究價值

《呂氏春秋・上德》「闔閭之教，孫、吳之兵，不能當矣」，高誘注：「孫、吳，吳起、孫武也。吳王闔閭之將也，《兵法》五千言是也。」L〔5〕【P.1259】這是古人言及《孫子》古本字數的最早材料，也是唯一材料，清孫詒讓引用高誘的這一注文說：「今宋本曹注《孫子》凡五千九百一十三字，高蓋舉成數言之。」Z〔1〕【P.354】據李零統計，現存孫星衍影宋本《魏武帝注孫子》（平津館叢書本）共 5967 字重 68 字，宋本《武經七書》本《孫子》（《續古逸叢書》影印日本靜嘉堂藏宋本）共 5965 字重 68 字，宋本《十一家注孫子》（中華書局影印上海圖書館藏宋本）共 6007 字重 68 字。〔註1〕曹操注的字數相較更少一點，《孫子學文獻提要》曰：「孫星衍《平津館叢書》影宋刊《孫吳司馬法》本有曹注 312 條，《宋本十一家注孫子》有曹注 321 條。」〔註2〕呂昕據《孫子集成》中影印的宋本和楊丙安《十一家注孫子校理》得出：「曹操對《孫子》的注解，清孫星衍《平津館叢書》影印宋本爲 311 條，《十一家注孫子》則爲 327 條。」〔註3〕我們所做的附錄一亦是 327 條，共 3784 字。另外，據《岱南閣叢書》本統計，曹操《孫子序》194 字。合之，共計 3978 字。

從字數上來說，曹操注似乎微不足道。但通過對這不足 4000 字文字本體的窮盡梳理，通過對其詞彙成分面貌共時平面上的細緻描寫，並從歷史的角度剖析其發展演變的源流和規律，我們發現《孫子》曹操注對於漢語詞彙史的研究、辭書編纂以及《孫子》相關文獻的整理等，都具有重要意義。

〔註 1〕 參李零《〈孫子〉古本研究》，頁 249。
〔註 2〕 《孫子學文獻提要》，頁 12。
〔註 3〕 呂昕《論曹操的兵學成就》，華中師範大學 2007 年碩士學位論文，頁 13。

第一節　漢語史研究價值

　　通過對《孫子》曹操注所用之詞的全面分析與研究發現，其對於漢語詞彙歷史建構的重要價值主要表現在：

一、能爲漢語詞彙史的建設提供一批時代最早的詞語和義項例證

　　歷史詞彙學的基本任務，就是要考察這個系統中每個詞和義項在什麼時候產生，什麼時候發生了變化，什麼時候又消亡了。因而，確定每個詞語的最早出現時代，是漢語詞彙史建設的重要內容。詞典既是詞彙史研究成果的重要結晶，也是詞彙在其發展歷史過程中所做貢獻的重要見證。通過對《孫子》曹操注中所有詞的歷史考察，借助於《大詞典》，我們發現其中有一些詞語和義項其最早的源頭就是《孫子》曹操注，具體表現爲《大詞典》首見書證即爲《孫子》曹操注。如：

【煩富】

　　　　曹操《〈孫子〉序》：「世人未之深亮訓説，況文煩富，行於世者，失其旨要。」

　　按：《大詞典》首證即爲此例。「煩」本指熱頭痛，如《説文・頁部》：「煩，熱頭痛也。」[S〔9〕【P.421下】 因頭痛而煩躁、煩悶，頭疼久而不愈，煩悶隨之增多，故可引申出繁多、繁雜義，含貶義，如《書・説命中》：「禮煩則亂，事神則難。」[S〔3〕【P.175】 「富」本是指財物多，如《書・洪範》：「五福：一曰壽，二曰富，三曰康寧，四曰攸好德，五曰終考命。」孔傳：「富，財豐備。」孔穎達疏：「二曰富，家豐財貨也。」[S〔3〕【P.193】 泛化爲一般的多，含褒義。「煩」、「富」類義並列，意思側重在「煩」上，故有曹操撰爲《略解》。

　　我們對《大詞典》中以《孫子》曹操注作爲首出書證的詞語及義項進行了全面統計，其情況如下：

《大詞典》首引《孫子》曹操注書證表

詞目	《大詞典》中位置	詞義或義項	曹操注例證
審計	3/1630〔註4〕	①周密謀算。	三國魏曹操《〈孫子〉序》：「審計重舉，明畫深圖，不可相誣。」

〔註4〕3/1630 表示該詞在《大詞典》第 3 卷，第 1630 頁，下面諸表同，不復。

訓說	11/53	訓釋解說。	三國魏曹操《〈孫子〉序》：「但世人未之深亮訓說……故撰爲略解焉。」
煩富	7/192	繁多；龐雜。	三國魏曹操《〈孫子〉序》：「世人未之深亮訓說，況文煩富，行於世者，失其旨要。」
旨要	5/575	要旨，主要的意思。	三國魏曹操《〈孫子〉序》：「孫武所著深矣……行於世者失其旨要，故撰爲略解焉。」
五德	1/387~388	②指人的五種品德。（2）謂智、信、仁、勇、嚴。	《孫子·始計》「將者，智信仁勇嚴也」三國魏曹操注：「將宜五德備也。」
重車	10/377	亦指古代運輸輜重的兵車，以別於輕車。	《孫子·作戰》「馳車千駟，革車千乘」三國魏曹操注：「馳車，輕車也，駕駟馬；革車，重車也，言萬騎之重。」
高壁	12/961	①高築壁壘。	《孫子·謀攻》「少則能逃之」三國魏曹操注：「高壁堅壘，勿與戰也。」
虛懈	8/832	空虛懈怠。亦指空虛懈怠處。	《孫子·形》「不可勝在己，可勝在敵」三國魏曹操注：「自修理以待敵之虛懈也。」又《虛實》「進而不可禦者，衝其虛也」三國魏曹操注：「卒往進攻其虛懈。」
旗門	6/1615	古代軍隊臨時駐地樹立旗幟表示的營門。	《孫子·軍爭》「交和而舍」三國魏曹操注：「軍門爲和門。左右門爲旗門。」
弛壞	4/108	廢弛敗壞。	《孫子·地形》「卒強吏弱曰弛」三國魏曹操注：「吏不能統，故弛壞。」

從上表的資料中可以看到，《大詞典》以《孫子》曹操注爲最早源頭的詞語共 7 個，義項共 3 個。當然，這些詞語在發展過程中的源頭實際上可能會更早，如「訓說」一詞，在鄭玄的注中就已經出現了，張能甫已經揭示了：「訓說：指訓釋解說，所引始於例爲三國曹操的《孫子序》。按：《周禮·地官·敘官》『土訓』注：『玄謂能訓說土地善惡之勢。』又《地官·敘官》『誦訓』注：『能訓說四方所誦習及人所作爲久時事。』」〔註5〕

但就目前的研究而言，《孫子》曹操注對於這些詞語和詞義歷史發展演變的最早狀況的溯求至少具有十分重要的津梁作用，這應該是沒有問題的。

二、能爲漢語詞彙的歷史發展演變提供過程證明

方一新說：「如果大型歷史性語文辭書在舉證時能做到溯源——盡可能舉最早的文獻用例、探流——儘量搜尋徵引詞義後期乃至消亡前的用例、兼顧

〔註5〕 張能甫《鄭玄注釋語料在〈漢語大詞典〉修訂中的價值》，《西南民族學院學報（哲學社會科學版）》2001 年第 6 期，頁 215。

各個歷史階段——特別注意補上中古時期的例證，避免中間脫節，那麼書證就不單單是釋義的證明或補充，更可以從中瞭解到詞義發展的歷史進程。」〔註6〕我們在利用《大詞典》對《孫子》曹操注所用詞語歷史發展演變的考察中發現，《孫子》曹操注中一部分詞與義項在《大詞典》中有早於其時代的源頭書證，也有晚於其時代的流變書證，但詞語、義項在較大的歷史跨度中間未有任何書證材料，《孫子》曹操注正好可以成爲這些詞語與詞義發展演變這個中間環節的證明。如：

【懈怠】

《孫子‧始計》：「攻其無備，出其不意。」

曹操注：「擊其懈怠，出其空虛。」

按：此「懈怠」義爲鬆懈懶散。《大詞典》作此義時，首引《吳子‧論將》：「停久不移，將士懈怠，其軍不備，可潛而襲。」次引唐薛調《無雙傳》：「仙客聞之，心氣俱喪，達旦不寐，恐舅氏之見棄也。然奉事不敢懈怠。」明顯缺乏中古時期的中間文獻證明，可補《孫子》曹操注此例。

【興師】

《孫子‧謀攻》：「孫子曰：夫用兵之法，全國爲上，破國次之。」

曹操注：「興師〔註7〕深入長驅，拒其都邑，絕其內外。敵舉國來服爲上，以兵擊破得之爲次也。」

按：此「興師」義爲舉兵，起兵。《大詞典》作此義時，首引《詩‧秦風‧無衣》：「王於興師，脩我戈矛，與子同仇。」次引宋蘇軾《代張方平諫用兵書》：「興師十萬，日費千金。」中間時間跨度較大，可補上中古曹操注此例。

【設備】

《孫子‧九變》：「故用兵之法，無恃其不來，恃吾有以待之；無恃其不攻，恃吾有所不可攻也。」

〔註6〕方一新《東漢魏晉南北朝史書詞語箋釋》，合肥：黃山書社，1997年版，前言頁7。

〔註7〕李零《〈孫子〉十三篇綜合研究‧曹操注集校》據《書鈔》、《治要》、《御覽》引改「師」爲「兵」，頁253。按：「興師」、「興兵」文獻中都有使用，「師」亦有「兵」義，如將兵士稱爲「師人」（《左傳‧宣公十二年》「師人多寒」）。是以不必改「興師」爲「興兵」。

曹操注:「安不忘危,常設備也。」

按:此「設備」義爲設防。《大詞典》作此義時,首引《六韜‧軍勢》:「故爭勝於白刃之前者,非良將也,設備於已失之後者,非上聖也。」次引唐杜甫《柳司馬至》詩:「設備邯鄲道,和親邏逤城。」中間時間跨度較大,可補上中古曹操注此例。

這方面例證很多,還有「教令」、「定計」、「料敵」、「吾道」、「步兵」、「帶甲」、「越境」、「兵甲」、「器械」、「積高」、「蟻附」、「人國」、「智勇」、「人眾」、「引兵」、「周密」、「差忒」、「合戰」、「奇兵」、「正兵」、「誘敵」、「權變」、「糧道」、「會戰」、「相聚」、「爭勝」、「營陣」、「轅門」、「敵情」、「結交」、「山」、「林」、「殊死」、「險難」、「困窮」、「死戰」、「小利」、「忿怒」、「便利」、「溉」、「滿實」、「陵丘」、「蒙籠」、「屏蔽」、「斬伐」、「除道」、「伏兵」、「軍士」、「輕敵」、「足以」、「取人」、「廝養」、「驕惰」、「崩壞」、「戀土」、「稽留」、「兵力」、「未足」、「齊一」、「樂成」、「慮始」、「通使」、「蓄積」、「攻取」等等,這裡不再一一贅述。

三、能爲漢語詞彙史的建設提供獨有的詞語與詞義例證

兵書行語加之注釋語言的獨特性,使得曹操注中存在一些獨有的詞語與詞義,從一個特殊的視角反映了曹操注在語言運用上的鮮明特色。這些詞語和詞義就成了全面、準確地反映漢語詞彙發展歷史的不可缺少甚至於是唯一的證明,其對於漢語詞彙史的建構可以說是彌足珍貴。這些詞語、詞義被《大詞典》收錄,且僅有《孫子》曹操注書證。如:

【修理】

《大詞典》作「整頓」義時,例證爲《孫子‧形篇》:「昔之善戰者,先爲不可勝,以待敵之可勝。」三國魏曹操注:「自修理以待敵之虛懈也。」H〔3〕【1P.1376】

按:《大詞典》作「修理」,當是以《十一家注》本爲底本,《平津館叢書》本作「修治」,杜佑《通典》作「修理」,李零說是「避唐高宗諱」〔註8〕。本篇下文「善用兵者,修道而保法,故能爲勝敗之政」,曹操注:「善用兵者,先自修治,爲不可勝之道,保法度,不失敵之敗亂也。」杜牧注曰:「善用兵者,先修治仁義,保守法制,自爲不可勝之政。」此例曹操注「修治」僅《御

〔註8〕李零《〈孫子〉十三篇綜合研究‧曹操注集校》,頁258。

覽》作「修理」，李零亦謂是「避諱」〔註9〕，其他本無異文。如就李零所言避諱來說，按理杜牧注應作「修理」而不作「修治」。

我們對《大詞典》僅以《孫子》曹操注作爲唯一語料的詞語與詞義進行了全面統計，其情況如下：

《大詞典》僅有《孫子》曹操注書證表

詞目	《大詞典》中位置	詞義或義項	曹操注例證
重舉	10/398	謂舉動慎重。	三國魏曹操《〈孫子〉序》：「吾觀兵書戰策多矣……審計重舉，明畫深圖，不可相誣。」
深亮	5/1427	透徹。	三國魏曹操《〈孫子〉序》：「而但世人未之深亮訓說……故撰爲略解焉。」
致敵	8/796	制服敵人。	《孫子·作戰》「故殺敵者，怒也」三國魏曹操注：「威怒以致敵。」
陣車	11/978	亦作「陳車」。②用戰車組成的軍陣。	《孫子·作戰》「故車戰，得車十乘已上，賞其先得者」曹操注：「陳車之法：五車爲隊，僕射一人；十車爲官，卒長一人；車滿十乘，將吏二人。」
轒牀	9/1331	轒轀的別稱。	《孫子·謀攻》「修櫓轒轀」三國魏曹操注：「轒轀者，轒牀也。轒牀其下四輪，從中推之至城下也。」
修理	1/1376	⑤整頓。	《孫子·形篇》「昔之善戰者……以待敵之可勝」三國魏曹操注：「自修理以待敵之虛懈也。」
及屬	1/637	連續不斷。	《孫子·九地》「交地則無絕」三國魏曹操注：「相及屬也。」
行踐	3/918	①猶行動。	《孫子·九地》「踐墨隨敵以決戰事」三國魏曹操注：「行踐規矩無常也。」

從上表的資料中可以看出，《大詞典》中僅有《孫子》曹操注書證的詞語有 5 個，義項有 3 個。這個資料表明，《孫子》曹操注作爲《孫子》現存最早的注本，爲漢語詞彙史提供了一些特殊的詞，對於我們探索整個漢語詞彙系統的歷史發展具有重要的意義。

第二節　辭書編纂價值

《孫子》曹操注爲《大詞典》的編纂提供了豐富的語料，爲《大詞典》

〔註9〕李零《〈孫子〉十三篇綜合研究·曹操注集校》，頁260。

在詞語釋義、書證引用等方面的補充修訂提供了豐富材料，具有十分重要的語料學價值。

一、《大詞典》釋義直接利用曹操注的

這是注釋語言對辭書編纂價值的最直接的體現。利用古注是訓詁家們常用的、說服力極強的一種訓詁方法，《大詞典》在釋詞中很好地利用了這一方法。我們發現，在《大詞典》中，曹操注的利用頻率極高。如：

【犯】

> 《孫子·九地》：「犯三軍之眾，若使一人。」
>
> 曹操注：「犯，用也。言明賞罰，雖用眾，若使一人也。」

按：《大詞典》「犯」條義項17為「用；費」，所舉例證為《孫子·九地》「犯三軍之眾，若使一人」，且利用了曹操注「犯，用也」作釋。關於此「犯」，歷來有爭議之聲，如《孫子集注》「例言」：「《孫子》文義與經傳相同，為諸家拘牽附會，轉令讀者生疑。如犯三軍之眾，與《莊子》『犯人之形』同，而訓以動。」〔註10〕《莊子》「犯人之形」的「犯」為化的意思，如郭象注「本非人而化為人」Z [7] [P.245] 是也。李零注釋「犯」為：「疑讀為『範』，這裡『犯』是約束之義。」〔註11〕

筆者以為《大詞典》利用曹操注「用也」不錯，只不可與「費」連言。曹操注「用」是個很寬泛的概念，具體言之，如《武經七書直解》「犯三軍之眾，若使一人」注曰：「犯謂以事干而犯之也。干犯三軍之眾如使一人者，言信賞必罰用眾如寡也。」W [9] [P.331] 《孫子書校解引類》「犯三軍之眾，若使一人」注曰：「犯猶言勒令之也，言以威令勒犯三軍之眾，如使一人之輕也。」S [20] [P.416]

我們將《大詞典》利用曹操注為釋進行了統計，見下表：

《大詞典》利用《孫子》曹操注為釋書證表

詞目	《大詞典》中位置	詞義或義項	利用的曹操注
曲制	5/566	軍隊編制的制度。亦用以指軍隊。	《孫子·計》：「法者，曲制、官道、主用也。」曹操注：「曲制者，部曲旛幟、金鼓之制也。」

〔註10〕存幾堂本。

〔註11〕李零《〈孫子〉十三篇綜合研究》，頁80。

官道	3/1392	①一說官爲百官之分，道爲糧路。	見《十一家注孫子》引曹操注。
詭道	11/192	①詭詐之術。	《孫子·計》：「兵者，詭道也。」曹操注：「兵無常形，以詭詐爲道。」
不意	1/460	②謂空虛無防備。多用於軍事攻守。	《孫子·計》：「攻其無備，出其不意。」曹操注：「擊其懈怠，出其空虛。」
馳車	12/802	①古代輕型的戰車。	《孫子·作戰》：「凡用兵之法，馳車千駟⋯⋯」曹操注：「馳車，輕車也，駕駟馬。」
破國	7/1034	②擊破敵國；消滅敵國。	《孫子·謀攻》：「凡用兵之法⋯⋯破國次之。」曹操注：「以兵擊破，敗而得之，其次也。」
距堙	10/436	靠近敵城所築的土丘。藉以觀察城內虛實，並可登城。	《孫子·謀攻》：「修櫓轒轀，具器械，三月而後成；距闉，又三月而後已。」曹操注：「距闉者，踊土積高而前，以附其城也。」
形名	3/1113	②指指揮方式、方法。	《孫子·勢》：「鬭眾如鬭寡，形名是也。」三國魏曹操注：「旌旗曰形，金鼓曰名。」
角	10/1346	⑧衡量；考察。	《孫子·虛實》：「角之而知有餘不足之處。」曹操注：「角，量也。」
人門	1/1044	①用人環列護衛以爲門。	《孫子·軍爭》：「交和而舍。」三國魏曹操注：「以車爲營曰轅門，以人爲營曰人門。」
合軍	3/151	①集結軍隊。	《孫子·軍爭》：「合軍聚眾，交和而舍。」曹操注：「聚國人，結行伍，選部曲，起營爲軍陳。」
交和	2/332	③古代軍事用語。謂兩軍相對。	《孫子·軍爭》：「交和而舍，莫難於軍爭。」曹操注：「兩軍相對爲交和。」
豫交	10/39	謂預先結交。	《孫子·軍爭》：「故不知諸侯之謀者，不能豫交。」曹操注：「不知敵情謀者，不能結交也。」
沮澤	5/1072	水草叢生的沼澤地帶。	《孫子·軍爭》：「不知山林、險阻、沮澤之地形者，不能行軍。」曹操注：「水草漸洳者爲沮，眾水所歸而不流者爲澤。」
阻	11/942	②地勢高低不平。	《孫子·軍爭》：「不知山林、險阻、沮澤之形者，不能行軍。」曹操注：「坑塹者爲險；一高一下者爲阻。」
分利	2/571	①分得他人的利益。	《孫子·軍爭》：「掠鄉分眾，廓地分利。」曹操注：「分敵利也。」
正正	5/307	①整齊貌。	《孫子·軍爭》：「無邀正正之旗，勿擊堂堂之陣。」曹操注：「正正，齊也。」

速	10/881	③指性情急躁。	《孫子·九變》：「故將有五危……忿速,可侮也。」曹操注：「疾急之人,可忿怒而侮致之也。」
潢井	6/55	謂沼澤低窪地帶。	《孫子·行軍》：「軍行有險阻、潢井、葭葦、山林、翳薈者,必謹覆索之,此伏姦之所處也。」曹操注：「潢者,池也;井者,下也。」
翳薈	9/625	草木叢密。	《孫子·行軍》：「軍行有……翳薈者,必謹覆索之。」曹操注：「翳薈者,可屏蔽之處也。」
天牢	2/1418	①指羣山環繞、形勢險峻、易入難出之地。	《孫子·行軍》：「凡地有……天牢……勿近也。」曹操注：「深山所過若蒙籠者爲天牢。」
交軍	2/334	謂兩軍相遇。	《孫子·行軍》：「若交軍於斥澤之中,必依水草而背眾樹;此處斥澤之軍也。」曹操注：「不得已與敵會於斥澤中。」
翕翕	9/653	①失意不滿貌。	《孫子·行軍》：「諄諄翕翕……失眾也。」曹操注：「諄諄,語貌;翕翕,失志貌。」
附	11/947	⑪靠近;貼近。	《孫子·行軍》：「欲戰者,無附於水而迎客。」曹操注：「附,近也。」
隘形	11/1096	孫子兵法中「六形」之一。指道路狹隘隊伍展不開的地區。	《孫子·地形》：「隘形者,我先居之,必盈之以待敵;若敵……不盈而從之。」曹操注：「隘形者,兩山間通谷也。敵勢不得撓我也。」
大吏	2/1335	②指部將。	《孫子·地形》：「大吏怒而不服……曰崩。」曹操注：「大吏,小將也。」
交地	2/330	①孫子所說「九地」之一。指道路交錯、交通方便的地區。	《孫子·九地》：「我可以往,彼可以來者,爲交地。」曹操注：「道正相交錯也。」
拘	6/480	③束縛;拘束。	《孫子·九地》：「深入則拘,不得已則鬭。」曹操注：「拘,縛也。」
合交	3/147	猶結交。	《孫子·九地》：「交地則無絕,衢地則合交。」曹操注：「結諸侯也。」
方馬	6/1563	縛馬。	《孫子·九地》：「是故方馬埋輪,未足恃也。」曹操注：「方,縛馬也。」
埋輪	2/1105	①埋車輪於地,以示堅守。	《孫子·九地》：「是故方馬埋輪,未足恃也。」曹操注：「埋輪,示不動也。」
犯	5/4	⑰用;費。	《孫子·九地》：「犯三軍之眾,若使一人。」曹操注：「犯,用也。」

誅	11/171	⑦治理。	《孫子・九地》:「厲於廊廟之上,以誅其事。」曹操注:「誅,治也。」
攜手	6/976	②形容齊心。	《孫子・九地》:「故善用兵者,攜手若使一人,不得已也。」曹操注:「齊一貌也。」
亡地	2/294	絕境。	《孫子・九地》:「投之亡地然後存,陷之死地然後生。」曹操注:「必殊死戰,在亡地無敗者。」
踐墨	10/494	遵守法度,按照規矩。	《孫子・九地》:「踐墨隨敵,以決戰事。」曹操注:「行踐規矩,無常也。」
煙火	7/174	④指引火的材料。	《孫子・火攻》:「行人必有因,煙火必素具。」曹操注:「煙火,燒具也。」
費留	10/175	爲惜費,不及時論功行賞。	《孫子・火攻》:「夫戰勝攻取,而不修其功者,凶,命曰費留。」曹操注:「若水之留不復還也。或曰,賞不以時,但費留也,賞善不踰日也。」

上表,凡詞語 13 個,義項 25 個。其中,僅有《孫子》孤證與曹操注的 20 個,這充分體現了《孫子》及曹操注的重要價值。

二、提前晚出書證

對辭書中部分晚出的詞目與義項書證進行補充,既有利於《大詞典》的進一步修訂和完善,也可以爲漢語詞彙史的構建提供更多準確的、有價值的基礎材料。

我們利用《大詞典》對《孫子》曹操注所有的詞語進行調查,發現其中爲《大詞典》收錄,而書證滯後或明顯晚出的例子其實不在少數。如:

【殫盡】

《孫子・作戰》:「財竭則急於丘役。力屈財殫,中原內虛於家。百姓之費,十去其七。」

曹操注:「丘,十六井也。百姓財殫盡而兵不解,則運糧盡力於原野也。十去其七者,所破費也。」

案:「殫盡」,空竭。《大詞典》首證爲《宋書・少帝紀》:「興造千計,費用萬端,帑藏空虛,人力殫盡。」晚於曹操注。「殫」、「盡」同義並列,《漢書・諸侯王表第二》:「是故王莽知漢中外殫微,本末俱弱。」顏師古注:「殫,盡也,音單。」H〔2〕【P.396】

調查《孫子》曹操注所用詞語,在《大詞典》中其首見書證晚於曹操注的情況如下表所示:

《大詞典》首見書證晚於曹操注表

詞目	《大詞典》中位置	詞義或義項	《大詞典》首見書證	《孫子》曹操注例證〔註12〕
危疑	2/525	懷疑，不信任；疑懼。	《左傳·僖公二十八年》「仲尼曰……不可以訓」晉杜預注	《始計》「道者，令民與上同意，可與之死，可與之生，而不畏危也」，曹操注：「危者，危疑也。」
常法	3/738	②通例；通常的原則。	宋秦觀《郭子儀單騎見虜賦》	《始計》「計利以聽，乃爲之勢，以佐其外」，曹操注：「常法之外。」
速勝	10/883	謂戰爭在短期內迅速取得勝利。	宋蘇軾《管仲論》	《作戰》「故兵聞拙速，未睹巧之久也」，曹操注：「雖拙有以速勝。」
殫盡	5/178	空竭。	《宋書·少帝紀》	《作戰》「……力屈財殫」，曹操注：「……百姓財殫盡而兵不解，則運糧盡力於原野也。」
破費	7/1036	②花費；消耗。	宋楊萬里《曉炊黃竹莊》	《作戰》「財竭則急於丘役，力屈財殫，中原內虛於家，百姓之費，十去其七」，曹操注：「……十去其七者，所破費也。」
獨任	5/115	②謂單獨任用。	《三國演義》第二五回	《作戰》「車雜而乘之」，曹操注：「不獨任也。」又，《地形》「譬若驕子，不可用也」，曹操注：「恩不可專用，罰不可獨任，若驕子之喜怒對目還害而不可用也。」
拒	6/362	③抵，到。	《隋書·西域傳·党項》	《謀攻》「凡用兵之法，全國爲上，破國次之」，曹操注：「興師深入長驅，拒其城郭，絕其內外……」
毀滅	6/1499	②摧毀消滅。	續范亭《慶祝蘇聯十月革命節想到我們自己的國家》	《謀攻》「毀人之國而非久也」，曹操注：「毀滅人國，不久露師也。」
備知	1/1594	周知；盡知。	南朝宋謝惠連《雪賦》	《虛實》「人皆知我所以勝之形，而莫知吾所以制勝之形」，曹操注：「或曰：不備知也……」

〔註12〕此表中曹操注例子以附錄一中的爲底本，爲節省篇幅，篇名中不再冠以「孫子」二字。

坑壍	2/1063	①溝壍；山谷。	明徐弘祖《徐霞客遊記・滇遊日記十一》	《軍爭》「不知山林、險阻、沮澤之形者，不能行軍」，曹操注：「坑壍者爲險；一高一下者爲阻。」
畏怯	7/1311	害怕。	《隋書・蘇威傳》	《軍爭》「必生可虜也」，曹操注：「見利畏怯不進也。」
污辱	5/912	①亦指蒙受恥辱。	唐元結《惡圓》	《九變》「廉潔可辱」，曹操注：「廉潔之人，可污辱而致之。」
漲	6/113	②水上升。	唐杜甫《江漲》詩	《行軍》「上雨水沫至，欲涉者，待其定也」，曹操注：「恐半渡而水遽漲也。」
迫狹	10/763	①寬度窄，範圍小。	明姚士粦《見只編》卷中	《行軍》「凡地有絕澗……天隙，必亟去之，勿近也」，曹操注：「山澗道迫狹、地形深數尺、長數丈者爲天隙。」
澗道	6/150	山澗通道。	南朝梁王臺卿《奉和往虎窟山寺》	《行軍》「凡地有絕澗、天井、天牢、天羅、天陷、天隙，必亟去之，勿近也」，曹操注：「……山澗道迫狹、地形深數尺、長數丈者爲天隙。」
隘口	11/1096	①險要的關隘。	《三國演義》第七十回	《地形》「隘形者，我先居之，必盈之以待敵」，曹操注：「……我先居之，必前齊隘口，陳而守之，以出奇也。」
壓服	2/1233	被迫服從；用強力制伏。	《舊唐書・淮安王神通傳》	《地形》「大吏怒而不服」，曹操注：「大將怒之心不猒服，忿而赴敵，不量輕重，則必崩壞。」
赴敵	9/1083	奔赴戰陣，對敵作戰。	《隋書・於仲文傳》	《地形》「大吏怒而不服，遇敵懟而自戰，將不知其能，曰崩」，曹操注：「大吏，小將也。大將怒之心不猒服，忿而赴敵，不量輕重，則必崩壞。」
測度	5/1457	猜測，料想。	南朝宋謝靈運《入華子岡是麻源第三谷》詩	《九地》「謹養而勿勞，併氣積力；運兵計謀，爲不可測」，曹操注：「養士併氣運兵，爲不可測度之計。」
姦人	4/348	③奸細；探子。	《敦煌變文集・張義潮變文》	《火攻》「行火必有因」，曹操注：「因姦人。」

　　從上表統計到的 9 個詞語及 11 個詞義在《大詞典》中的書證情況可以看到，《孫子》曹操注爲《大詞典》這些語詞和詞義的書證提前能夠提供豐富的材料，能爲考辨這些詞和詞義的源頭提供有益的補充，對於研究這些詞的歷史發展無疑具有重要的價值。

第三節　對《孫子》及杜佑注的校勘價值

王力《漢語史稿・緒論》「漢語史的根據」中說：「古人所作的經史子集的注解，對於漢語史也都是有用的材料。」〔註 13〕朱承平對古代注釋的作用曾有過很好的論說：「在古代書籍反覆傳刻抄寫的變化過程中，一部古書若能得到好的注疏，也就會相對穩定下來，其字句就不會再發生大的變化。這是因為古注舊疏中大量的音義解釋，限制著正文用字的變化；其注中摘釋的正文詞語，也保留著注者當時所見的古書文字面貌……所以，在古籍校釋中，古注舊疏佔有重要的地位，是最值得重視的一種文獻語言材料……古注舊疏的應用，能夠解決用其他語料不能解決的許多問題。」〔註 14〕的確如此，拿曹操注來說，它對《孫子》原本和《孫子》其他注家都極具校勘價值。李零將《孫子》一書宋以前的流傳分為曹注本以前和曹注本以後兩個時期，他說：「舊注可以利用的東西很多，一是舊注本身，二是所存校語（有些是舊注原有，有些是集注本的編者所加）。舊注不但可以推測所據本，而且還能幫助發現後人改動的線索。」〔註 15〕

一、對《孫子》原本的校勘價值

正如朱承平所說「一部古書若能得到好的注疏，也就會相對穩定下來，其字句就不會再發生大的變化」，曹操注對《孫子》的流傳定型極具影響，如李零《〈孫子〉十三篇綜合研究》中已揭示的下述幾例：

《孫子・作戰》：「力屈財殫，中原內虛於家。」

曹操注：「百姓財殫盡而兵不解，則運糧盡力於原野也。」

「財殫」，簡本、《武經》、《御覽》卷三三二引皆無，李零認為「當是據曹操注『百姓財殫盡而兵不解』而增」〔註 16〕。

《孫子・軍形》：「守則不足，攻則有餘。」

曹操注：「吾所以守者，力不足；所以攻者，力有餘。」

李零曰：「這兩句簡本作『守則有餘，攻則不足』。又《漢書・趙充國傳》：『臣聞兵法：攻不足者守有餘。』《後漢書・馮異傳》：『夫攻者不足，守

〔註 13〕王力《漢語史稿》，北京：中華書局，1980 年版，頁 20。
〔註 14〕朱承平《故訓材料的鑒別與應用》，暨南大學出版社，2001 年，頁 115～116。
〔註 15〕李零《〈孫子〉古本研究》，頁 295。
〔註 16〕李零《〈孫子〉十三篇綜合研究》，頁 19。

則有餘。』《潛夫論・救邊》：『攻常不足，而守恒有餘也。』與今本正好相反。但《後漢書・皇甫嵩傳》有『彼守不足，我攻有餘』，李賢注謂出『《孫子》之文』。曹操等各家注亦皆就守不足攻有餘立論，則至少曹注本已如此。」〔註17〕

    《孫子・火攻》：「行火必有因，煙火必素具。」

    曹操注：「煙火，燒具也。」

李零曰「這兩句簡本作『〔口〕火有因，因必素具』。今本『煙火』有可能是從『因』字先訛作『煙』，然後又訛作『煙火』。但曹操注已作『煙火』，唐以來古書引文亦俱作『煙火』。」〔註18〕

曹操注對《孫子》的校勘價值體現在兩個方面：

1. 曹操注本身就包含了校勘問題，如《九變》「不能得人之用矣」，曹操注：「謂下五事也。九變，一雲五變。」《九地》「禁祥去疑，至死無所之」，曹操注：「禁妖祥之言，去疑惑之計。一本作『至死無所災』。」《行軍》「兵非益多也」，曹操注：「權力均也。一云：兵非貴益多。」〔註19〕

2. 利用曹操注之文校勘《孫子》正文，清俞樾，現代楊丙安、李零等多有述及。如：

    《孫子・始計》：「可與之死，可與之生，而不畏危也。」

    曹操注：「危者，危疑也。」

按：對《孫子》文中之「畏」字，歷來爭議頗豐。漢簡本「而不畏危」作「民弗詭」。俞樾《諸子平議補錄》云：「曹公注曰：『危者，危疑也』，不釋『畏』字，其所據本無『畏』字也。『民不危』，即民不疑，曹注得之。孟氏注曰：『一作人不疑』，文異而義同也。《呂氏春秋・明理篇》曰：『以相危』，高誘訓『危』爲疑。蓋古有此訓，後人但知有危亡之義，妄加『畏』字於『危』字之上，失之矣。」Z〔6〕【P.6】俞說有理，當從漢簡本、曹操注去「畏」字。

    《孫子・作戰》：「力屈財殫，中原內虛於家。」

    曹操注：「百姓財殫盡而兵不解，則運糧盡力於原野也。」

〔註17〕 李零《〈孫子〉十三篇綜合研究》，頁30。

〔註18〕 李零《〈孫子〉十三篇綜合研究》，頁85。

〔註19〕 李零疑這兩個「一云」及「一本作」應是集校者所加之校語。所疑有理，從附錄一中我們也可看出在曹操注的單行本中均無這些文字。

按：「力屈」，簡本作「屈力」。曹操注：「則運糧盡力於原野也。」所據本似亦作「屈力」，李零《〈孫子〉十三篇綜合研究》據以正。

《孫子・兵勢》：「鷙鳥之疾。」

曹操注：「發起擊敵也。」

按：「疾」，《御覽》卷二八二作「擊」。《孫子校釋》曰：「孫校本引《呂氏春秋》『若鷙鳥之擊也，博攫則殪』，謂當從《御覽》作『擊』。查《史記・越王句踐世家》『鷙鳥之擊也，必匿其形』，《淮南子・兵略訓》『飛鳥之擊也，俛其首』，亦皆曰『擊』。再查諸家注，除李筌、王晳注『疾』外，曹操、杜牧、杜佑、張預、何氏等家皆以『博』、『擊』為解。故以作『擊』於義為長。」〔註20〕

《孫子・虛實》：「出其所不趨。」

按：十一家注本、武經本皆同文，《御覽》「不趨」作「必趨」。《孫子校釋》按曰：「既言出兵向敵『不趨』之處，焉能使敵『佚能勞之』、『飽能飢之』？」〔註21〕查漢簡本、櫻田本作「必趨」。據同篇「能使敵人不得至者，害之也」，曹操注：「出其所必趨，攻其所必救。」又「安能動之」，曹操注：「攻其所愛，出其必趨，敵不得不救也。」是其所據本亦當作「必趨」。

《孫子・虛實》：「遠而不可及也。」

曹操注：「卒往進攻其虛懈，退又疾也。」

按：櫻田本與趙注本「遠」皆作「速」。《孫子校釋》曰：「曹操注『退又疾』，杜牧、張預等家亦以『速還』、『疾退』為解，而無解『遠』字者，故似以作『速』為是。」〔註22〕

二、對杜佑注的校勘價值

畢以珣《孫子敘錄》按曰：「杜佑注例，每先引曹注，下附己意。」〔註23〕所以我們可以利用曹操注去對杜佑注進行校勘。

《孫子・始計》：「地者，遠近、險易、廣狹、死生也。」

杜佑注：「言以地形勢不同，因時制度。」

按：曹操注：「言以九地形勢不同，因時制利也。論在《九地篇》中。」

〔註20〕吳九龍主編《孫子校釋》，頁75。
〔註21〕吳九龍主編《孫子校釋》，頁86。
〔註22〕吳九龍主編《孫子校釋》，頁90。
〔註23〕楊丙安《十一家注孫子校理・附錄八〈孫子敘錄〉》，頁354。

由此可知杜佑注脫「九」字，當補。李零《杜佑注集校》正由此作補。

　　　　《孫子‧作戰》：「善用兵者，役不再籍，糧不三載。」

　　　　杜佑注：「籍猶賦也。言初賦人便取勝，不復歸國發兵也。始載
　　糧，遂因食於敵，還方入國。」

　　按：曹操注：「籍，猶賦也。言初賦民便取勝，不復歸國發兵也。始載糧，
後遂因食於敵，還兵入國，不復以糧迎之也。」杜佑改「民」爲「人」，自是
避唐太宗諱，不需多言。前言「始載糧」，後自當有「後」字，當從曹操注補
「後」字。又，杜佑注「還方」之「方」應爲「兵」之訛，李零《杜佑注集
校》從曹操注改正。

　　　　《孫子‧謀攻》：「必以全爭於天下，故兵不頓而利可全，此謀
　　攻之法也。」

　　　　杜佑注：「不與戰敵，而必完全得之。立勝於天下，不頓兵血
　　刃。」

　　按：曹操注：「不與敵戰而完全得之，立勝於天下，不頓兵血刃也。」杜
注「戰敵」爲「敵戰」之倒，中華書局校點本《通典》、李零《杜佑注集校》
據曹操注乙。

　　　　《孫子‧謀攻》：「少則能逃之。」

　　　　杜佑注：「高壁壘，勿與戰也。」

　　按：曹操注：「高壁堅壘，勿與戰也。」杜注脫「堅」字，當補。

　　　　《孫子‧虛實》：「能使敵人不得至者，害之也。」

　　　　杜佑注：「至其所必走，攻其所必救。」

　　按：曹操注：「出其所必趨，攻其所必救。」杜注每先引曹操注，「至」
爲「出」之訛，「走」爲「趨」之訛，李零《杜佑注集校》據曹操注改正。李
零言：「孫氏曰：『原本作「至其所必走」，字之誤也。按杜注，下附己意，故
上之所釋，下或不同，今據曹注及下文改正。』中華書局校點本《通典》改
首句『至』爲『致』，非是。」〔註24〕

　　　　《孫子‧軍爭》：「莫難於軍爭。」

　　　　杜佑注：「從始受命至於交和，軍多難也。」

　　按：曹操注：「從始受命至於交和，軍爭爲難也。」中華書局校點本《通
典》據曹操注改「多」爲「爭」，李零《杜佑注集校》從之。

──────────────

〔註24〕李零《〈孫子〉十三篇綜合研究‧杜佑注集校》，頁307。

　　《孫子・軍爭》：「軍爭之難者，以迂爲直，以患爲利。」

　　　杜佑注：「示以遠，近其道里，先敵者至也。」

　　按：此據《通典》，《十一家注》本杜佑注作「敵途本迂，患在道遠，則先處形勢之地。故曰，以患爲利」，二者差異很大。中華書局校點本《通典》據《十一家注》本曹操注「示以遠，速其道里，先敵至也」，改「近」爲「速」。《十一家注孫子校理》曹操注「示以遠，邇其道里，先敵至也」校記曰：「原本『邇』作『速』，諸本與下王注引、孫校本及中華本並同，唯平津本作『邇』，《通典》卷一五四原作『近』，而今本則據《十家注》回改爲『速』。按：『邇』即『近』義，而此句曹注亦正釋『以迂爲直』，亦即變迂遠爲近直之義，且『道里』似未可言『速』。故依文意，當以作『邇』爲是。」〔註25〕邇、近同義，又《參同》本曹操注「邇」亦作「近」，故杜注此可不改。

　　　《孫子・軍爭》：「不知山林、險阻、沮澤之形者，不能行軍。」

　　　杜佑注：「高而崇者爲山，衆樹所聚爲林，堆者爲險，一高一下者爲阻，水草坑塹者爲沮，衆水所歸而不流者爲澤。不先知軍之所據及山川之形者，則不能行師也。」

　　按：曹操注：「高而崇者爲山，衆樹所聚者爲林，坑塹者爲險，一高一下者爲阻，水草漸洳者爲沮，衆水所歸而不流者爲澤。不先知軍之所據及山川之形者，則不能行師也。」杜注此引曹操注，據曹操注當在「所聚」下補「者」字、「堆」當改爲「坑塹」、「坑塹」當改爲「漸洳」。李零《杜佑注集校》正是如此處理的。有意思的是有作反處理的，如王念孫校《魏武帝注孫子》，是拿杜佑注校曹操注的，故在曹操注中加批註曰：「坑塹——堆；漸洳——坑塹。」

　　　《孫子・九變》：「途有所不由。」

　　　杜佑注：「扼難之地，所不當從也。不得已從之，故爲變也。」

　　按：《通典》如文，《十一家注》引杜佑注作「阨」，「扼」、「阨」孰對？曹操注：「隘難之地，所不當從，不得已從之，故爲變。」是曹操注作「隘」，字通「阨」，知「扼」是「阨」之誤，李零《杜佑注集校》據以改正。此亦有王念孫的反處理批註：「隘——扼。」

　　　《孫子・九變》：「軍有所不擊。」

　　　杜佑注：「軍雖可擊，以地險難，人留之失前利，若得之利薄也。」

───────────

〔註25〕楊丙安《十一家注孫子校理》，頁 160～161。

按：《通典》本如文，《十一家注》引杜佑注「人」作「久」，中華書局校點本《通典》據以改正。曹操注：「軍雖可擊，以地險難，久留之失前利，若得之則利薄，困窮之兵，必死戰也。」亦作「久」，可佐證。

《孫子·行軍》：「客絕水而來，勿迎之於水內，令半渡而擊之，利。」

杜佑注：「半渡勢不併，故可敵。」

案：曹操注：「半渡勢不併，故可敗。」「敵」、「敗」於義均可，據杜注體例，當從曹操注作「敗」，李零《杜佑注集校》據以改正。

《孫子·行軍》：「視生處高。」

杜佑注：「水上亦當處其高，前向水，後當使高處也。」

按：曹操注：「水上亦當處其高，前向水，後當依高而處。」杜注之「使」當爲曹操注「依」之訛，應改。

《孫子·行軍》：「上雨水沫至，欲涉者，待其定也。」

杜佑注：「恐半渡水而遂漲。」

按：曹操注：「恐半渡而水遽漲也。」杜注之「遂」爲曹操注「遽」之訛，李零《杜佑注集校》據以改正。

《孫子·行軍》：「吾遠之，敵近之。吾迎之，敵背之。」

杜佑注：「用兵常遠六害，令敵近之背，則我兇矣。」

按：曹操注：「用兵常遠六害，令敵近背之，則我利敵凶。」李零《杜佑注集校》案：「原本『背之』訛『之背』，並脫『利敵』二字，據曹注改。」〔註26〕

《孫子·行軍》：「眾草多障者，疑也。」

杜佑注：「結草爲障，欲使我度。」

按：曹操注：「結草爲障，欲使我疑。」「疑」有「猜度、估計」義，如《儀禮·士相見禮》：「凡燕見於君，必辨君之南面，若不得，則正方，不疑君。」鄭玄注：「疑，度之。」Y[3]【P.977】是以「疑」、「度」同義，但還是應據曹操注改爲「疑」爲上。

《孫子·行軍》：「見利而不進者，勞也。」

杜佑注：「士疲勞也。」

按：曹操注：「士卒疲勞也。」杜注脫「卒」字，當補。

〔註26〕李零《〈孫子〉十三篇綜合研究·杜佑注集校》，頁321。

《孫子·地形》：「我可以往，彼可以來，曰通。通形者，先居
高陽，利糧道，以戰則利。」

　　杜佑注：「寧致於人，無致於人。」

按：《通典》本如文，《十一家注》本首句無「於」字，曹操注「寧致人，
無致於人」，亦無，李零《杜佑注集校》、中華書局校點本《通典》刪之。

《孫子·地形》：「隘形者，我先居之，必盈之以待敵；若敵先
居之，盈而勿從，不盈而從之。」

　　杜佑注：「隘形者，兩山之間通谷也。敵怒，勢不得撓我也。先
居之，必前齊阨口，陳而守之，以出奇也。敵即先居此地，齊口陳，
勿從也。即半隘陳者，從，而與敵共爭此地之利也。

按：據曹操注，「即半隘陳者，從」之下當脫「之」字，李零《杜佑注集
校》據補。

《孫子·九地》：「死地吾將示之以不活。」

　　杜佑注：「勵士也。」

按：《平津館叢書》本曹操注作「勵士心也」，《十一家注》本、談本、黃
本、王本作「勵志也」，合「士」、「心」二字爲「志」字，杜佑注當脫「心」
字。王念孫校本亦作了反處理批註：「志——士。」

第四節　其　他

　　事實上，曹操注的語言價值遠不止此，還體現在其他幾個方面，如其體
現的中古複音詞大量產生的趨勢、其以同義單音詞釋單音詞和這兩個單音詞
構成的同義並列雙音詞等，下面簡要述及。

一、曹操注所體現的中古雙音詞大量產生的趨勢

　　中古是雙音詞大量產生的時候，曹操注雖然字數不多，但從中亦可看出
這一趨勢，如：

　　《始計》「主孰有道，將孰有能」的「道」和「能」，曹操注明確爲「道
德」和「智慧」；

　　《始計》「天地孰得」的「天地」，曹操注補充爲「天時、地利」；

　　《始計》「將不聽吾計，用之必敗，去之」的「去」，曹操注釋爲「退
去」；

《作戰》「近於師者貴賣，貴賣則百姓財竭」的「竭」，曹操注爲「虛竭」；

《軍形》「不忒者，其所措勝，勝已敗者也」的「忒」，曹操注爲「差忒」；

《軍爭》「委軍而爭利，則輜重捐」，曹操注爲「捐棄」；

《軍爭》「是故卷甲而趨，日夜不處」的「處」，曹操注爲「休息」；

《九變》「絕地無留」的「留」，曹操注爲「久止」；

《九變》「愛民可煩也」的「煩」，曹操注爲「煩勞」；

《地形》「卒強吏弱曰弛」的「弛」，曹操注爲「弛壞」；

《地形》「吏強卒弱曰陷」的「陷」，曹操注爲「陷敗」；

《地形》「大吏怒而不服，遇敵懟而自戰，將不知其能，曰崩」的「崩」，曹操注爲「崩壞」；

《九地》「謹養而勿勞，併氣積力，運兵計謀爲不可測」的「測」，曹操注爲「測度」；

《九地》「是故其兵不修而戒，不求而得」的「求」，曹操注爲「求索」；

《九地》「禁祥去疑，至死無所之」的「祥」和「疑」，曹操注爲「妖祥」和「疑惑」；

《九地》「將軍之事，靜以幽，正以治」，曹操注釋「靜」、「幽」、「正」分別爲「清淨」、「幽深」、「平正」。

上述曹操注中雙音詞的來源可以分爲兩個方面：一是以原單音詞爲構詞語素組成雙音詞，這在曹操注中占絕對比例；二是以同義雙音詞替換原單音詞，如以「休息」釋「處」、以「久止」釋「留」。我們試以一例言之：

【弛壞】

　　《孫子·地形》：「卒強吏弱曰弛。」

　　曹操注：「吏不能統，故弛壞。」

按：《大詞典》「弛壞」條首證就是曹操注此條。中古時期有很多以「壞」爲構詞語素構成的雙音詞，如：

「廢壞」，《後漢書·皇后紀上·章德竇皇后》：「家既廢壞，數呼相工問息耗。」H〔5〕【P.415】

「墮壞」，《三國志·魏志·文帝紀》：「遭天下大亂，百祀墮壞，舊居之廟，毀而不脩。」S〔1〕【P.77】

「弊壞」，《三國志·魏志·和洽傳》：「形容不飾，衣裳弊壞者，謂之廉

潔。」$^{S [1]}$【P.355~356】

「殘壞」，《三國志・魏志・荀彧傳》：「且河、濟，天下之要地也，今雖殘壞，猶易以自保。」$^{S [1]}$【P.309】

「頹壞」，《三國志・蜀志・張嶷傳》：「始嶷以郡邬宇頹壞，更築小塢。」$^{S [1]}$【P.1053】

「朽壞」，《晉書・樂志下》：「庾翼、桓溫專事軍旅，樂器在庫，遂至朽壞焉。」$^{J [3]}$【P.697】

「淪壞」，《隋書・經籍志四》：「所以說天地淪壞，劫數終盡。」$^{S [14]}$【P.1091】

「爛壞」，南朝宋謝惠連《祭古冢文》：「水中有甘蔗節及梅李核瓜瓣，皆浮出，不甚爛壞。」$^{Q [4]}$【P.2624】

「缺壞」，北齊顏之推《顏氏家訓・治家》：「借人典籍，皆須愛護，先有缺壞，就爲補治。」$^{Y [1]}$【P.66】

「圮壞」，《魏書・禮志三》：「於此之日，而不逐哀慕之心，使情禮俱損，喪紀圮壞者，深可痛恨。」$^{W [2]}$【P.2781】

這些以「壞」爲語素構成的雙音詞都屬於具體語素與抽象語素相結合的類義並列式複音詞，其含義多由「壞」前面的具體語素義決定〔註27〕。

二、以同義單音詞釋單音詞和這兩個單音詞構成的同義並列雙音詞

張世祿以古代注釋爲材料，就以單釋單與同義並列複音詞之間的關係〔註28〕提出了自己的看法：「同義詞的豐富性，使得詞義解釋上形成了同義爲

〔註27〕關於具體語素與抽象語素相結合的這種特殊的並列式複音詞理論，可參王雲路《試說「鞭恥」──兼談一種特殊的並列式複音詞》一文（《中國語文》2005年第5期，頁454～458）及《中古漢語詞彙史》「具體語素與抽象語素的並列」一節，她說：「漢語複音詞有這樣一種類型：前後兩個語素分別爲表示具體含義語素與抽象含義語素，所組成的詞語在一定意義上說屬於並列連言，只是大多前一語素較具體，後一語素抽象，或者說具有概括性。這後一語素往往有很強的組合能力，能與其他單音節詞構成複音。」北京：商務印書館，2010年版，頁203。

〔註28〕關於二者之間的關係，一般認爲同義爲訓的體例對同義複合詞的形成起了重要的作用。這方面研究很多，茲不贅，可參呂雲生《論漢語並列複合詞形成的條件與原因》（《古漢語研究》1990年第4期，頁8～11）、張覺《一種便宜的訓詁法──詞訓法》（《廣西大學學報〈哲學社會科學版〉》1990年第5期，頁86～90）、高元石《訓詁書字書韻書的釋義與並列式合成詞的形成》（《鞍山師專學報》1993年第1期）、郭春環《〈爾雅〉與同義複合詞研究》（《古漢語研究》2000年第4期，頁58～64）、王建莉《論〈爾雅〉詞源義與「同義爲

訓的體例；同義詞在訓詁學上的這種作用，又促使同義詞之間經常聯合起來運用，因而產生了大量的同義並行複合詞。這種同義並行複合詞的大量產生，更增加了詞彙當中同義詞的豐富性。」〔註29〕

曹操注中以單釋單的可分為以下兩種情況：

1. 有相應雙音詞的，如「角，量也」──「角量」；「鈍、弊也」──「鈍弊」；「屈，盡也」──「屈盡」；「籍，猶賦也」──「籍賦」；「拘、縛也」──「拘縛」；「修，治也」──「修治」；「具，備也」──「具備」；「業，事也」──「業事、事業」；「乖，戾也」──「乖戾」；「險，難也」──「險難」；「附，近也」──「附近」。

2. 未成詞的，如「險，猶疾也」、「縻，御也」、「蹶，猶挫也」、「生者，陽也」、「實，猶高也」、「愚，誤也」、「犯，用也」、「誅，治也」、「燥者，旱也」。

就其中的「角量」一詞來說，「角量」，《大詞典》首見例證為《孫子·虛實》「角之而知有餘不足之處」唐杜佑注：「角量彼我軍馬之數，則長短可知也。」據杜佑注體例，往往先援曹而言，《大詞典》引例前正有「角，量也」幾字，可見曹操注對「角量」這一雙音詞的產生有重大影響。

又「籍賦」《大詞典》最早例證為《舊唐書》、「拘縛」《大詞典》最早例證為南朝宋劉敬叔《異苑》。我們不敢說曹操注中的這些以單釋單的同義詞對相關雙音詞的產生都起了多大的作用，但至少我們可藉由曹操注對這些雙音詞的構詞關係進行界定。

訓」的關係》(《內蒙古師範大學學報〈哲學社會科學版〉》2004 年第 1 期，頁 105～108)、徐曉波《〈說文〉單字同義為訓與同義並列雙音詞的產生》，《上饒師範學院學報》2006 年第 1 期，頁 80～83) 等文。

〔註29〕張世祿《「同義為訓」與「同義並行複合詞」的產生》，《張世祿語言學論文集》，上海：學林出版社，1984 年版，頁 544。

第六章 《孫子》曹操注與其他注家的比較研究 [註1]

孫星衍云：「秦漢以來，用兵皆用其法，而或秘其書，不肯注以傳世，魏武始爲之注。」[註2] 從曹操注中的「一云」等可知，早在曹操之前就已經有人爲《孫子》作注了，可惜都失佚了，所以孫氏說「魏武始爲之注」是不對的。但說曹操是《孫子》現存最早的注家是可以的。

《孫子》自曹操作注起，流傳到宋代，著名作注者有十一家。鄭友賢《十家注孫子遺說序》：「學兵之徒，非十家之說，亦不能窺武之藩籬；尋流而之源，由徑而入戶，於武之法，不可謂無功矣。」[註3] 故我們這裡所言的其他注家即指「十一家注」中的其他十家，即孟氏、李筌、賈林、杜牧、杜佑 [註4]、陳皞、王晳、梅堯臣、何氏、張預。

第一節 曹操注與其他注家的關係

其他注家中有多言曹操注簡略的，如晁公武《郡齋讀書志》曰：「（李筌）

〔註1〕 本節所用其他注家的例子均採自於楊丙安《十一家注孫子校理》，不再標示頁碼。

〔註2〕 清孫星衍《孫子兵法序》，見楊丙安《十一家注孫子校理》附錄七，頁332。

〔註3〕 宋鄭友賢《十家注孫子遺說並序》，見楊丙安《十一家注孫子校理》附錄五，頁316。

〔註4〕 宋本注家中有杜佑，孫星衍、畢以珣、余嘉錫等認爲杜佑本不注《孫子》，其注乃《通典》之文，多與曹注相合。關於十家與十一家（多杜佑）的關係，詳參楊丙安《十一家注孫子校理》代序頁1。

以魏武所解多誤，約歷代史，依《遁甲》，注成三卷。」^J〔4〕【P.633】 又：「牧以武書大略用仁義，使機權，曹公所注解，十不釋一，蓋借其所得，自爲《新書》爾，因備注之。」^同上 又：「皞以曹公注隱微、杜牧注闊疏，重爲之注云。」^同上

其實，能言之達意就好，繁瑣累贅大可不必。《漢書·藝文志》就曾批評過一些繁瑣累贅、妄說經義的注釋，認爲：「古之學者耕且養，三年而通一藝，存其大體，玩經文而已，是故用日少而畜德多，三十而五經立也。後世經傳既已乖離，博學者又不思多聞闕疑之義，而務碎義逃難，便辭巧說，破壞形體；說五字之文，至於二三萬言。後進彌以馳逐，故幼童而受一藝，白首而後能言；安其所習，毀所不見，終以自蔽。此學者之大患也。」^H〔2〕【P.1723】

後世學者即有專寵曹操注者，如李卓吾《孫子參同》序認爲：「文事武備於一個國家，譬之人身之有手有足，缺一不可……吾獨恨其不以七書與六經合而爲一，以教天下萬世也。故因讀《孫武子》，而以魏武之注爲精當，又參考六書以盡其變，而復論著於各篇之後。」^S〔19〕【P.519~520】

這一方面奠定了曹操注的首出、重要地位，另一方面可以藉以比較孫子、曹操注及其他幾家注的源流關係。

一、其他注家引曹操注的

《始計》

有王晳、張預各一引：

張預題解：曹公謂「計於廟堂」者何也？

「將者，智、信、仁、勇、嚴也」，王晳曰：故曹公曰：「將宜五德備也。」

《作戰》

有王晳四引：

「孫子曰：凡用兵之法，馳車千駟，革車千乘，帶甲十萬」，王晳曰：曹公曰：「輕車也，駕駟馬，凡千乘。」……曹公曰：「重車也。」……曹公曰：「帶甲十萬，步卒〔註5〕數也。」

〔註 5〕 此「步卒」，曹操注本作「士卒」，褚良才曰：「曹操對『帶甲』、『士卒』和『步兵』的概念區分得很清楚：『帶甲』就是『士卒』，與『步兵』顯然有別。檢得《十一家注孫子》王晳作注時誤引曹操原注爲：『曹公曰：帶甲十萬，步卒數也。』」參褚良才《孫子兵法研究與應用》，頁 370。

「近於師者貴賣，貴賣則百姓財竭」，王晳曰：曹公曰：「軍行已出界，近於師者貪財，皆貴賣。」

「力屈、財殫，中原內虛於家。百姓之費，十去其七」，王晳曰：曹公曰：「丘，十六井。兵不解，則運糧盡力於原野。」

「故智將務食於敵，食敵一鍾，當吾二十鍾；䔄稈一石，當吾二十石」，王晳曰：曹公曰：「䔄，豆稭也；稈，藁也。石者，百二十斤也。轉輸之法，費二十乃得一。」

《謀攻》

有梅堯臣二引、張預三引：

「修櫓轒輼，具器械，三月而後成；距闉，又三月而後已」，梅堯臣曰：曹公曰：「櫓，大楯也。轒輼者，轒牀也，其下四輪，從中推至城下也。器械者，機關攻守之總名，蜚梯之屬也。」

「不知三軍之事，而同三軍之政，則軍士惑矣」，梅堯臣曰：曹公引《司馬法》曰「軍容不入國，國容不入軍」是也。

「五則攻之」，張預曰：曹公謂『三術爲正，二術爲奇』，不其然乎？

「倍則分之」，張預曰：茲所謂「一術爲正，一術爲奇」也。

「敵則能戰之」，張預曰：茲所謂『設奇伏以勝之』也。

《軍形》

有王晳一引：

「量生數」，王晳曰：曹公曰：「知其人數。」

《兵勢》

有王晳四引、張預一引：

「鬬眾如鬬寡，形名是也」，王晳曰：曹公曰：「旌旗曰形，金鼓曰名。」

「其節短」，王晳曰：曹公曰：「短者，近也。」

「紛紛紜紜，鬬亂而不可亂也；渾渾沌沌，形圓而不可敗也」，王晳曰：曹公曰：「旌旗亂也；示敵若亂，以金鼓齊之矣。」……又，曹公曰：「車騎轉而形圓者，出入有道，齊整也。」

「三軍之眾，可使必受敵而無敗者，奇正是也」，張預曰：曹公則曰：「先出合戰爲正，後出爲奇。」

《虛實》

有王晳四引：

「飽能飢之」,王晢曰:曹公曰「絕其糧道」。

「故我欲戰,敵雖高壘深溝,不得不與我戰者,攻其所必救也」,王晢曰:曹公曰:「絕糧道,守歸路,攻君主也。」

「敵所備者多,則吾所與戰者,寡矣」,王晢曰:曹公曰:「形藏而敵疑。」

「故知戰之地,知戰之日,則可千里而會戰」,王晢曰:故曹公曰「以度量知虛空會戰之日」者是也。

《軍爭》

有王晢一引:

「軍爭之難者,以迂爲直,以患爲利」,王晢曰:曹公曰:「示以遠,邇其道里,先敵至。」

《九變》

有王晢二引、張預一引:

「軍有所不擊」,王晢曰:曹公曰:「軍雖可擊,以地險難久,留之失前利,若得之,則利薄。」

「必生,可虜也」,王晢曰:曹公曰:「見利怯不進也。」

「治兵不知九變之術,雖知五利,不能得人之用矣」,張預曰:曹公言「下五事」爲五利者,謂「九變」之下五事也,非謂「雜於利害」已下五事也。

《行軍》

有王晢四引:

「絕山依谷」,王晢曰:絕,度也。依,謂附近耳。曹公曰:「近水草便利也。」

「視生處高」,王晢曰:曹公曰:「水上亦當處其高」,晢謂非謂近水之地。下曹注云:「恐漑我也。」疑當在此下。

「黃帝之所以勝四帝也」,王晢曰:曹公曰:「黃帝始立,四方諸侯無不稱帝,以此四地勝之也。」

《九地》

有王晢四引:

「先至而得天下之眾者,爲衢地」,王晢曰:曹公曰:「先至得其國助。」

「剛柔皆得,地之理也」,王晢曰:曹公曰「強弱一勢」是也。

「施無法之賞，懸無政之令」，王晳曰：曹公曰：「軍法令不豫施懸之。《司馬法》曰：『見敵作誓，瞻功作賞。』此之謂也。」

「微與之期」，王晳曰：曹公曰：「先敵至也。」

二、其他注家直言曹操注為是的

《始計》

「將者：智、信、仁、勇、嚴也」，王晳曰：……故曹公曰：「將宜五德備也。」

《謀攻》

「修櫓轒輼，具器械，三月而後成；距闉，又三月而後已」，陳皥曰：曹云大楯，庶或近之。

「倍則分之」，張預曰：茲所謂「一術為正，一術為奇」也。杜氏不曉兵分則為奇，聚則為正，而遽非曹公，何誤也！

「敵則能戰之」，張預曰：茲所謂「設奇伏以勝之」也。杜氏不曉凡置陳皆有揚奇備伏，而云伏兵當在山林，非也。

《兵勢》

「鬥眾如鬥寡，形名是也」，陳皥曰：曹說是也。

《虛實》

「故知戰之地，知戰之日，則可千里而會戰」，王晳曰：故曹公曰「度量知虛空會戰之日」者是也。

《軍爭》

「故不知諸侯之謀者，不能豫交」，陳皥曰：曹說以為不先知敵人之作謀，即不能預結外援。二說並通。

《行軍》

「絕水必遠水」，王晳曰：我絕水也，曹說是也。

「上雨，水沫至，欲涉者，待其定也」，王晳曰：曹說是也。

「夜呼者，恐也」，陳皥曰：曹說是也。孟氏同陳皥注。

「足以併力、料敵、取人而已」，王晳曰：曹說是也。

《九地》

「是故方馬埋輪，未足恃也」，王晳曰：曹公說是也。

「剛柔皆得，地之理也」，王晳曰：曹公曰「強弱一勢」是也。

《用間》

「孫子曰：凡興師十萬，出征千里，百姓之費，公家之奉，日費千金；內外騷動，怠於道路，不得操事者七十萬家」，梅堯臣曰：曹說是也。

三、其他注家同曹操注的

《始計》

「天地孰得」，曹操、李筌並曰：天時、地利。

《作戰》

「故兵聞拙速，未睹巧之久也」，曹操、李筌曰：雖拙，有以速勝。未睹者，言其無也。

「善用兵者，役不再籍，糧不三載」，王晳同曹操注。

「故智將務食於敵，食敵一鍾，當吾二十鍾；莒稈一石，當吾二十石」，梅堯臣注同曹操。

《虛實》

「安能動之」，孟氏注同曹操。

《軍爭》

「以分合爲變者也」，梅堯臣、王晳同曹操注。

《九變》

「圮地無舍，衢地交合，絕地無留，圍地則謀，死地則戰」，王晳注上之五地並同曹公。

「是故智者之慮，必雜於利害」，梅堯臣同曹操注。

「廉潔，可辱也」，王晳同曹操注。

《行軍》

「絕水必遠水」，曹操、李筌曰：引敵使渡。

「平陸處易」，王晳同曹操注。

「其所居易者，利也」，王晳同曹操注。

「眾樹動者，來也」，梅堯臣同曹操注。

《地形》

「通形者，先居高陽，利糧道，以戰則利」，王晳注同曹操。

「若敵先居之，盈而勿從，不盈而從之」，王晳同曹操注。

「卒強吏弱，曰弛」，王晳同曹操注。

「知敵之可擊，知吾卒之可以擊，而不知地形之不可以戰，勝之半也」，曹操、李筌曰：勝之半者，未可知也。

《九地》

「諸侯自戰其地者，為散地」，王晳同曹操注。

「輕地，吾將使之屬」，曹操、李筌曰：使相及屬。

「圍地，吾將塞其闕」，曹操、李筌曰：以一士心也。

「死地，吾將示之以不活」，曹操、李筌曰：勵士心也。

「是故始如處女，敵人開戶；後如脫兔，敵不及拒」，曹操、李筌曰：處女示弱，脫兔往疾也。

《用間》

題解曹操、李筌曰：戰者，必用間諜，以知敵之情實也。

四、其他注家直言曹操注為非的

《作戰》

「近於師者貴賣，貴賣則百姓財竭」，王晳曰：曹公曰：「軍行已出界，近於師者貪財，皆貴賣。」晳謂將出界也。

「故智將務食於敵，食敵一鍾，當吾二十鍾；萁稈一石，當吾二十石」，王晳曰：曹公曰：「轉輸之法，費二十乃得一。」晳謂上文言「千里饋糧」，則轉輸之法，謂千里耳。

《謀攻》

「其次伐交」，曹操曰：交，將合也。杜牧曰：非止將合而已，合之者，皆可伐也。

「修櫓轒轀，具器械，三月而後成；距闉，又三月而後已」，梅堯臣曰：曹公曰：「櫓，大楯也……」謂櫓為大楯，非也。兵之具甚眾，何獨言修大楯耶？今城上守禦樓曰櫓，櫓是轒牀上革屋，以蔽矢石者歟？

「故用兵之法：十則圍之」，杜牧曰：呂布敗，是上下相疑，侯成執陳宮委布降，所以能擒，非曹公兵力而能取之。……曹公稱倍兵降布，蓋非圍之力窮也，此不可以訓也。

「倍則分之」，曹操曰：以二敵一，則一術為正，一術為奇。杜牧曰：此

言非也。此言以二敵一，則當取己之一，或趣敵之要害，或攻敵之必救，使敵一分之中，復須分減相救，因以一分而擊之。

「敵則能戰之」，曹操曰：己與敵人眾等，善者猶當設伏奇以勝之。杜牧曰：此說非也。凡己與敵人兵眾多少、智勇利鈍一旦相敵，則可以戰。夫伏兵之設，或在敵前，或在敵後，或因深林叢薄，或因暮夜昏晦，或因險阨山阪，擊敵不備，自名伏兵，非奇兵也。

《兵勢》

「鬬眾如鬬寡，形名是也」，曹公曰：「旌旗曰形，金鼓曰名。」杜牧曰：旌旗、鐘鼓，敵亦有之，我安得獨為形名？鬬眾如鬬寡也。夫形者，陳形也；名者，旌旗也。王晳曰：曹公曰：「旌旗曰形，金鼓曰名。」晳謂：形者，旌旗、金鼓之制度；名者，各有其名號也。

「三軍之眾，可使必受敵而無敗者，奇正是也」，張預曰：奇正之說，諸家不同。《尉繚子》則曰：「正兵貴先，奇兵貴後。」曹公則曰：「先出合戰為正，後出為奇。」李衛公則曰：「兵以前向為正，後卻為奇。」此皆以正為正，以奇為奇，曾不說相變循環之義。唯唐太宗曰：「以奇為正，使敵視以為正，則吾以奇擊之；以正為奇，使敵視以為奇，則吾以正擊之。混為一法，使敵莫測。」茲最詳矣。

「紛紛紜紜，鬬亂而不可亂也；渾渾沌沌，形圓而不可敗也」，王晳曰：曹公曰：「旌旗亂也；示敵若亂，以金鼓齊之矣。」晳謂紛紜，鬬亂之貌也；不可亂者，節制嚴明也。又，曹公曰：「車騎轉而形圓者，出入有道，齊整也。」晳謂渾沌，形圓不測之貌也；不可敗者，無所隙缺，又不測故也。

「故善動敵者，形之，敵必從之」，曹操曰：見贏形也。杜牧曰：非止於贏弱也。言我彊敵弱，則示以贏形，動之使來；我弱敵彊，則示之以彊形，動之使去。敵之動作，皆須從我。

《虛實》

「飽能飢之」，王晳曰：曹公曰「絕其糧道」，晳謂火積亦是也。

「故我欲戰，敵雖高壘深溝，不得不與我戰者，攻其所必救也」，王晳曰：曹公曰：「絕糧道，守歸路，攻君主也。」晳謂敵若堅守，但能攻其所必救，則與我戰矣。

《軍爭》

「軍爭之難者，以迂為直，以患為利」，王晳曰：曹公曰：「示以遠，邇

其道里，先敵至。」皆謂示以遠者，使其不虞而行，或奇兵從間道出也。

「故不知諸侯之謀者，不能豫交」，曹操曰：不知敵情謀者，不能結交也。杜牧曰：非也。豫，先也；交，交兵也。言諸侯之謀先須知之，然後可交兵合戰；若不知其謀，固不可與交兵也。

《九變》

「軍有所不擊」，王晳曰：曹公曰：「軍雖可擊，以地險難久，留之失前利，若得之，則利薄。」皆謂餌兵、銳卒、正正之旗、堂堂之陳，亦是也。

「必生，可虜也」，王晳曰：曹公曰：「見利怯不進也。」皆謂見害亦輕走矣。

《行軍》

「視生處高」，王晳曰：曹公曰：「水上亦當處其高」，皆謂非謂近水之地。下曹注云：「恐溉我也。」疑當在此下。

《九地》

「先至而得天下之眾者，爲衢地」，王晳曰：曹公曰：「先至得其國助。」皆謂先至者，結交先至也。言天下者，謂能廣助，則天下可從。

「爭地，吾將趨其後」，曹操曰：利地在前，當速進其後也。杜牧曰：必爭之地，我若已後，當疾趨而爭，況其不後哉？陳皞曰：二說皆非。若敵據地利，我後爭之，不亦後據戰地二趨戰之勞乎？所謂爭地必趨其後者，若地利在前，先分精銳以據之，彼若恃眾來爭，我以大眾趨其後，無不克者。趙奢所以破秦軍也。

《火攻》

「行火必有因」，曹操曰：因姦人。陳皞曰：須得其便，不獨姦人。

第二節　《大詞典》利用曹操注與其他注家之比較

通過對《孫子》語詞的考察，發現《大詞典》以《孫子》立詞條時，多利用曹操注或其他注家爲自己的釋義依據。分以下幾種情況：

一、只利用曹操注的

一是只有曹操注；二是曹操注與其他注並存，《大詞典》只利用曹操注，這更凸顯了曹操注的地位。爲節省篇幅，也爲更清楚起見，列表格如下：

（一）只有曹操注

詞目	詞義或義項	《大詞典》中位置	《孫子》篇名	注家
人門	①用人環列護衛以爲門。	1/1044	軍爭	曹操
埋輪	①埋車輪於地，以示堅守。	2/1105	九地	曹操

（二）幾注並存只用曹操注

詞目	詞義或義項	《大詞典》中位置	《孫子》篇名	注　　　家
曲制	軍隊編制的制度。亦用以指軍隊。	5/566	計	曹操、李筌、杜牧、梅堯臣、王晳、張預
詭道	①詭詐之術。	11/192	計	曹操、李筌、王晳、張預
不意	②謂空虛無防備。多用於軍事攻守。	1/460	計	曹操、孟氏、李筌、杜牧、梅堯臣、王晳、何氏、張預
破國	②擊破敵國；消滅敵國。	7/1034	謀攻	曹操、李筌、杜佑、張預
角	⑧衡量；考察。	10/1346	虛實	曹操、李筌、杜牧、梅堯臣、王晳、張預
沮澤	水草叢生的沼澤地帶。	5/1072	軍爭	曹操、張預
正正	①整齊貌。	5/307	軍爭	曹操、李筌、張預
合軍	①集結軍隊。	3/151	軍爭	曹操、梅堯臣、王晳、張預
交合	③古代軍事用語。謂兩軍相對。	2/332	軍爭	曹操、李筌、杜牧、賈林、梅堯臣、何氏、張預
阻	②地勢高低不平。	11/942	軍爭	曹操、張預
分利	①分得他人的利益。	2/571	軍爭	曹操、李筌、杜牧、賈林、王晳、張預
翳薈	草木叢密。	9/625	行軍	曹操、梅堯臣、張預
潢井	謂沼澤低窪地帶。	6/55	行軍	曹操、梅堯臣、張預
翕翕	①失意不滿貌。	9/653	行軍	曹操、李筌、杜牧、賈林、梅堯臣、王晳、何氏、張預
交軍	謂兩軍相遇。	2/334	行軍	曹操、李筌、杜牧、杜佑、梅堯臣、王晳、張預

隘形	孫子兵法中「六形」之一。指道路狹隘隊伍展不開的地區。	11/1096	地形	曹操、王晳、張預
大吏	②指部將。	2/1335	地形	曹操、李筌、陳皥、賈林、梅堯臣、王晳、何氏、張預
合交	猶結交。	3/147	九地	曹操、孟氏、李筌、杜牧、梅堯臣、王晳、張預
交地	①孫子所說「九地」之一。指道路交錯、交通方便的地區。	2/330	九地	曹操、杜牧、陳皥、杜佑、梅堯臣、何氏、張預
拘	③束縛；拘束。	6/480	九地	曹操、杜牧、梅堯臣、張預
犯	⑰用；費。	5/4	九地	曹操、梅堯臣
誅	⑦治理。	11/171	九地	曹操、杜牧、梅堯臣、張預
攜手	②形容齊心。	6/976	九地	曹操、李筌、杜牧、賈林、梅堯臣、王晳、張預
亡地	絕境。	2/294	九地	曹操、李筌、梅堯臣、張預
費留	爲惜費，不及時論功行賞。	10/175	火攻	曹操、李筌、杜牧、賈林、梅堯臣、王晳、張預

　　上表中的詞目，《大詞典》在眾多注家中只選用了曹操注。大多是因爲幾家注意思大同，所以不贅，如「沮澤」，張預注曰「水草漸洳者爲沮，眾水所歸而不流者爲澤」，同曹操注，所以《大詞典》只用了曹操注。還有一種情況是幾家所釋有分歧，《大詞典》捨其他注家而尊曹操注，如：

【翕翕】

　　曹操注：「翕翕，失志貌」；杜佑注：「翕翕者，不眞也」；

　　李筌注：「翕翕，竊語貌」；杜牧注：「翕翕者，顚倒失次貌」；

　　賈林注：「翕翕，不安貌」；梅堯臣注：「翕翕，曠職事也」；

　　王晳注：「翕翕者，患其上也」；張預注：「翕翕，聚也」。

　　各家可謂一家一個說法，《大詞典》尊曹捨他。

二、只利用其他注家的

　　一是只有他注；二是曹操注與其他家注並存，《大詞典》捨曹尊他。具體如下：

（一）只有他注

詞目	詞義或義項	《大詞典》中位置	《孫子》篇名	注　家
廟算	朝廷或帝王對戰事進行的謀劃。	3/1276	計	張預
用戰	用兵作戰。	1/1027	作戰	張預
逃	③逃伏；逃匿。	10/795	謀攻	杜佑、王晢
不殆	①不危險。	1/428	謀攻	王晢
司命	③掌握命運。亦指關係命運者。	3/62	虛實	張預
分	⑨分散。	2/564	虛實	杜佑
形	⑥指戰爭中陣勢、佈局。	3/1112	虛實	陳皞、賈林
無形	②不露形跡；未露形跡。	7/112	虛實	梅堯臣
兵形	指用兵作戰的方式方法。	2/91	虛實	郭化若
謹察	嚴密觀察；謹慎考察。	11/398	行軍	杜牧
武進	謂恃武冒進。	5/344	行軍	王晢
無慮	①沒有深謀遠慮。	7/150	行軍	杜牧
條達	④斷續分散貌。	1/1486	行軍	杜牧、王晢
委謝	①謂委贄謝罪。	4/332	行軍	梅堯臣
奇正	古時兵法術語。古代作戰以對陣交鋒爲正，設伏掩襲等爲奇。	2/1522	勢	李筌、張預
疾	⑭急劇而猛烈。	8/297	勢	杜佑
迂直	②曲和直。	10/715	軍爭	杜牧
委積	②泛指財物，貨財。	4/332	軍爭	杜牧
朝氣	①早晨的陽氣。比喻軍隊初來時的士氣。	6/1320	軍爭	杜牧、陳皞
銳卒	精銳的士卒。	11/1306	軍爭	陳皞
餌兵	指誘敵就範的小部隊。	12/534	軍爭	梅堯臣
歸師	返回的軍隊。	5/374	軍爭	李筌
交合	①結交；交好。	2/330	九變	何延錫
掛	⑨礙，阻礙。	6/542	地形	杜牧

支	⑯古代軍事術語。指地形對彼我雙方出兵均不利。	4/1374	地形	李筌、郭化若
高陽	①指高而向陽之地。	12/949	地形	張預
遠形	謂敵我相距很遠。	10/1128	地形	張預
避罪	②謂犯罪者逃避懲處。	10/1275	地形	何延錫
圍地	指出入通道狹窄，易被敵人圍攻之地。	3/651	九地	杜牧、杜佑
饒野	富饒的田野。	12/578	九地	杜預
計謀	①計議謀慮。	11/22	九地	李筌
謹養	精心撫養；小心奉養。	11/398	九地	王晳
順詳	慎密地審察。順，通「慎」。	12/244	九地	郭化若
無識	不懂；無知。	7/160	九地	張預
數	⑱指星象的度數。	5/507	火攻	張預
火人	以火燒人。指燒殺敵軍。	7/2	火攻	李筌
火積	焚毀敵方的儲備。	7/21	火攻	李筌、杜牧
火輜	焚毀敵方運輸中的後勤物資。	7/19	火攻	李筌、杜牧
火庫	焚燒敵方兵庫。	7/13	火攻	杜佑
火隊	焚燒敵方隊伍，以亂其行陣。	7/15	火攻	杜牧、梅堯臣、賈林
內間	①誘使敵方的人做自己的間諜。	1/1013	用間	杜牧
反間	②誘使敵方的間諜或其他人反為我用，製造其內訌而伺機取勝。	2/866	用間	杜牧
因間	①利用敵方人員作間諜。	3/606	用間	杜牧
死間	兵法五間之一。	5/152	用間	杜牧
神紀	神妙的綱紀。	7/871	用間	梅堯臣
守將	負責守衛的將領。	3/1305	用間	杜預
門者	①指監門吏。	12/7	用間	張預

其中，有以下幾個小問題需要明示：

【饒野】富饒的田野。《孫子・九地》：「掠於饒野，三軍足食。」杜預注：「兵在重地，須掠糧於富饒之野，以豐吾食。」

【守將】負責守衛的將領。《孫子‧用間》:「凡軍之所欲擊,城之所欲攻,人之所欲殺,必先知其守將、左右、謁者、門者、舍人之姓名,令吾間必索知之。」杜預注:「守將,守官任職之將也。」

按:上兩條中的「杜預」均為「張預」之誤。

【支】⑯古代軍事術語。指地形對彼我雙方出兵均不利。《孫子‧地形》:「我出而不利,彼出而不利,曰支。」李筌注:「支者,兩俱不利,如掛之形,故各分其勢。」郭化若注:「支,敵我相隔處於隘路兩端。」

【兵形】指用兵作戰的方式方法。《孫子‧虛實》:「夫兵形象水,水之形,避高而趨下;兵之形,避實而擊虛。」郭化若注:「兵形,即作戰方式,怎麼打的意思。」

【順詳】慎密地審察。順,通「慎」。《孫子‧九地》:「故為兵之事,在於順詳敵之意。」郭化若注:「順,就是謹慎……詳,即審查。」

按:以上三條利用了今人郭化若的注。

【避罪】②謂犯罪者逃避懲處。《孫子‧地形》:「故進不求名,退不避罪,唯民是保,而利合於主,國之寶也。」何延錫注:「退豈避罪也,見其蹙國殘民之害,雖君命使進而不進,罪及其身不悔也。」

按:《十一家注》本作「何氏注」。關於何注,《宋志》未錄,《郡齋讀書志》錄之,作三卷,且云:「未詳其姓名,近代人也。」孫猛校證曰:「按:《崇文總目》卷三有《孫子》二卷,何延錫注,蓋即此何氏。」[J]〔4〕【P.635】《通志‧兵略》亦直稱何延錫,《孫子敘錄》承之。

【司命】③掌握命運。亦指關係命運者。《孫子‧虛實》:「微乎微乎,至於無形;神乎神乎,至於無聲,故能為敵之司命。」張預注:「故敵人死生之命,皆主於我也。」

按:「司命」一詞在《作戰》篇已經出現了:「故知兵之將,民之司命,國家安危之主也。」《大詞典》例證可提前。

【迂直】①曲和直。《孫子‧軍爭》:「先知迂直之計者勝,此軍爭之法也。」杜牧注:「言軍爭者,先須計遠近迂直,然後可以為勝。」

按:此例沒有曹操注。但《軍爭》篇此句前還有一「迂直」:「後人發,先人至,此知迂直之計者也。」此例有曹操注:「明於度數,先知遠近之計。」《大詞典》例當提前。

（二）兼有曹操注及他注，捨曹操注而利用他注

詞目	詞義或義項	《大詞典》中位置	《孫子》篇名	《大詞典》所用注家
拙速	謂用兵寧拙於機智而貴在神速。	6/509	作戰	杜牧
丘牛	大牛。	1/511	作戰	張預
伐謀	破壞敵方施展的謀略。一說以謀略戰勝敵人。	1/1191	謀攻	李筌、杜牧、梅堯臣、王晳
伐兵	謂通過兩軍對戰而取勝。	1/1189	謀攻	李筌、梅堯臣
轒轀	古代的戰車。用於攻城。	9/1331	謀攻	杜牧
謀攻	謂謀劃進攻之事。	11/327	謀攻	梅堯臣
縻軍	指受牽制而不能靈活機動的軍隊。	9/1008	謀攻	李筌
引勝	謂自亂其軍以致敵人取勝。	4/97	謀攻	杜牧
分	③分爲兩半；半。	2/564	謀攻	李筌
九天	②謂天空最高處。	1/728	形	梅堯臣、郭化若
發機	①撥動弩弓的發矢機。	8/573	勢	張預
紛紛	繁多而雜亂貌。	9/746	勢	杜佑
應形	①謂隨著敵方態勢而變化。	7/752	虛實	杜牧
三將軍	指三軍的主帥。	1/232	軍爭	梅堯臣
蹶	②挫敗；失敗。	10/549	軍爭	杜佑
交合	①結交；交好。	2/330	九變	何延錫
忿速	忿怒急躁。	7/425	九變	杜牧
天羅	②古代兵家謂林木縱橫的地形。	2/1451	行軍	梅堯臣、王晳
覆	⑦伏擊；襲擊。	8/765	行軍	李筌、杜牧
衢地	古代用兵的九種地勢之一。指各國相毗鄰的要衝。	3/1110	九地	張預
散地	兵家謂諸侯在自己領地內作戰，其士卒在危急時容易逃亡離散，故名。一說無險可守，士卒意志不堅，易於離散之地。	5/474	九地	李筌、何延錫
爭地	②指戰爭雙方必然爭奪的險要之地。	2/595	九地	杜牧
重地	②謂敵人內部的地方。	10/376	九地	杜佑
士人	③士卒；將士。	2/1000	九地	梅堯臣

愚	②蒙蔽；欺騙。	7/617	九地	杜牧
脫兔	脫逃之兔。喻行動迅疾。	6/1297	九地	杜牧

以上詞語，曹操亦有注，《大詞典》捨曹而用他，大概有以下幾種情況：

1. 曹操注襲用正文或注釋簡略，故《大詞典》不用曹操注，如：

【覆】

曹操注「敵廣陳張翼，來覆我也」，襲用正文，故《大詞典》利用李筌注「不意而至曰覆」及杜牧注「覆者，來襲我也」。

【拙速】

《大詞典》利用杜牧注「攻取之間，雖拙於機智，然以神速爲上」，曹操注曰「雖拙，有以速勝」，不及杜牧注翔實，故《大詞典》採用了杜注。

2. 曹操注與其他注家意見不一，《大詞典》捨曹，如：

【丘牛】

「丘牛」，各家注意見可分爲二：以曹操注爲代表的「丘役之牛」，以張預注爲代表的「大牛」。《大詞典》捨曹操注而採納張預注。

3. 曹操注與他注差不多，《大詞典》捨曹，如：

【謀攻】

《大詞典》利用梅堯臣注：「全爭者，兵不戰，城不攻，毀不久，皆以謀而屈敵，是曰謀攻，故不鈍兵利自完。」此條曹亦有注：「不與敵戰而完全得之，立勝於天下，不頓兵血刃也。」與梅堯臣注可媲美。又《大詞典》釋義「謂謀劃進攻之事」與所引不類，所引意曰以謀而攻，釋義卻爲「謀劃進攻之事」，誤，當改。

4. 《大詞典》所用版本無曹操注，如：

【九天】

《大詞典》利用了梅堯臣注：「九天，言高不可測。」郭化若注：「九地，各種地形，也含有極其深秘的意思在內……九，泛指多數。」按：曹操注總「九天」與「九地」爲：「喻其深微。」《大詞典》沒有利用曹操注，應該是因爲其所據爲十家注本，而十家注本無曹操注「喻其深微」四字。

【衢地】

《大詞典》利用張預注：「衢者，四通之地。我所敵者，當其一面，而旁有鄰國，三面相連屬，當往結之，以爲己援。」按：曹操注：「結諸侯也。衢

地，四通之地。」此據平津本，十家注本無「衢地，四通之地」六字，故《大詞典》利用張注。

5. 《大詞典》捨本逐末，如：

【紜紜】

《大詞典》利用杜佑注：「旌旗亂也。」按：曹操注：「旌旗亂也，示敵若亂，以金鼓齊之。」以杜佑注體例來看，此杜佑注就是援引的曹操注，《大詞典》捨本逐末。

【蹶】

《大詞典》利用杜佑注：「躑，猶挫也。前軍之將，已爲敵所躑敗。」按：曹操注：「蹶，猶挫也。」據杜佑注體例，不知《大詞典》何以捨曹取杜。

三、兼用曹操注與他注的

如下表：

詞目	詞義或義項	《大詞典》中位置	《孫子》篇目	《大詞典》所用注家
官道	①一說官爲百官之分，道爲糧路。	3/1392	計	曹操、梅堯臣
馳車	①古代輕型的戰車。	12/802	作戰	曹操、李筌
距堙	靠近敵城所築的土丘。藉以觀察城內虛實，並可登城。	10/436	謀攻	曹操、杜牧
形名	②指指揮方式、方法。	3/1113	勢	曹操、梅堯臣
豫交	謂預先結交。	10/39	軍爭	曹操、杜牧
速	③指性情急躁。	10/881	九變	曹操、杜牧、梅堯臣
天牢	①指羣山環繞、形勢險峻、易入難出之地。	2/1418	行軍	曹操、張預
附	⑪靠近；貼近。	11/947	行軍	曹操、杜佑
踐墨	遵守法度，按照規矩。	10/494	九地	曹操、杜牧
方馬	縛馬。	6/1563	九地	曹操、杜牧
煙火	④指引火的材料。	7/174	火攻	曹操、杜牧

在上表這些例子中，大多都是幾注並存說明一個意思的，只有下二例爲二說並存的：

【官道】②管理將士的辦法。《孫子‧計》：「法者，曲制、官道、主用也。」
梅堯臣注：「官道，裨校首長，統率必有道也。」一說官爲百官之分，道爲糧
路。見《十一家注孫子》引曹操注。

【豫交】謂預先結交。《孫子‧軍爭》：「故不知諸侯之謀者，不能豫交。」
曹操注：「不知敵情謀者，不能結交也。」一說，準備交兵。杜牧注：「豫，
先也；交，交兵也。言諸侯之謀先須知之，然後可交兵合戰，若不知其謀，
固不可與交兵也。」

　　通過以上曹操注與其他注家關係及《大詞典》利用曹操注與其他注家情
況的比較，我們可以看出曹操注對其他注家的深刻影響，說曹操注爲其他注
家之源是一點都不爲過的。呂昕《論曹操的兵學成就》一文說得好：「在兩晉
南北朝如此動盪的時局中，好多書籍都散佚了，就連《武經七書》中的幾部，
都是殘卷，但是《孫子》卻完好地保留了下來，這不能不說是曹注的一大功
勞。曹注一出，以前注釋《孫子》的書全部亡佚了，而這以後的《孫子》注
釋，如前所述，又都離不開曹注，可見曹注的價值巨大。明人茅元儀對《孫
子》有一句精闢的評論『前孫子者，《孫子》不遺；後孫子者，不能遺《孫子》』，
成爲千古絕評。雖然茅元儀這句話針對的是《武經七書》裏的情況，不過，
對於曹注，我們也可以說，對於《孫子》的研究，前曹注者的情況，我們今
天已難於確知，但後曹注者，是一定不能遺曹注的。」〔註6〕

〔註 6〕 華中師範大學 2007 年碩士學位論文，頁 19。

結　語

　　之所以選擇「中古兵書」作爲研究對象，是因爲筆者在進行《中古兵書資料彙編》時，發現歷來對中古兵書的關注很少，將中古兵書作爲一個專題進行系統研究的更未得見。一個事物，沒人研究的原因無外乎兩個：一沒有研究價值；二存在研究障礙，暫未有人涉及。當時就在想原因到底在哪裏，是因爲沒有研究價值嗎？答案當然是否定的，我們相信一切存在都是合理的，都是有價值的。而對於這一有價值的語料，歷來的漢語史研究卻未見加以利用，原因在於其語料亡佚情況、眞僞情況複雜。

　　本著爲構建完整的中古漢語研究出一份力的想法，筆者在《中古兵書資料彙編》的基礎上對中古兵書進行了深入探究。

　　本文在整體把握中古兵書的基礎上，從文獻和語詞兩個方面進行了研究。

　　文獻方面，對中古兵書文獻進行了鉤沈和梳理，分爲兵法類、兵略類、兵器類、注釋類四大類，每類選擇代表性著作進行個案研究。具體來講，兵法類以《將苑》爲代表，針對現有研究中爭議最多的名目和眞僞問題進行討論，將其名定爲《將苑》，並確定了其成書年代下限爲南宋高宗時期《通典》出現之前、上限爲東晉《尙書孔傳》出現之後；兵略類以《黃石公三略》爲代表，主要論及了《羣書治要》、《長短經》、《太平御覽》、《敦煌俄藏文獻》、西夏譯本中的夾注與文獻記載中的劉昞注、成氏注的關係；兵器類以《古今刀劍錄》爲代表，特別注意了其中的刀劍命名方式；注釋類以《鬼谷子》陶弘景注與《孫子》曹操注爲代表，對陶弘景注，梳理了《鬼谷子》的四大注家，並著重管窺了陶弘景注對《鬼谷子》的校勘價值。曹操注專關下編進行

個案研究，對其版本及相關問題如曹操刪削《孫子》說、立足《孫子》關於曹操注的爭議、曹操注與其他注家的比較等進行了梳理分析，版本集校以附錄形式出現。

　　語詞方面，總論了中古兵書語詞的研究價值，並就《孫子》曹操注之用語進行了窮盡性研究。

　　由於主客觀條件的限制，本文還存在很多不盡如人意的地方：

　　1. 對文獻的搜集、整理，筆者去了國家圖書館、浙江圖書館，閱覽了其中的相關材料，這對本文的成型有極大的幫助。但去軍事科學院未果，無法得知那裏的詳細書況。再者，由於時間的限制，我們僅對各書的版本簡單進行了介紹，未能理出各版本之間的源流關係，附錄中的版本集校也是只錄異文不下按語。

　　2. 文獻研究部分，我們著力對《將苑》的成書年代進行考辨，但由於語料的限制，我們也只能大概確定其成書上、下限。

　　3.《孫子》曹操注與其他注家語詞的比較研究這一塊還是大有可爲的，囿於篇幅，本文並未深入進去，在今後的研究中，可將這一部分作爲研究對象。

　　4. 現代語言學中有許多成熟的理論可以拿來爲古代漢語的研究服務，由於自己這方面知識的缺乏，導致文中對一些語言現象的分析不夠細緻深入，這將是以後努力補充與完善的地方。

　　總的看來，本文達到了一定的預期，但總覺有述而不作之憾，這有待今後的深入研究了。

附錄一：《孫子》曹操注集校

凡　例

1. 直接利用李零《曹操注集校》（其用影宋本《魏武帝注孫子》爲底本，校以宋本《十一家注孫子》所收曹操注以及《北堂書鈔》、《羣書治要》、《初學記》、《通典》、《太平御覽》等書的引文，並錄孫星衍《孫子十家注》中的校語和改動之處）的成果，以其爲底本。

2. 以談愷刻《孫子集注》（簡稱「談本」）、黃邦彥刻《孫子集注》（簡稱「黃本」）、《漢魏叢書》本《孫子》二卷（簡稱「《漢魏叢書》本」）、日本京都大學圖書館藏《孫子》本（簡稱「日本」）、清抄本王念孫校《孫子注》二卷（簡稱「王本」）、清《長恩書室叢書》本《魏武帝注孫子》三卷（簡稱「《長恩書室叢書》本」）、左樞《孫子左樞箋》（簡稱「左本」）及《孫子參同》（簡稱「《參同》本」）、《孫子彙解》（簡稱「《彙解》本」）中的曹操注進行對校。

3. 只校曹操注，不校《孫子》正文。爲突出曹操注，曹操注粗明，《孫子》正文用中明。

4. 關於序文，以岱南閣叢書本《孫子十家注》本爲底本，校以明張溥《漢魏六朝百三家集》本《魏武帝集》（簡稱「《漢魏六朝百三家集》本」）、平津館叢書本《魏武帝注孫子》（簡稱「《平津館叢書》本」）及《太平御覽》引文（簡稱《御覽》）。

5. 對《平津館叢書》本有明顯改動的地方，出《平津館叢書》本原文。與李零本意見不一時，將李零本意見以腳注形式出現。

6. 校語以腳注形式出現，但存異文，不下按語。

魏武帝注孫子

孫子序

操聞上古有〔註1〕弧矢之利，《論語》曰〔註2〕足兵；《尚書八政》曰師；《易》曰師貞丈人吉〔註3〕；《詩》云王赫斯怒，爰整其旅〔註4〕，黃帝、湯武咸用干戚〔註5〕以濟世〔註6〕也；《司馬法》曰人故殺人，殺之可也。恃武者滅，恃〔註7〕文者亡，夫差、偃王是也。聖人之用兵〔註8〕，戢而時動，不得已而用之。吾觀兵書戰策多矣，孫武所著深矣〔註9〕。孫子者，齊人也，名武，爲吳王闔閭作《兵法》一十三篇，試之婦人，卒以爲將。西破強楚入郢，北威齊晉。後百歲餘有孫臏，是武之後也。〔註10〕審計重舉，明畫深圖，不可相誣，而但世人未之深亮訓說，況文煩富，行於世者失其旨要，故撰爲《略解》焉。

始計第一

計〔註11〕者，選將量敵，度地料卒，遠近險易〔註12〕，計於廟〔註13〕堂也。〔註14〕

孫子曰：兵者，國之大事也。死生之地，存亡之道，不可不察也。故經之以五事，校之以計，以索其情。

〔註1〕《御覽》無「有」字。

〔註2〕《漢魏六朝百三家集》本「曰」下還有「足食」二字，《御覽》有「足食」無「曰」字。

〔註3〕《御覽》無「丈人吉」三字。

〔註4〕《御覽》無此四字。

〔註5〕《漢魏六朝百三家集》本「戚」作「戈」。

〔註6〕《御覽》「干戚以濟世」作「干戈爲民」。

〔註7〕《漢魏六朝百三家集》本、《御覽》二「恃」字均作「用」。

〔註8〕《漢魏六朝百三家集》本此句作「聖賢之用兵也」。《御覽》作「聖賢之於兵也」。

〔註9〕《御覽》此句作「兵書戰策，孫武深已」。

〔註10〕《漢魏六朝百三家集》本、《平津館叢書》本無自「孫子者」至「是武之後也」數句。《御覽》無「武之後也」下數句。

〔註11〕《參同》本「計」前有「始」字。

〔註12〕《平津館叢書》本、日本、《參同》本無此句。

〔註13〕日本「廟」作「廇」。

〔註14〕《彙解》本無此注。

謂下〔註15〕五事七〔註16〕計，求〔註17〕彼我之情也。〔註18〕

一曰道，

謂導〔註19〕之以教〔註20〕令。〔註21〕

二曰天，三曰地，四曰將，五曰法。道者，令民與上同意，可與之死，可與之生，而不畏危也。

危者，危疑也。〔註22〕

天者，陰陽、寒暑，時制也。

順天行誅，因〔註23〕陰陽四時之制。故《司馬法》曰：「冬夏不興師，所以兼愛吾〔註24〕民也。」

地者，遠近、險易、廣狹、死生也。

言以九地形勢不同，因時制利〔註25〕也。論在《九地篇》中〔註26〕。

將者：智、信、仁、勇、嚴也。

將宜五德備也。〔註27〕

法者：曲制、官道、主用也。

曲制者〔註28〕，部曲、旗〔註29〕幟、金鼓之制也。官者，百官之分〔註30〕也。道者〔註31〕，糧路也。主用〔註32〕者〔註33〕，主軍費用也。

〔註15〕左本「下」作「此」。
〔註16〕日本「七」作「出」。
〔註17〕《長恩書室叢書》本「求」作「未」。
〔註18〕王本無此注。《參同》本此注作「校計索情，出計求彼我之情也」。
〔註19〕談本、黃本、《漢魏叢書》本、王本、顧本「導」作「道」。
〔註20〕《參同》本「教」作「政」。
〔註21〕《彙解》本無此注及下三注。
〔註22〕《平津館叢書》本、日本、《參同》本無此注。
〔註23〕左本「因」作「曰」。
〔註24〕談本、黃本、《漢魏叢書》本、王本無「吾」字。
〔註25〕王本「利」作「度」。
〔註26〕王本「篇中」乙作「中篇」。《平津館叢書》本、日本、《參同》本無此注。
〔註27〕王本、《參同》本無此注。
〔註28〕談本、黃本、《彙解》本無此三字。
〔註29〕談本、黃本、《漢魏叢書》本、王本、《彙解》本「旗」作「旛」。
〔註30〕王本「分」下有「用」字。
〔註31〕《參同》本無「者」字。

凡此五者，將莫不聞，知之者勝，不知者不勝。故校之以計，而索其情。

同聞五者，將〔註34〕知其變極，則〔註35〕勝也。索其情者，勝負之情。〔註36〕

曰：主孰有道？將孰有能？

道德智慧〔註37〕。

天地孰得？

天時地利〔註38〕。

法令孰行？

設而不犯，犯而必誅〔註39〕。

兵眾孰強？士卒孰練？賞罰孰明？吾以此知勝負矣。

以七事計之，知勝負矣。〔註40〕

將聽吾計，用之必勝，留之。將不聽吾計，用之必敗，去之。

不能定計，則退去之〔註41〕。

計利以聽，乃爲之勢，以佐其外；

常法之外〔註42〕。

勢者，因利而制權也。

制由權也〔註43〕，權因事制也。

兵者，詭道也。

〔註32〕談本、黃本、《漢魏叢書》本、王本、《彙解》本無「用」字。
〔註33〕《參同》本無「者」字。
〔註34〕《彙解》本下有「而」。
〔註35〕談本、王本「則」作「即」。
〔註36〕《參同》本此注作「五者，將莫不聞，知其變極，則勝也」。
〔註37〕王本、《參同》本無此注。《彙解》本無此注及下五注。
〔註38〕王本、《參同》本無此注。
〔註39〕《參同》本下有「也」字。王本無此注。
〔註40〕《參同》本無此注。
〔註41〕談本、黃本、《漢魏叢書》本、王本此句作「則退而去也」。《參同》本無此注。
〔註42〕談本、黃本、《漢魏叢書》本、王本、《參同》本下有「也」字。
〔註43〕《平津館叢書》本、日本「權」作「觀」。《參同》本此句作「制權」。

無〔註44〕常形，以詭〔註45〕詐爲道。〔註46〕

故能而示之不能，用而示之不用，近而示之遠，遠而示之近。

欲進〔註47〕而治去道，若韓信之襲安邑，陳舟臨晉而渡於夏陽也。〔註48〕

利而誘之，亂而取之，實而備之，

敵治實，須備之〔註49〕。

強而避之，

避其所長〔註50〕。

怒而撓之；

待其衰也。〔註51〕

卑而驕之，佚而勞之，

以利勞之。〔註52〕

親而離之。

以間離之〔註53〕。

攻其無備，出其不意。

擊其懈怠，出其空虛〔註54〕。

此兵家之勝，不可預傳也。

傳，猶泄〔註55〕也。兵無常勢，水無常形，臨敵變化，不可先傳也。

〔註44〕談本、黃本、《漢魏叢書》本、王本、《彙解》本「無」上有「兵」字。
〔註45〕黃本、《彙解》本「詭」作「譎」。
〔註46〕《參同》本無此注。
〔註47〕左本「進」作「近」。日本「進」作「退」，後「去道」作「其道」。
〔註48〕談本、黃本、《漢魏叢書》本、王本、《彙解》本無此注。《參同》本無首句。
〔註49〕談本、黃本、《漢魏叢書》本、王本下有「也」字。《參同》末句作「預備之也」。《彙解》本無此注。
〔註50〕談本、黃本、《漢魏叢書》本、王本下、《參同》本、《彙解》本有「也」字。
〔註51〕談本、黃本、《漢魏叢書》本、王本作「待其衰懈也」。《漢魏叢書》本作「恃其衰懈也」。《平津館叢書》本、日本、《參同》本、《彙解》本無此注。
〔註52〕《參同》本此注作「以計勞之也」。王本、《彙解》本無此注。
〔註53〕日本「離」簡作「离」，下同。《參同》本下有「也」字。王本無此注。
〔註54〕《參同》本二句下均有「也」字。

故料敵在心，察機在目也。〔註 56〕

　　夫未戰而廟算勝者，得算多也；未戰而廟算不勝者，得算少也。多算勝，少算不勝，而況於無算乎！吾以此觀之，勝負見矣。

　　以吾道觀之矣。〔註 57〕

作戰第二

　　欲戰必先〔註 58〕**算其費**〔註 59〕**務，因糧於敵**〔註 60〕**。**
　　孫子曰：凡用兵之法，馳車千駟，革車千乘，帶甲十萬。

　　馳車，輕車也，駕駟馬，凡千乘；革車，重車也。言率十萬之軍：一車駕四馬，養二人，主炊；家子一人，主保固守衣裝；廄二人，主養馬，凡五人。步兵十人，重以大車駕牛。養二人，主炊；家子一人，主保固守衣裝，凡三人也。帶甲十萬，士卒數也。〔註 61〕

　　千里饋糧，

　　越境千里。〔註 62〕

　　內外之費，賓客之用，膠漆之財，車甲之奉，日費千金，然後十萬之師舉矣。

　　購〔註 63〕**賞猶在外**〔註 64〕**。**

〔註 55〕　《十一家注》本、《平津館叢書》本、日本、《參同》本「傳」下無「猶」字，王本「泄」作「洩」。
〔註 56〕　《平津館叢書》本、日本、《參同》本此注作「傳，泄也」。《彙解》本此注作「傳猶洩也」。
〔註 57〕　《平津館叢書》本、日本、《參同》本、《彙解》本無此注。
〔註 58〕　日本「先」作「生」。
〔註 59〕　日本「費」作「賞」。
〔註 60〕　談本、黃本、《漢魏叢書》本、王本、《參同》本下有「也」字。《彙解》本無此注。
〔註 61〕　《平津館叢書》本、日本、《參同》本此注作「馳車，輕車也，駕駟馬；革車，重車也」。談本、黃本、《漢魏叢書》本、王本此注作「馳車，輕車也，駕駟馬；革車，重車也。言萬騎之重，車駕四馬，率三萬軍，養二人主炊，家子一人主保固守衣裝，廄二人主養馬，凡五人，步兵十人；重以大車駕牛，養二人主炊，家子一人主守衣裝，凡三人也。帶甲十萬，士卒數也」。《漢魏叢書》本又無「駕四馬」之「馬」字。《彙解》本無此注。
〔註 62〕　《彙解》本下有「也」字。《平津館叢書》本、日本、《參同》本無此注。

其用戰也，勝久則鈍兵挫銳，攻城則力屈，

鈍，弊〔註65〕也；屈，盡也。

久暴師則國用不足。夫鈍兵挫銳，屈力殫貨，則諸侯乘其弊而起，有智者，不能善其後矣。故兵聞拙速，未睹巧之久也。

雖拙有以速勝。未睹者〔註66〕，言〔註67〕無也。

夫兵久而國利者，未之有也。故不盡知用兵之害者，則不能盡知用兵之利也。善用兵者，役不再籍，糧不三載。

籍，猶賦也。言〔註68〕初賦民，便〔註69〕取勝，不復歸國發兵也。〔註70〕始載〔註71〕糧，後遂因食〔註72〕於敵，還兵入國，不復以糧迎之也。

取用於國，因糧於敵，故軍食可足也。

兵甲戰具取用〔註73〕國中，糧食〔註74〕因敵也〔註75〕。

國之貧於師者遠輸，遠輸則百姓貧；近師者貴賣，貴賣則百姓財竭，

軍行已出界，近於〔註76〕師者貪財，皆貴賣，則百姓虛竭也。

財竭則急於丘役。力屈財殫，中原內虛於家。百姓之費，十去其七。

丘〔註77〕，十六井〔註78〕也。百姓財殫盡而兵不解，則運糧盡力於

〔註63〕談本、黃本、《漢魏叢書》本、王本上有「謂」字。

〔註64〕《參同》本下有「也」字。《長恩書室叢書》本、左本、日本下有「之也」二字。《彙解》本無此注及下二注。

〔註65〕日本「弊」作「敝」，《參同》本「弊」作「挫」。

〔註66〕《平津館叢書》本、日本、《參同》本「睹」下無「者」字。

〔註67〕談本、黃本、《漢魏叢書》本、王本「言」下有「其」字。

〔註68〕《參同》本無「言」字。

〔註69〕談本、黃本、《漢魏叢書》本、王本、《彙解》本「便」上有「而」字。

〔註70〕《彙解》本無此下數句。

〔註71〕《平津館叢書》本、日本、《參同》本「載」作「用」。

〔註72〕《參同》本「食」作「糧」。

〔註73〕《平津館叢書》本、日本、《參同》本「用」下有「於」字。

〔註74〕《平津館叢書》本、日本「食」下有「則」字。

〔註75〕《參同》本無末句。

〔註76〕談本、黃本、《漢魏叢書》本、王本、《彙解》本無「於」字。

〔註77〕王本「丘」作「邱」。

〔註78〕《參同》本「井」作「家」。

原野也。十去其七者,所破費也。〔註79〕

公家之費,破車罷馬,甲冑矢弓,戟楯矛櫓,丘牛大車,十去其六。

丘牛〔註80〕,謂丘邑之牛〔註81〕;大車,乃長轂車也。〔註82〕

故智將務食於敵:食敵一鍾,當吾二十鍾;萁稈一石,當吾二十石。

六斛四斗爲鍾〔註83〕。萁,豆稭也;稈,禾稿也。石,百二十斤也〔註84〕。轉輸之法,費二十石,乃〔註85〕得一石。一云:萁音忌,豆也。七十斤爲一石。當吾二十,言遠費也。〔註86〕

故殺敵者,怒也;

威怒以致敵〔註87〕。

取敵之利者,貨也。

軍無財,士不來;軍無賞,士不往〔註88〕。

車戰,得車十乘以上,賞其先得者,

以車戰而〔註89〕能得敵車十乘已上,賞賜之。不言車戰得車十乘以上者賞之〔註90〕,而言賞得者何?言欲開示賞其所得車之卒也。陳車之法:五車爲隊,僕射一人;十車爲官,卒長一人;車滿十乘,將吏二人。因而用之,故別言賜之,欲使將恩及下〔註91〕也。或曰:言使自有車十乘已上與敵戰,但取其有功者賞之,其十乘已下,雖一乘獨得,餘九乘

〔註79〕《平津館叢書》本、《參同》本無「十六井也」下之文字。日本此注作「丘,十六其也」。《彙解》本此注作「邱,十六井也」。

〔註80〕《平津館叢書》本無此「牛」字。

〔註81〕《漢魏叢書》本、王本二「丘」字作「邱」。談本、黃本無此「牛」字。

〔註82〕《參同》本無「乃」字。《彙解》本無此注及下注。

〔註83〕《平津館叢書》、日本無此句。

〔註84〕談本、黃本、《漢魏叢書》本、王本此句作「石者,一百二十斤也」。

〔註85〕談本、黃本、《漢魏叢書》本、王本無「乃」字。

〔註86〕《平津館叢書》本、日本無「一云:萁音忌,豆也。七十斤爲一石。當吾二十,言遠費也」句。《參同》本此注作「萁,豆稭也;稈,禾稾也」。

〔註87〕《參同》本下有「也」字。

〔註88〕《參同》本下有「也」字。

〔註89〕談本、黃本、《漢魏叢書》本、王本無「而」字。

〔註90〕談本、黃本、《漢魏叢書》本、王本「以」作「已」。

〔註91〕談本、黃本、《漢魏叢書》本、王本「及下」乙作「下及」。

皆賞之，所以率進勵士也。〔註92〕

而更其旌旗。

與吾同也。〔註93〕

車雜而乘之，

不獨任〔註94〕**也。**

卒善而養之，是謂勝敵而益強。

益己之強〔註95〕。

故兵貴勝，不貴久。

久則不利〔註96〕**。兵猶火也，不戢將自焚**〔註97〕。

故知兵之將，民之司命，國家安危之主也。

將賢則國安也。〔註98〕

謀攻第三

欲攻戰〔註99〕**，必先謀**〔註100〕**。**

孫子曰：夫用兵之法，全國爲上，破國次之；

興師〔註101〕**深入長驅，拒其都邑，絕其內外**〔註102〕**。敵舉**〔註103〕**國來服爲上，以兵擊破得之爲次也**〔註104〕**。**

〔註92〕《平津館叢書》本、《參同》本無此注。《彙解》本此注作「陣車之法：五車
　　　　爲隊，僕射一人；十車爲官，卒長一人；車滿十乘，將吏二人」。
〔註93〕日本「也」作「之」。《彙解》本無此注及下三注。
〔註94〕李零《曹操注集校》「任」作「往」。
〔註95〕《參同》本下有「也」字。
〔註96〕《參同》本下有「也」字。
〔註97〕談本、黃本、《漢魏叢書》本、王本、《參同》本下有「也」字。
〔註98〕《彙解》本下有「也」字。《平津館叢書》本、日本、《參同》本無此注。
〔註99〕談本、黃本、《漢魏叢書》本、王本、《長恩書室叢書》本、左本、日本、《參
　　　　同》本「戰」作「敵」。
〔註100〕《參同》本下有「也」字。《彙解》本無此注。
〔註101〕李零《曹操注集校》改「師」爲「兵」。
〔註102〕李零《曹操注集校》改「內外」爲「外內」。
〔註103〕王本無「舉」字。
〔註104〕談本、黃本、《漢魏叢書》本、王本「拒」作「距」、「都邑」作「城郭」，最

全軍爲上，破軍次之；

《司馬法》曰：「萬〔註105〕二千五百人爲軍〔註106〕。」〔註107〕

全旅爲上，破旅次之；

五百人爲旅。

全卒爲上，破卒次之；

自校以下〔註108〕**至百人也**〔註109〕。

全伍爲上，破伍次之。

百人以〔註110〕**下至五人。**〔註111〕

是故百戰百勝，非善之善者也；不戰而屈人之兵，善之善者也。

未戰而敵自屈服〔註112〕。

故上兵伐謀，

敵始有謀，伐之易也。

其次伐交，

交，將合也。

其次伐兵，

兵形已成也。

其下攻城。

敵國已收其〔註113〕**外糧城守，攻之爲下**〔註114〕**也。**〔註115〕

　　後一句作「以兵擊破敗而得之其次也」。《彙解》本「拒其都邑」作「據其城郭」，且無末句。

〔註105〕日本「萬」簡作「万」。

〔註106〕王本「萬」上有「一」字，談本、黃本此句作「一萬五千五百人爲軍」。

〔註107〕《彙解》本無此注及下五注。

〔註108〕《平津館叢書》本「下」作「上」。

〔註109〕談本、黃本、《漢魏叢書》本、王本此注作「一校已上至一百人也」。日本此注作「自旅以上至百人也」。《參同》本此注作「一校以上至百人爲卒」。

〔註110〕談本、王本「以」作「已」。

〔註111〕《參同》本此注作「百人以下至五人爲伍」。

〔註112〕談本、黃本、《漢魏叢書》本、王本在此注前還於「非善之善者也」下加注「未戰而戰自屈，勝善也」。《參同》本無此注。

〔註113〕《平津館叢書》本、日本無「其」字。

攻城之法,爲不得已。修櫓轒轀,具器械,三月而後成;距闉,又三月而後已。

修,治也。櫓,大楯也。轒轀者,轒牀也。轒牀,其下四輪,從中推〔註116〕**之至城下也。具,備也。器械者,機關攻守之總名,飛樓、雲梯之屬。距闉者,踊土積**〔註117〕**高而前,以附其城也。**〔註118〕

將不勝其忿而蟻附之,殺士卒三分之一,而城不拔者,此攻之災也。

將忿不待攻器成〔註119〕**,而使士卒緣城而上,如蟻之緣牆,必**〔註120〕**殺傷士卒也。**

故善用兵者,屈人之兵而非戰也,拔人之城而非攻也,毀人之國而非久也。

毀滅人國,不久露師〔註121〕**。**

必以全爭於天下,故兵不頓而利可全,此謀攻之法也。

不與敵戰而〔註122〕**完全得之,立勝**〔註123〕**於天下,不頓**〔註124〕**兵血刃也**〔註125〕**。**

故用兵之法:十則圍之,

以十敵一則圍之,是將智勇等而兵利鈍〔註126〕**均也。若主弱客強,**

〔註114〕黃本、《漢魏叢書》本、王本下有「攻」字,王本且加批註「攻——政」。

〔註115〕《參同》本此注作「敵國已收外糧城守也」。《彙解》本無此注及下五注。

〔註116〕王本「推」作「摧」,且加批註「摧——推」。

〔註117〕《十一家注》本、談本、黃本「積」作「稍」。

〔註118〕《平津館叢書》本、日本、《參同》本作「修,治也。櫓,大楯也。轒轀者(《參同》本無「者」字),其下四輪,從中推之至城下也。器械者,機開(《參同》本作「關」)攻守之總名,飛樓、雲梯之屬也(《平津館叢書》本無「也」字)。距闉者,踊土稍高而前,以附其城也」。

〔註119〕《十一家注》本、談本、黃本、《漢魏叢書》本、王本「器成」作「城器」。《參同》本此句作「將不勝其忿,不待攻器成」。

〔註120〕《十一家注》本、談本、黃本、《漢魏叢書》本、王本無「必」字。

〔註121〕《十一家注》本、談本、黃本、《漢魏叢書》本、王本下有「也」字。

〔註122〕《十一家注》本、談本、黃本、《漢魏叢書》本、王本、《長恩書室叢書》本、左本、《參同》本下有「必」字。

〔註123〕《參同》本「勝」作「爭」。

〔註124〕《長恩書室叢書》本「頓」作「顧」。

〔註125〕《平津館叢書》本、日本、《參同》本此句作「則不頓兵挫銳」。

〔註126〕《漢魏叢書》本、王本「鈍」作「頓」。

操所以倍兵圍下邳生擒呂布也。

　　五則攻之，

以五敵一，則三術爲正，二〔註127〕術爲奇。

　　倍則分之，

以二敵一，則一術爲正，一術爲奇。

　　敵則能戰之，

己與敵人衆等，善者猶當設奇伏〔註128〕以勝之。

　　少則能逃之，

高壁堅壘，勿與戰也。

　　不若則能避之。

引兵避之〔註129〕。

　　故小敵之堅，大敵之擒也。

小不能當大也。〔註130〕

　　夫將者，國之輔也，輔周則國必強，

將周密〔註131〕，謀不泄也。

　　輔隙則國必弱。

形見〔註132〕外也。

　　故君之所以患於軍者三：不知軍之不可以進而謂之進，不知軍之不可以退而謂之退，是謂縻軍。

縻，御〔註133〕也。

〔註127〕《十一家注》本、談本、黃本、《漢魏叢書》本、王本作「一」，王本且加批註「一——二」。

〔註128〕《十一家注》本、談本、黃本、《漢魏叢書》本、王本、《彙解》本「奇伏」乙作「伏奇」。

〔註129〕《十一家注》本、談本、黃本、《漢魏叢書》本、王本下有「也」字。《參同》本無此注。《彙解》本無此注及下四注。

〔註130〕《參同》本無此注。

〔註131〕《參同》本「密」作「審」。

〔註132〕《十一家注》本、談本、黃本、《漢魏叢書》本、王本下有「於」字。

〔註133〕《參同》本「御」作「繫」。

不知三軍之事，而同三軍之政，則軍士惑矣。

軍容不入國，國容不入軍，禮〔註134〕**不可以治兵**〔註135〕。

不知三軍之權，而同三軍之任，則軍士疑矣。

不〔註136〕**得其人**〔註137〕**也。**

三軍既惑且疑，則諸侯之難至矣，是謂亂軍引勝。

引，奪也。〔註138〕

故知勝有五：知可以與戰不可以與戰者勝，識眾寡之用者勝，上下同欲者勝，

君臣同欲〔註139〕。

以虞待不虞者勝，將能而君不禦者勝。

《司馬法》曰：「進退惟時，無曰寡人〔註140〕。」

此五者，知勝之道也。

此上五事也。

故曰：知彼知己，百戰不殆。不知彼而知己，一勝一負。不知彼不知己，每戰必敗。

軍形第四

軍之形也。我動彼應，兩敵相察情也。〔註141〕

孫子曰：昔之善戰者，先為不可勝，以待敵之可勝。不可勝在己，

守固備也〔註142〕。

〔註134〕日本「禮」簡作「礼」。
〔註135〕《十一家注》本、談本、黃本、《漢魏叢書》本、王本、《參同》本、《彙解》本下有「也」字。
〔註136〕《彙解》本「不」上有「將」字。
〔註137〕《十一家注》本、談本、黃本、《漢魏叢書》本、王本下有「意」字。
〔註138〕《參同》本、《彙解》本無此注及下三注。
〔註139〕王本批註：「刪『欲』，在『同』前添『和』。」
〔註140〕《十一家注》本、談本、黃本、《漢魏叢書》本、王本下有「也」字。
〔註141〕《彙解》本無此注。
〔註142〕李零《曹操注集校》改「固備」為「備固」。《十一家注》本、談本、黃本、《漢魏叢書》本、王本無此注。

可勝在敵。

自修治〔註143〕，**以待敵之虛懈**〔註144〕。

故善戰者，能爲不可勝，不能使敵之必可勝。故曰：勝可知，

見成形也。

而不可爲。

敵有備故〔註145〕**也。**

不可勝者，守也。

藏形也。〔註146〕

可勝者，攻也。

敵攻己，乃可勝〔註147〕。

守則不足，攻則有餘。

吾所以守者，力不足〔註148〕**；所以攻者，力有餘**〔註149〕。

善守者，藏於九地之下；善攻者，動於九天之上。故能自保而全勝也。

因山川丘〔註150〕**陵之固者，藏於九地之下；因天時之變者，動於九天之上。**〔註151〕**喻其深微**〔註152〕。

見勝不過眾人之所知，非善之善者也；

當見未萌。〔註153〕

〔註143〕《十一家注》本、談本、黃本、《漢魏叢書》本、王本「治」作「理」。
〔註144〕《十一家注》本、談本、黃本、《漢魏叢書》本、王本、《參同》本、《彙解》本下有「也」字。
〔註145〕《漢魏叢書》本、王本無「故」字。
〔註146〕《彙解》本無此注及下四注。
〔註147〕《參同》本下有「也」字。
〔註148〕《長恩書室叢書》本「所」作「以」。《十一家注》本、談本、黃本、《漢魏叢書》本、王本下有「也」字。
〔註149〕《十一家注》本、談本、黃本、《漢魏叢書》本、王本下有「也」字。《參同》本無此注。
〔註150〕王本「丘」作「邱」。
〔註151〕《平津館叢書》本、日本、《參同》本無「喻」前數句，《參同》本又無「微」字。
〔註152〕《十一家注》本、談本、黃本、《漢魏叢書》本、王本無後四字。
〔註153〕《參同》本無此句及下二注。

戰勝而天下曰善，非善之善者也。

爭鋒者〔註154〕**也。**

故舉秋毫不爲多力，見日月不爲明目，聞雷霆不爲聰耳。

易見聞也。〔註155〕

古之所謂善戰者，勝於易勝者也。

原微〔註156〕**易勝，攻其可勝，不攻其不可勝**〔註157〕。

故善戰者之勝也，無智名，無勇功。

敵兵形未成，勝之無赫赫之功〔註158〕。

故其戰勝不忒。不忒者，其所措勝，勝已敗者也。

察敵必可敗，不差忒〔註159〕。

故善戰者，立於不敗之地，而不失敵之敗也。是故勝兵先勝而後求戰，敗兵先戰而後求勝。

有謀與無慮也。

善用兵者，修道而保法，故能爲勝敗之政。

善用兵者，先自修治，爲不可勝之道〔註160〕**，保法度，不失敵之敗亂也。**〔註161〕

兵法：一曰度，二曰量，三曰數，四曰稱，五曰勝。

勝敗之政，用兵之法，當以此五事稱量，知敵之情〔註162〕。

〔註154〕 《十一家注》本、談本、黃本、《漢魏叢書》本、王本、《彙解》本無「者」字。
〔註155〕 《彙解》本無此注及下注。
〔註156〕 《參同》本「微」作「其」。
〔註157〕 《十一家注》本、談本、黃本、《漢魏叢書》本、王本、《參同》本下有「也」字。
〔註158〕 《十一家注》本、談本、黃本、《漢魏叢書》本、王本下有「也」字。《參同》本無此注及下二注。《彙解》本此注作「戰勝而天下不知，何名功之有」。
〔註159〕 《十一家注》本、談本、黃本、《漢魏叢書》本、王本下有「也」字。《彙解》本無此注。
〔註160〕 《平津館叢書》本無「用」字、「自」字。《參同》本這三句作「先修，爲不可勝之道也」。
〔註161〕 《彙解》本此注作「法，法度也」。
〔註162〕 《參同》本「政」下有「者」字。《參同》本「情」下有「也」字。

地生度，

因地形勢而度之〔註163〕。

度生量，量生數，

知其遠近廣狹，知〔註164〕**其人數也。**

數生稱，

稱量己與〔註165〕**敵孰愈也。**

稱生勝，

稱量之，故知其勝負所在也〔註166〕。

故勝兵如以鎰稱銖，敗兵如以銖稱鎰。

輕不能舉重也。〔註167〕

勝者之戰，如決積水於千仞之谿者，形也。

八尺曰仞。決水千仞，其〔註168〕**勢疾也。**

兵勢第五

用兵任勢也。

孫子曰：凡治眾如治寡，分數是也。

部曲爲分，什伍爲數〔註169〕。

鬭眾如鬭寡，形名是也。

旌旗曰形，金鼓曰名〔註170〕。

三軍之眾，可使必受敵而無敗者，奇正是也。

〔註163〕《參同》本下有「也」字。《彙解》本無此注及下二注。
〔註164〕《參同》本「知」作「如」。
〔註165〕《十一家注》本、談本、黃本、《漢魏叢書》本、王本無「己與」二字。
〔註166〕《十一家注》本、談本、黃本、《漢魏叢書》本、王本、《彙解》本「故」作
　　　　「數」，無「也」字。
〔註167〕《彙解》本無此注及下五注。
〔註168〕《十一家注》本、談本、黃本、《漢魏叢書》本、王本下有「高」字。
〔註169〕《參同》本下有「也」字。
〔註170〕《參同》本下有「也」字。

先出合戰爲正，後出爲奇〔註171〕。

兵之所加，如以碫投卵者，虛實是也。

以至實擊至虛也〔註172〕。

凡戰者，以正合，以奇勝。

正者當敵，奇兵從旁擊不備〔註173〕也。

故善出奇者，無窮如天地，不竭如江海。終而復始，日月是也。死而更生，四時是也。聲不過五，五聲之變，不可勝聽也。色不過五，五色之變，不可勝觀也。味不過五，五味之變，不可勝嘗也。

自無窮如天地已下，皆以喻〔註174〕奇正之無窮也。〔註175〕

戰勢不過奇正，奇正之變，不可勝窮也。奇正相生，如循環之無端，孰能窮之哉？激水之疾，至於漂石者，勢也。鷙鳥之疾，至於毀折者，節也。

發起擊敵也〔註176〕。

故善戰者，其勢險，

險，猶疾也。〔註177〕

其節短，

短，近也。〔註178〕

勢如彉弩，節如發機。

在度不遠，發則中也。〔註179〕

〔註171〕《參同》本下有「也」字。
〔註172〕《十一家注》本、談本、黃本、《漢魏叢書》本、王本、《彙解》本無「也」字。《參同》本無此注。
〔註173〕王本「旁」作「傍」。《彙解》本「備」作「避」。
〔註174〕《平津館叢書》本、日本無「以」前九字。《參同》本「喻」前數字作「五聲等」。
〔註175〕日本「無」簡作「无」。《彙解》本無此注及下三注。
〔註176〕《十一家注》本、談本、黃本、《漢魏叢書》本、王本無「也」字，王本加批註：「擊──討。」
〔註177〕《平津館叢書》本、日本、《參同》本無「猶」字。《參同》本下有「或曰：勢險，其勢險峻，不可阻過也」數句。
〔註178〕《參同》本下有「或曰：節短，其節短促，不可預備也」數句。
〔註179〕《參同》本無此注。

紛紛紜紜，鬭亂而不可亂。

旌旗亂也。示敵若亂，以金鼓齊之。 〔註180〕

渾渾沌沌，形圓而不可敗。

車 〔註181〕 **騎轉也。形圓者** 〔註182〕 **，出入有道齊整也。**

亂生於治，怯生於勇，弱生於強。

皆毀形匿情也。

治亂，數也。

以部曲分名數為之，故不可亂也。 〔註183〕

勇怯，勢也。強弱，形也。

形勢所宜 〔註184〕 **。**

故善動敵者，形之，敵必從之；

見贏形 〔註185〕 **也。**

予之，敵必取之。

以利誘敵，敵 〔註186〕 **遠離其壘，而以便勢** 〔註187〕 **擊其空虛孤特也。**

以利動之，以本待之。

以利動敵也。 〔註188〕

故善戰者，求之於勢，不責於民，故能擇人而任勢。

求之於勢者，專任權也。不責於人者，權變明也。 〔註189〕

〔註180〕《平津館叢書》本、日本、《參同》本此注作「亂旌旗以示敵，以金鼓齊之也」。《彙解》本無此注及下注。

〔註181〕《平津館叢書》本「車」作「卒」。

〔註182〕談本、黃本此二句並作「卒騎轉而形圓者」。左本作「車騎轉也。形圓者齊整，出入有道也」。

〔註183〕《長恩書室叢書》本、左本、日本、《參同》本無「曲」字。《十一家注》、談本、黃本、《漢魏叢書》本、王本無「可」字。《彙解》本無此注及下注。

〔註184〕《參同》本下有「也」字。

〔註185〕《參同》本「贏形」作「形勢」。

〔註186〕《參同》本、《彙解》本第一個「敵」下有「人」字，無第二個「敵」字。

〔註187〕《參同》本、《彙解》本「便勢」作「精銳」。

〔註188〕《參同》本無此注。《彙解》本無此注及下七注。

〔註189〕《平津館叢書》本、日本、《參同》本此注僅有「專任權也」句。

任勢者，其戰人也，如轉木石。木石之性，安則靜，危則動，方則止，圓則行。

任自然，勢也。〔註190〕

故善戰人之勢，如轉圓石於千仞之山者，勢也。

虛實第六

能虛實彼己也。

孫子曰：凡先處戰地而待敵者佚，

力有餘也。〔註191〕

後處戰地而趨戰者勞。故善戰者，致人而不致於人。能使敵人自至者，利之也。

誘之以利〔註192〕。

能使敵人不得至者，害之也。

出其所必趨，攻其所必救。〔註193〕

故敵佚能勞之，

以事煩之〔註194〕。

飽能飢之，

絕其糧道〔註195〕。

安能動之。

攻其所愛，出其必趨，敵〔註196〕**不得不救也**〔註197〕。

〔註190〕《參同》本無此注。
〔註191〕《參同》本此注作「則力有餘」。
〔註192〕《十一家注》本、談本、黃本、《漢魏叢書》本、王本下有「也」字。
〔註193〕《參同》本「救」作「敵也」。王本加批註：「出（至）；趨（走）；救（敗）。」
〔註194〕《參同》本下有「也」字。
〔註195〕《十一家注》本此注作「絕糧道以饑之」，黃本、《彙解》本此注作「絕糧道以飢之」。《參同》本下有「也」字。
〔註196〕日本「其」下有「所」字。《長恩書室叢書》本、《參同》本「敵」上有「使」字。
〔註197〕《十一家注》本、談本、黃本、《漢魏叢書》本、王本、《彙解》本此注作「攻

出其所不趨，趨其所不意。

使敵不得相往而救之也。〔註198〕

行千里而不勞者，行於無人之地也。

出空擊虛，擊〔註199〕**其不意**〔註200〕。

攻而必取者，攻其所不守也。守而必固者，守其所不攻也。故善攻者，敵不知其所守；善守者，敵不知其所攻。

情不泄也。

微乎微乎，至於無形；神乎神乎，至於無聲，故能爲敵之司命。進而不可禦者，衝其虛也。退而不可追者，遠而不可及也。

卒往進攻其虛懈，退又疾也。〔註201〕

故我欲戰，敵雖高壘深溝，不得不與我戰者，攻其所必救也。

絕糧道，守歸路，而攻其君主也〔註202〕。

我不欲戰，雖畫地而守之，

軍不欲煩〔註203〕。

敵不得不與我戰者，乖其所之也。

乖，戾也〔註204〕。**戾其道，示以利害，使敵疑也。**

故形人而我無形，則我專而敵分。我專爲一，敵分爲十，是以十攻其一也，則我眾敵寡。能以眾擊寡，則吾之所與戰者約矣。吾所與戰之地不可知，不可知則敵所備者多；敵所備者多，則吾所與戰者寡矣。

其所必愛，出其所必趨，則使敵不得不相救也」。

〔註198〕《平津館叢書》本、日本無此注。

〔註199〕《十一家注》本、談本、黃本、《漢魏叢書》本、王本「擊」前有「避其所守」四字。左本二「擊」作「車」。

〔註200〕《參同》本下有「也」字。《彙解》本此注作「出空擊虛也」。

〔註201〕《彙解》本無此注及下三注。

〔註202〕《十一家注》本、談本、黃本、《漢魏叢書》本、王本此注作「絕其糧道，守其歸路，攻其君主也」。左本此注作「絕糧道，截歸，亂其君主也」。

〔註203〕《十一家注》本、談本、黃本、《漢魏叢書》本、王本下有「也」字。《參同》本無此注。

〔註204〕《參同》本無「戾也」二字。

形藏敵疑，則分離其衆備我也，言少而易擊也〔註205〕。

故備前則後寡，備後則前寡，備左則右寡，備右則左寡，無所不備者則無所不寡。寡者，備人者也。衆者，使人備己者也。故知戰之地，知戰之日，則可千里而會戰。

以度量知空虛、會戰之日〔註206〕。

不知戰地，不知戰日，則左不能救右，右不能救左，前不能救後，後不能救前，而況遠者數十里，近者數里乎？以吾度之，越人之兵雖多，亦奚益於勝哉！

越人相聚，紛然無知也。或曰：吳、越讎國也。〔註207〕

故曰：勝可爲也，敵雖衆，可使無鬭。故策之而知得失之計，作之而知動靜之理，形之而知死生之地，角之而知有餘不足之處。

角，量也。

故形兵之極，至於無形。無形，則深間不能窺，智者不能謀。因形而措勝於衆，衆不能知。

因敵形而立勝〔註208〕。

人皆知我所以勝之形，而莫知吾所以制勝之形，

不以一形之勝勝〔註209〕**萬形。或曰：不備知也。**〔註210〕**故制勝者，人皆知吾所以勝，莫知吾因敵形而制勝也。**〔註211〕

故其戰勝不復，而應形於無窮。

〔註205〕《平津館叢書》本、日本、《參同》本無此注。
〔註206〕《參同》本下有「也」字。《彙解》本無此注及下二注。
〔註207〕《平津館叢書》本此注僅有「吳越讎國也」五字。日本此注作「吳越雙國也」。《參同》本無此注及下注。
〔註208〕《參同》本下有「也」字。
〔註209〕《平津館叢書》本、日本無「之」字，無第二個「勝」字。
〔註210〕《平津館叢書》本、日本無「或曰：不備知也」句。
〔註211〕《十一家注》本、談本、黃本、《漢魏叢書》本、王本此注作「不以一形之勝萬形。或曰：不備知也。制勝者，人皆知吾所以勝，莫知吾因敵形制勝也」。《參同》本此注作「制勝者，人皆知吾所以勝，莫知吾因敵形而制勝也，非以一形之勝萬形也」。《彙解》本此注作「制勝者，人皆知吾所以勝，莫知吾因敵形制勝也」。

不重複，動而應之也。〔註212〕

夫兵形象水，水之行，避高而趨下；兵之形，避實而擊虛。水因地而制流，兵因敵而制勝。故兵無成勢，水無常形，能因敵變化而取勝者，謂之神。

勢盛必衰，形露必敗，故能〔註213〕**因敵變化，取勝若神**〔註214〕。

故五行無常勝，四時無常位，日有短長，月有死生。

兵無常勢，盈縮隨敵〔註215〕。

軍爭第七

兩軍爭勝。〔註216〕

孫子曰：凡用兵之法：將受命於君，合軍聚眾，

聚國人，結行伍，選部曲，起營陳也〔註217〕。

交和而舍，

軍門爲和門，左右門〔註218〕**爲旌**〔註219〕**門，以車爲營曰轅門，以人爲營曰人門，兩軍相對爲交和**〔註220〕。

莫難於軍爭。

從始受命至於交和，軍爭爲〔註221〕**難也。**

軍爭之難者，以迂爲直，以患爲利。

示以遠，邇〔註222〕**其道里，先敵至也**〔註223〕。

〔註212〕《彙解》本無此注及下三注。

〔註213〕《參同》本「故能」作「則」。

〔註214〕《參同》本「取」前有「則」字，末有「也」字。

〔註215〕《參同》本下有「也」字。

〔註216〕《參同》本無此注。

〔註217〕《十一家注》本、談本、黃本、《漢魏叢書》本、王本、《彙解》本此句作「起營爲軍陳」。

〔註218〕《長恩書室叢書》本、日本、《參同》本無「門」字。

〔註219〕《十一家注》本、談本、黃本、《漢魏叢書》本、王本、日本、《參同》本「旌」作「旗」。

〔註220〕《參同》本下有「也」字。《彙解》本無此注及下四注。

〔註221〕《十一家注》本、談本、黃本、《漢魏叢書》本、王本無「爲」字。

〔註222〕日本「邇」簡作「迩」。《參同》本「邇」作「近」。

故迂其途，

迂其途者，示之遠也。〔註224〕

而誘之以利，後人發，先人至，

明於度數，先知遠近之計〔註225〕。

此知迂直之計者也。軍爭爲利，眾爭爲危。

善者則以利，不善者〔註226〕**則以危**〔註227〕。

舉軍而爭利則不及；

遲不及也。〔註228〕

委軍而爭利則輜重捐。

置輜重，則恐捐棄也。

是故卷甲而趨，日夜不處，

不得休息，罷也。〔註229〕

倍道兼行，百里而爭利，則擒三將軍，勁者先，疲者後，其法十一而至。

百里〔註230〕**爭利，非也，三將軍皆以爲擒。**

五十里而爭利，則蹶上將軍，其法半至。

蹶，猶挫也。

三十里而爭利，則三分之二至。

道近至〔註231〕**者多，故無死敗**〔註232〕。

〔註223〕《十一家注》本、談本、黃本、《漢魏叢書》本、王本此注作「示以遠，速其
　　　　道里，先敵至也」。
〔註224〕左本無此注。
〔註225〕《十一家注》本、談本、黃本、《漢魏叢書》本、王本、《參同》本下有「也」
　　　　字。
〔註226〕《彙解》本無「者」字。
〔註227〕《參同》本下有「也」字。
〔註228〕《參同》本無此注及下六注。《彙解》本無此注及下五注。
〔註229〕《平津館叢書》本、日本無「罷也」二字。
〔註230〕《十一家注》本、談本、黃本、《漢魏叢書》本、王本下有「而」字。
〔註231〕日本「至」前有「而」字。
〔註232〕《十一家注》本、談本、黃本、《漢魏叢書》本、王本下有「也」字。

是故軍無輜重則亡，無糧食則亡，無委積則亡。

無此三者，亡之道也。

故不知諸侯之謀者，不能豫交；

不知敵情謀〔註233〕者，不能結交也〔註234〕。

不知山林、險阻、沮澤之形者，不能行軍；

高而崇者〔註235〕爲山，衆樹所〔註236〕聚者爲林，坑塹〔註237〕者爲險，一高一下者爲阻，水草漸洳者爲沮，衆水所歸而不流者爲澤。不先知軍之所據及山川之形者，則不能行師也。〔註238〕

不用鄉導者，不能得地利。故兵以詐立，以利動，以分合爲變者也。

兵〔註239〕一分一合，以敵爲變〔註240〕。

故其疾如風，

擊空虛也。

其徐如林，

不見利也。〔註241〕

侵掠如火，

疾也。

不動如山，

守也。

難知如陰，動如雷震。掠鄉分衆，

〔註233〕《平津館叢書》本、日本、《參同》本無「謀」字。

〔註234〕《平津館叢書》本、日本無「也」字。

〔註235〕左本「崇者」作「險阻」。

〔註236〕《平津館叢書》本、日本無「所」字。

〔註237〕日本「塹」作「漸」。

〔註238〕《平津館叢書》本、日本無「澤」下兩句。王本加批註：「坑塹——堆；漸洳——坑塹。」《參同》本此注作「坑塹爲險，一高一下爲阻，水草漸洳爲沮，衆水所歸而不流爲澤」。《彙解》本無此注及下注。

〔註239〕《參同》本無「兵」字。

〔註240〕《十一家注》本、談本、黃本、《漢魏叢書》本、王本下有「也」字。

〔註241〕《彙解》本無此注及下四注。

因敵而制勝也〔註242〕。

廓地分利，

廣地以分敵利〔註243〕。

懸權而動，

量敵而動〔註244〕。

先知迂直之計者勝，此軍爭之法也。《軍政》曰：「言不相聞，故爲之金鼓。視不相見，故爲之旌旗。」夫金鼓旌旗者，所以一人之耳目也。人既專一，則勇者不得獨進，怯者不得獨退，此用眾之法也。故夜戰多火鼓，晝戰多旌旗。所以變人耳目也。三軍可奪氣，

左氏言「一鼓作氣，再而衰，三而竭」。〔註245〕

將軍可奪心。是故朝氣銳，晝氣惰，暮氣歸。善用兵者，避其銳氣，擊其惰歸，此治氣者也。以治待亂，以靜待譁，此治心者也。以近待遠，以佚待勞，以飽待飢，此治力者也。無邀正正之旗，勿擊堂堂之陳，此治變者也。

正正者，齊也〔註246〕。**堂堂者**〔註247〕，**大**〔註248〕**也。**〔註249〕

故用兵之法，高陵勿向，背丘勿逆，佯北勿從，銳卒勿攻，餌兵勿食，歸師勿遏，圍師必闕，

《司馬法》曰：「圍其三面，闕〔註250〕**其一面，所以示生路也。」**

窮寇勿迫，此用兵之法也。

〔註242〕《平津館叢書》本、日本無「而」、「也」字。《參同》本無「而」字。

〔註243〕《參同》本下有「也」字。《十一家注》本、談本、黃本、《漢魏叢書》本、王本此注作「分敵利也」。

〔註244〕《十一家注》本、談本、黃本、《漢魏叢書》本、王本、《參同》本、《彙解》本下有「也」字。

〔註245〕《平津館叢書》本、日本、《參同》本無此注。《彙解》本無此注及下九注。

〔註246〕《長恩書室叢書》本、左本、日本、《參同》本此句作「正正，整齊也」。

〔註247〕《十一家注》本、談本、黃本、《漢魏叢書》本、王本、《參同》本無二「者」字。

〔註248〕《參同》本「大」前有「尊」字。

〔註249〕王本加批註：「補『整』、『盛』。」

〔註250〕《參同》本「闕」作「缺」。

九變第八

變其正，得其所用有九〔註251〕。

孫子曰：凡用兵之法，將受命於君，合軍聚眾，圮地無舍，

無所依也。水毀曰圮。〔註252〕

衢地合交，

結諸侯也。衢地，四通之地〔註253〕。

絕地無留，

無久止也。

圍地則謀，

發奇謀也。

死地則戰。

殊死戰也。

途有所不由，

隘難之地，所不當從，不得已從之，故爲變。〔註254〕

軍有所不擊，

軍雖可擊，以地險難，久〔註255〕**留之失前利，若得之則利薄，困窮之兵，必死戰也。**〔註256〕

城有所不攻，

城小而固，糧饒〔註257〕**，不可攻**〔註258〕**。操所以置華、費而深入**

〔註251〕《參同》本下有「也」字。《十一家注》本、談本、黃本、《漢魏叢書》本、王本「有九」作「九也」。

〔註252〕《參同》本此注二句乙。

〔註253〕《十一家注》本、談本、黃本、《漢魏叢書》本、王本無「衢地，四通之地」。《參同》本此注作「四通之地，結諸侯也」。

〔註254〕《平津館叢書》本、日本無後二句。王本加批註：「隘——扼。」《參同》本此注作「隘難之地，所不當從也」。

〔註255〕《平津館叢書》本、日本、《參同》本無「久」字。

〔註256〕《彙解》本此注作「困窮之兵，必死戰也」。

〔註257〕《參同》本此六字作「城雖小而國糧饒」。

〔註258〕《十一家注》本、談本、黃本、《漢魏叢書》本、王本下有「也」字。

〔註259〕**徐州，得十四縣也。**〔註260〕

地有所不爭，

小利之地方爭，得而失之則不爭也。〔註261〕

君命有所不受。

苟便於事，不拘於君命也。〔註262〕

故將通於九變之利者，知用兵矣。將不通九變之利，雖知地形，不能得地之利矣。治兵不知九變之術，雖知五利，不能得人之用矣。

謂下五事也。九變，一云五變。〔註263〕

是故智者之慮，必雜於利害。

在利思害，在害思利。當難行權也。〔註264〕

雜於利故務可信也，

計敵不能依五地爲我害，所務可信也。〔註265〕

雜於害而患可解也。

既雜〔註266〕**於利，則亦計於害，雖有患可解也。**〔註267〕

是故屈諸侯者以害，

害其所惡也。〔註268〕

役諸侯者以業，

〔註259〕《漢魏叢書》本、王本「深入」作「得」。

〔註260〕《彙解》本無此注及下注。

〔註261〕《平津館叢書》本、日本、《參同》本無此注。王本加批註：「方——可；『失』前補『易』；刪第二『之』字。」

〔註262〕《平津館叢書》本、日本、《參同》本無此注。

〔註263〕《平津館叢書》本、日本、《參同》本此注作「謂下五事」。《彙解》本無此注及下二注。

〔註264〕《平津館叢書》本、日本、《參同》本無末句。《參同》本「利」下有「也」字。

〔註265〕《平津館叢書》本、日本無此注。《參同》本無此注及下四注。

〔註266〕《十一家注》本、談本、黃本、《漢魏叢書》本、王本、《彙解》本「雜」作「參」。

〔註267〕《平津館叢書》本、日本無此注。

〔註268〕《彙解》本無此注及下注。

業，事也。使其煩勞，若彼入我出，彼出我入也。

趨諸侯者以利。

令自來也。

故用兵之法，無恃其不來，恃吾有以待之；無恃其不攻，恃吾有所不可攻也。

安不忘危，常設備也。〔註269〕

故將有五危：必死可殺，

勇無慮也〔註270〕，**必欲死鬭，不可曲撓，可以奇伏中之。**〔註271〕

必生可虜，

見利畏怯〔註272〕**不進**〔註273〕**。**

忿速可侮，

疾急之人，可忿〔註274〕**怒侮而致之也。**〔註275〕

廉潔可辱，

廉潔之人，可污辱而致之〔註276〕**。**

愛民可煩。

出其所必趨。愛民者，必倍道兼行以救〔註277〕**之，則**〔註278〕**煩勞也。**

〔註269〕 《平津館叢書》本、日本、《參同》本、《彙解》本無此注。

〔註270〕 《十一家注》本、談本、黃本、《漢魏叢書》本、王本、《彙解》本此句作「勇而無慮」。

〔註271〕 《參同》本此注作「勇無慮也」。《平津館叢書》本、日本無後三句。

〔註272〕 《十一家注》本、談本、黃本、《漢魏叢書》本、王本「怯」作「法」。

〔註273〕 《十一家注》本、談本、黃本、《漢魏叢書》本、王本下有「也」字。《參同》本、《彙解》本無此注。

〔註274〕 《平津館叢書》本、日本「忿」字在「疾」字前。《參同》本此注作「忿急之人，可怒侮而致之」。

〔註275〕 左本此注作「忿怒疾急之可侮而致之」。

〔註276〕 《十一家注》本、談本、黃本此句無「而」後有「也」字。《參同》本「可」下有「以」字，無「而」字。王本下有「也」字。王本加批註：「第二『之』——死。」《彙解》本無此注及下八注。

〔註277〕 《十一家注》本、談本、黃本、《漢魏叢書》本、王本「必」上有「則」字，左本「救」作「敵」。

〔註278〕 《十一家注》本、談本、黃本、《漢魏叢書》本、王本「則」上有「救之」二字。

凡此五者，將之過也，用兵之災也。覆軍殺將，必以五危，不可不察也。

行軍第九

擇便利而行也。〔註279〕

孫子曰：凡處軍相敵，絕山依谷，

近水草便利〔註280〕**也。**

視生處高，

生者〔註281〕**，陽也。**

戰降無登：

無迎高也。

此處山之軍也。絕水必遠水；

引敵使渡〔註282〕**。**

客絕水而來，勿迎之於水內，令半渡而擊之，利；

半渡勢不併，故可敗〔註283〕**。**

欲戰者，無附於水而迎客；

附，近也。

視生處高，

水上亦〔註284〕**當處其高**〔註285〕**。前向水，後當**〔註286〕**依高而處**〔註287〕**。**

〔註279〕王本無此注。

〔註280〕《十一家注》本、談本、黃本、《漢魏叢書》本、王本「便利」乙作「利便」。

〔註281〕《平津館叢書》本、日本、《參同》本「生」下無「者」字。

〔註282〕《參同》本下有「也」字。

〔註283〕《十一家注》本、談本、黃本、《漢魏叢書》本、王本無此注。《參同》本此注作「半渡，勢不併攻，可敗也」。

〔註284〕《平津館叢書》本、日本、《參同》本無「亦」字。

〔註285〕《十一家注》本、談本、黃本、《漢魏叢書》本、王本、《彙解》下有「也」字。

〔註286〕《平津館叢書》本、日本、《參同》本無「當」字。

〔註287〕《十一家注》本、談本、黃本、《漢魏叢書》本、王本、《彙解》本「處」下有「之」字，《參同》本下有「也」字。

無迎水流，

恐溉我也。

此處水上之軍也。絕斥澤，唯亟去無留；若交軍於斥澤之中，必依水草而背眾樹，

不得已與敵會於斥澤之〔註288〕**中。**〔註289〕

此處斥澤之軍也。平陸處易，

車騎之利〔註290〕。

右背高，前死後生，

戰便也。〔註291〕

此處平陸之軍也。凡四軍之利，黃帝之所以勝四帝也。

黃帝始立，四方諸侯亦〔註292〕**稱帝，以此四地勝之**〔註293〕。

凡軍好高而惡下，貴陽而賤陰，養生處實，軍無百疾，是謂必勝。

恃滿實也〔註294〕，**養生向水草，可放**〔註295〕**牧養畜乘。實，猶高也。**〔註296〕

丘陵隄防，必處其陽，而右背之。此兵之利，地之助也。上雨水沫至，欲涉者，待其定也。

恐半渡〔註297〕**而水遽漲也。**

〔註288〕日本「與」作「去」。《十一家注》本、談本、黃本、《漢魏叢書》本、王本無「之」字。

〔註289〕《參同》本、《彙解》本無此注。

〔註290〕《十一家注》本、談本、黃本、《漢魏叢書》本、王本、《參同》本、《彙解》本下有「也」字。王本有批註：「車——軍；刪『騎』。」

〔註291〕《彙解》本無此注及下注。

〔註292〕《十一家注》本、談本、黃本、《漢魏叢書》本、王本「亦」作「無不」。

〔註293〕《十一家注》本、談本、黃本、《漢魏叢書》本、王本下有「也」字。《參同》本無此注。

〔註294〕《長恩書室叢書》本無「也」字。

〔註295〕《長恩書室叢書》本「放」作「攺」。

〔註296〕《平津館叢書》本、日本、《參同》本此注作「恃實滿，向水草放牧也」。

〔註297〕《十一家注》本、談本、黃本、《漢魏叢書》本、王本、《彙解》本「渡」作「涉」。

凡地有絕澗、天井、天牢、天羅、天陷、天隙，必亟去之，勿近也。

山水深大〔註298〕者爲絕澗。四〔註299〕方高、中央下者〔註300〕爲天井。深山所過若蒙籠者爲天牢。可以羅絕人者爲天羅。地形陷者爲天陷。山〔註301〕澗道迫狹、地形深數尺、長〔註302〕數丈者爲天隙。

吾遠之，敵近之。吾迎之，敵背之。

用兵常〔註303〕遠六害，令〔註304〕敵近背之，則我利敵凶。〔註305〕

軍旁有險阻、潢井、蒹葭、林木蘙薈者，必謹覆索之，此伏姦之所也。

險者，一高一下之地。阻者，多水也〔註306〕。潢者，池也。井者，下也。蒹葭〔註307〕者，衆草所聚也〔註308〕。林木〔註309〕者，衆木所居也。蘙薈者，可以屏蔽之處也。此以上論地形〔註310〕，以下相敵情也。

近而靜者，恃其險也。遠而挑戰者，欲人之進者。其所居易者，利也。

所居利也。〔註311〕

衆樹動者，來也；

斬伐樹木，除道進來，故動〔註312〕。

衆草多障者，疑也。

結草爲障，欲使我疑〔註313〕。

〔註298〕《十一家注》本、談本、黃本、《漢魏叢書》本、王本、《彙解》本作「山深水大」。

〔註299〕《十一家注》本、談本、黃本、《漢魏叢書》本、王本「四」作「中」。

〔註300〕《十一家注》本、談本、黃本、《漢魏叢書》本、王本無「者」字。

〔註301〕《平津館叢書》本、日本、《參同》本無「山」字。

〔註302〕《平津館叢書》本、日本、《參同》本無「地形」、「數尺、長」幾字。

〔註303〕日本「常」作「當」。

〔註304〕《漢魏叢書》本「令」作「今」，王本加批註：「今——令。」

〔註305〕《彙解》本無此注及下九注。

〔註306〕王本加批註：「多——雨；『水』下補『地』字。」

〔註307〕《十一家注》本、黃本、《漢魏叢書》本、王本作「葭葦」。

〔註308〕《十一家注》本、談本、黃本、《漢魏叢書》本、王本無「也」字。

〔註309〕《十一家注》本、談本、黃本、《漢魏叢書》本、王本「林木」作「山林」。

〔註310〕《十一家注》本、談本、黃本、《漢魏叢書》本、王本下有「也」字。

〔註311〕《平津館叢書》本、日本、《參同》本無此注。

〔註312〕《平津館叢書》本、日本、《參同》本後四字作「也」。

〔註313〕《參同》本下有「也」字。

鳥起者，伏也。

鳥起其上〔註314〕**，下有伏兵。**〔註315〕

獸駭者，覆也。

敵廣陳張翼，來覆我也。

塵高而銳者，車來也。卑而廣者，徒來也。散而條達者，樵採也。少而往來者，營軍也。辭卑而益備者，進也。

其使來辭卑〔註316〕**，使間視之，敵人增**〔註317〕**備也。**

辭強而進驅者，退也。

詭〔註318〕**詐也。**

輕車先出居其側者，陳也。

陳兵欲戰也。

無約而請和者，謀也〔註319〕。奔走而陳兵者，期也。半進半退者，誘也。杖而立者，飢也。汲而先飲者，渴也。見利而不進者，勞也。

士卒〔註320〕**疲**〔註321〕**勞也。**〔註322〕

鳥集者，虛也。夜呼者，恐也。

軍士夜呼，將不勇也。

軍擾者，將不重也。旌旗動者，亂也。吏怒者，倦也。殺馬肉食者，軍無糧也。懸甄不返其舍者，窮寇也。諄諄翕翕，徐與言人者，失眾也。

諄諄，語皃；翕翕〔註323〕**，失志皃。**〔註324〕

〔註314〕《平津館叢書》、日本無此句。

〔註315〕《參同》本此注作「下有伏兵也」。

〔註316〕《十一家注》本、談本、黃本、《漢魏叢書》本、王本「辭卑」乙作「卑辭」。

〔註317〕《參同》本「增」作「皆」。

〔註318〕《參同》本「詭」作「設」。

〔註319〕黃本下有注「無質盟之約請和者，必有謀於人，田單詐騎結紀信誑項羽，即其義也」。《十一家注》本、談本此爲李筌注。

〔註320〕《十一家注》本、談本、黃本、《漢魏叢書》本、王本、《彙解》本下有「之」字。

〔註321〕日本「疲」作「攻」。

〔註322〕《參同》本此注作「士卒勤勞也」。

〔註323〕《平津館叢書》本、日本、《參同》本「翕翕」作「諭諭」。

數賞者，窘也。數罰者，困也。先暴而後畏其眾者，不精之至也。

先輕敵，後聞其眾，則〔註325〕**心惡之也。**

來委謝者，欲休息也。兵怒而相迎，久而不合，又不相去，必謹察之。

備奇〔註326〕**伏也。**

兵非貴益多，

權力均也。一云：兵非貴益多。〔註327〕

雖無武進，

未見便也。

足以併力、料敵、取人而已。

廝養足也。

夫唯無慮而易敵者，必擒於人。卒未親附而罰之，則不服，不服則難用。卒已親附而罰不行，則不可用。

恩信已洽，若無刑罰，則驕惰難用也。〔註328〕

故令之以文，齊之以武，

文，仁也。武，法也。〔註329〕

是謂必取。令素行以教其民，則民服。令不素行以教其民，則民不服。令素行者，與眾相得也。

地形第十

欲戰，審〔註330〕**地形以立勝也。**

孫子曰：地形有通者，有掛者，有支者，有隘者，有險者，有遠者。

〔註324〕《彙解》本無此注及下二注。
〔註325〕《參同》本無「則」字。
〔註326〕《參同》本「奇」作「其」。
〔註327〕《平津館叢書》本、日本、《參同》本、《彙解》本此注只有「權力均也」句。
　　　　《十一家注》本、談本、黃本、《漢魏叢書》本、王本無「也」字。
〔註328〕《漢魏叢書》本「刑」作「行」。談本、黃本、《漢魏叢書》本、王本「惰」
　　　　作「情」。王本加批註：「情——惰，臆改。」左本、日本、《參同》本無此注。
〔註329〕《參同》本無此注。
〔註330〕《參同》本「審」前有「先」字。

此六者，地之形也。〔註331〕

我可以往，彼可以來，曰通。通形者，先居高陽，利糧道，以戰則利。

寧致人，無致於人〔註332〕。

可以往，難以返，曰掛。掛形者，敵無備，出而勝之；敵若有備，出而不勝，難以返，不利。我出而不利，彼出而不利，曰支。支形者，敵雖利我，我無出也；引而去之，令敵半出而擊之，利。隘形者，我先居之，必盈之以待敵；若敵先居之，盈而勿從，不盈而從之。

隘形者〔註333〕**，兩山之**〔註334〕**間通谷也，敵勢不得撓我也**〔註335〕。我先居之，必前齊隘口，陳而守之，以出奇也〔註336〕。敵若先居此地〔註337〕，齊〔註338〕口陳，勿從也。即半隘陳者，從之，而與敵共此利也〔註339〕。

險形者，我先居之，必居高陽以待敵；若敵先居之，引而去之，勿從也。

地〔註340〕**險隘，尤不可致於人**〔註341〕。

遠形者，勢均難以挑戰，戰而不利。

挑戰者，延敵也。〔註342〕

凡此六者，地之道也，將之至任，不可不察也。故兵有走者，有弛者，有陷者，有崩者，有亂者，有北者。凡此六者，非天之所災，將之過也。夫勢均以一擊十，曰走。

不料力也〔註343〕。

〔註331〕《參同》本無此注。《彙解》本無此注及下注。
〔註332〕《參同》本下有「也」字。
〔註333〕《平津館叢書》本、日本無「形者」二字。
〔註334〕《十一家注》本、黃本、《漢魏叢書》本、王本、《彙解》本無「之」字。王本加批註：「『山』下補『之』字；『勢』前補『怒』字。」
〔註335〕《參同》本「我也」作「戰」。
〔註336〕《參同》本無「也」字。
〔註337〕《彙解》本無「地」字。
〔註338〕日本、《彙解》本「齊」下有「隘」字。
〔註339〕《參同》本「也」作「可矣」。
〔註340〕《十一家注》本、談本、黃本、《漢魏叢書》本、王本下有「形」字。
〔註341〕《參同》本下有「也」字。《彙解》本無此注及下二注。
〔註342〕《參同》本此注作「挑戰，迎敵也」。
〔註343〕《十一家注》本、談本、黃本、《漢魏叢書》本、王本無「也」字。

卒強吏弱，曰弛。

吏不能統卒〔註344〕，故弛壞〔註345〕。

吏強卒弱，曰陷。

吏強欲進，卒弱輒陷敗〔註346〕也。

大吏怒而不服，遇敵懟而自戰，將不知其能，曰崩。

大吏，小將也。大〔註347〕將怒之心〔註348〕不猒〔註349〕服〔註350〕，忿而赴敵，不量輕重，則必〔註351〕崩壞〔註352〕。

將弱不嚴，教道不明，吏卒無常，陣兵縱橫，曰亂。

爲將若此〔註353〕，亂之道也。〔註354〕

將不能料敵，以少合眾，以弱擊強，兵無選鋒，曰北。

其勢若此，必〔註355〕走之兵也。

凡此六者，敗之道也，將之至任，不可不察也。夫地形者，兵之助也。料敵制勝，計險阨遠，上將之道也。知此而用戰者必勝，不知此而用戰者必敗。故戰道必勝，主曰無戰，必戰可也；戰道不勝，主曰必戰，無戰可也。故進不求名，退不避罪，唯民是保，而利於主，國之寶也。視卒如嬰兒，故可與之赴深谿。視卒如愛子，故可與之俱死。愛而不能令，厚而不能使，亂而不能治，譬如驕子，不可用也。

恩〔註356〕不可專用，罰不可獨任。若驕子之喜怒對目，還害而不

〔註344〕《十一家注》本、談本、黃本、《漢魏叢書》本、王本無「卒」字。
〔註345〕《參同》本、《彙解》本下有「也」字。
〔註346〕《彙解》本「敗」作「沒」。
〔註347〕左本「大」作「夫」。
〔註348〕《十一家注》本、談本、黃本、《漢魏叢書》本、王本「心」作「而」。
〔註349〕左本「猒」作「肯」。
〔註350〕《參同》本、《彙解》本此句作「大將怒小將，小將心不厭服」。
〔註351〕《十一家注》本、黃本「必」作「心」。
〔註352〕《參同》本下有「也」字。
〔註353〕《長恩書室叢書》本「若此」作「之道」。
〔註354〕《參同》本無此注及下注。
〔註355〕日本「必」作「而」。
〔註356〕《長恩書室叢書》本「恩」作「思」。

可用也。〔註357〕

　　知吾卒之可以擊，而不知敵之不可擊，勝之半也。知敵之可擊，而不知吾卒之不可以擊，勝之半也。知敵之可擊，知吾卒之可以擊，而不知地形之不可以戰，勝之半也。

　　勝之半者，未可知也。〔註358〕

　　故知兵者，動而不迷，舉而不窮。故曰：知彼知己，勝乃不殆。知天知地，勝乃可全。

<h2 style="text-align:center">九地〔註359〕第十一</h2>

　　欲戰之地有九〔註360〕。

　　孫子曰：用兵之法，有散地，有輕地，有爭地，有交地，有衢地，有重地，有圮地，有圍地，有死地。

　　此九地之名也。〔註361〕

　　諸侯自戰其地者，爲散地。

　　士卒戀土，道近易散〔註362〕。

　　入人之地而不深者，爲輕地。

　　士卒皆輕返也。

　　我得亦利，彼得亦利者，爲爭地。

　　可以少勝衆、弱勝強〔註363〕。

　　我可以往，彼可以來者，爲交地。

　　道正〔註364〕**相交錯也。**

〔註357〕《平津館叢書》本、日本、《參同》本無後二句。《參同》本「任」下有「也」字。《彙解》本此注作「恩不可專用也」。

〔註358〕《平津館叢書》本、日本、《參同》本無此注。《彙解》本無此注及下二注。

〔註359〕《漢魏叢書》本《九地》作「九戰」。

〔註360〕《參同》本下有「也」字。

〔註361〕《平津館叢書》本、《參同》本無此注。

〔註362〕《參同》本下有「也」字。

〔註363〕日本、《參同》本「勝」作「擊」，《參同》本「強」下有「也」字。《彙解》本無此注及下注。

〔註364〕左本、《參同》本「正」作「裏」。

諸侯之地三屬，

我與敵相當，而旁有他國也。

先至而得天下之眾者，爲衢地。

先至得其國助也。〔註365〕

入人之地深，背城邑多者，爲重地。

難返之地。〔註366〕

山林、險阻、沮澤，凡難行之道者，爲圮地。

少固也。

所由入者隘，所從歸者迂，彼寡可以擊吾之眾者，爲圍地。疾戰則存，不疾戰則亡者，爲死地。

前有高山，後有大水，進則不得，退則有礙〔註367〕。

是故散地則無戰，輕地則無止，爭地則無攻，

不當攻，當先至爲利〔註368〕。

交地則無絕，

相及〔註369〕**屬也。**

衢地則合交，

結諸侯也。〔註370〕

重地則掠，

蓄積糧食〔註371〕。

圮地則行，

〔註365〕《彙解》本無此注。
〔註366〕《參同》本下有「也」字。王本加批註：「之地——還也。」
〔註367〕《參同》本下有「也」字。
〔註368〕《十一家注》本、談本、黃本、《漢魏叢書》本、王本、《參同》本、《彙解》本下有「也」字。
〔註369〕《參同》本「及」作「交」。
〔註370〕《彙解》本無此注及下六注。
〔註371〕《參同》本「蓄」作「蓋」。《十一家注》本、談本、黃本、《漢魏叢書》本、王本、《參同》本下有「也」字。

無稽留也。

圍地則謀，

發奇謀也。

死地則戰。

殊死 〔註372〕 **戰也。**

古之善用兵者，能使敵人前後不相及，衆寡不相恃，貴賤不相救，上下不相收，卒離而不集，兵合而不齊。合於利而動，不合於利而止。

暴之使離，亂之使不齊，動兵而戰 〔註373〕 。

敢問：敵衆整而將來，待之若何？

或人問之 〔註374〕 。

曰：先奪其所愛則聽矣。

奪其所恃之利。若先據利地，則我所欲必得也 〔註375〕 。

兵之情主速，乘人之不及，由不虞之道，攻其所不戒也。

孫子應難以覆陳兵情也。 〔註376〕

凡爲客之道：深入則專，主人不克，掠於饒野，三軍足食，謹養而勿勞，並氣積力，運兵計謀，爲不可測。

養士氣，並兵力 〔註377〕 ，**爲不可測度之計** 〔註378〕 。

投之無所往，死且不北，死焉不得，

士死安 〔註379〕 **不得也。**

〔註372〕談本、黃本「殊死」作「死地」。王本如文，加批註：「本作『死地戰也』，孫據《通典》改。」

〔註373〕《參同》本末句作「勒兵而戰也」。

〔註374〕《十一家注》本、談本、黃本、《漢魏叢書》本、王本此注作「或問也」。《參同》本無此注。

〔註375〕《參同》本、《彙解》本「利」下有「也」字，「也」作「矣」。

〔註376〕《平津館叢書》本、日本、《參同》本無此注。《彙解》本無此注及下二注。

〔註377〕《十一家注》本、談本、黃本、《漢魏叢書》本、王本這二句作「養士併氣運兵」。

〔註378〕《參同》本下有「也」字。

〔註379〕《參同》本「安」作「焉」。

士人盡力。

在難地心並也。

兵士甚陷則不懼，

士陷在死地，則意專不懼〔註380〕。

無所往則固，入深則拘，

拘，縛〔註381〕**也。**

不得已則鬥。

人窮則死戰〔註382〕**也。**

是故其兵不修而戒，不求而得，不約而親，不令而信，

不求索其意，而自得也〔註383〕。

禁祥去疑，至死無所之。

禁妖祥之言，去疑惑之計。一本作「至死無所災」。〔註384〕

吾士無餘財，非惡貨也；無餘命，非惡壽也。

皆焚燒物，非惡貨之多，棄財〔註385〕**致死，不得已也**〔註386〕。

令發之日，士卒坐者涕霑襟，偃臥者涕交頤。

皆持必死之計〔註387〕。

投之無所往，諸、劌之勇也。故善用兵者，譬如率然。率然者，常山之蛇也，擊其首則尾至，擊其尾則首至，擊其中則首尾俱至。敢問：可使如率然乎？曰：可。夫越人與吳人相惡也，當其同舟濟而遇風，其相救也如左右

〔註380〕《參同》本下有「也」字。《彙解》本無此注及下注。

〔註381〕《平津館叢書》本、日本、《參同》本「縛」作「專」。

〔註382〕《參同》本「戰」作「鬥」。

〔註383〕《十一家注》本、談本、黃本、《漢魏叢書》本、王本此句作「自得力也」。《彙解》本無此注及下注。

〔註384〕《平津館叢書》本、日本、《參同》本無後一句。

〔註385〕左本「財」作「物」。

〔註386〕《十一家注》本、談本、黃本、《漢魏叢書》本、王本此注作「皆燒焚財物，非惡貨之多也，棄財致死者，不得已也」。《彙解》本此注作「棄財致死者，不得已也」。《參同》本此注作「棄財致死，非得已也」。

〔註387〕《參同》本下有「也」字。

手。是故方馬埋輪，未足恃也；

　　方馬〔註388〕，**縛馬也。埋輪，恃**〔註389〕**不動也。此言專難不如權巧**〔註390〕**，故曰：雖**〔註391〕**方馬埋輪，不足恃也。**〔註392〕

齊勇若一，政之道也；剛柔皆得，地之理也。

　　強弱一〔註393〕**，勢也。**〔註394〕

故善用兵者，攜手若使一人，不得已也。

　　齊一兒〔註395〕**。**

將軍之事，靜以幽，正以治。

　　謂清淨幽深平正也〔註396〕**。**

能愚士卒之耳目，使之無知；

　　愚，誤也。民可與樂成，不可與慮始〔註397〕**。**

易其事，革其謀，使人無識；易其居，迂其途，使人不得慮。帥與之期，如登高去其梯。帥與之深入諸侯之地，而發其機。若驅羣羊，驅而往，驅而來，莫知所之。

　　一其心也。

聚三軍之眾，投之於險，

　　險，難也。〔註398〕

此將軍之事也。九地之變，屈伸之利，人情之理，不可不察也。

　　人情〔註399〕**見利而進，遭**〔註400〕**害而退**〔註401〕**。**

〔註388〕《十一家注》本、談本、黃本、《漢魏叢書》本、王本無「馬」字。
〔註389〕《十一家注》本、談本、黃本、《漢魏叢書》本、王本作「示」。
〔註390〕《參同》本下有「也」字，無其後數句。
〔註391〕談本、黃本、《漢魏叢書》本、王本「雖」作「設」。
〔註392〕《彙解》本此注作「言專難不如權巧，設方馬埋輪，不足恃也」。
〔註393〕《平津館叢書》本、日本無「一」字。
〔註394〕《參同》本無此注及下注。《彙解》本無此注及下七注。
〔註395〕《十一家注》本、談本、黃本、《漢魏叢書》本、王本下有「也」字。
〔註396〕《十一家注》本、談本、黃本、《漢魏叢書》本、王本無「也」字。
〔註397〕《參同》本此句作「難與慮始也」。
〔註398〕《參同》本無此注。
〔註399〕《參同》本下有「之理」二字。

　　凡爲客之道，深則專，淺則散。去國越境而師者，絕地也。四通者，衢地也。入深者，重地也。入淺者，輕地也。背固前隘者，圍地也。無所往者，死地也。是故散地吾將一其志，輕地吾將使之屬，

使相及〔註402〕**屬**。

爭地吾將趨其後，

利地〔註403〕**在前，當速進**〔註404〕**其後**〔註405〕。

交地吾將謹其守，衢地吾將固其結，重地吾將繼其食，

掠彼也。〔註406〕

圮地吾將進其途，

疾過去〔註407〕**也**。

圍地吾將塞其闕，

以一士心也。〔註408〕

死地吾將示之以不活。

勵士心〔註409〕**也**。〔註410〕

故兵之情，圍則禦，

相持禦也。

不得已則鬬，

〔註400〕《十一家注》本、談本、黃本、《漢魏叢書》本、王本、左本「遭」作「見」。
〔註401〕《參同》本此句作「遭難而退也」。
〔註402〕《平津館叢書》本、日本「及」作「交」。《參同》本此注作「使相交屬也」。
〔註403〕《平津館叢書》本、日本、《參同》本「利地」作「地利」。
〔註404〕左本「進」作「趨」。
〔註405〕《十一家注》本、談本、黃本、《漢魏叢書》本、王本、《參同》本下有「也」字。《彙解》本此注作「地利在前，當速進其後也。爭地貴速，若前驅至而後不及，則未可從其後者，使相及也」。
〔註406〕《彙解》本無此注。
〔註407〕《平津館叢書》本、日本、《參同》本無「去」字。
〔註408〕《平津館叢書》本、日本、此注作「以一其心」，《參同》本作「一其心也」。《彙解》本無此注及下六注。
〔註409〕日本「勵」簡作「励」。《參同》本無「心」字。
〔註410〕《十一家注》本、談本、黃本、《漢魏叢書》本、王本「士心」作「志」。王本加批註：「志——士。」

勢有不得已也〔註411〕。

過則從。

陷〔註412〕之甚過，則從計也。

是故不知諸侯之謀者，不能豫交；不知山林、險阻、沮澤之形者，不能行軍；不用鄉導者，不能得地利。

上已陳〔註413〕三事，而復云者，力惡不能用兵，故復言也〔註414〕。

四五者，一不知，非王霸之兵也。

四五者〔註415〕，謂九地之利害。或曰：上四五事也。

夫王霸之兵，伐大國，則其眾不得聚；威加於敵，則其交不得合。是故不爭天下之交，不養天下之權，信己之私，威加於敵，

霸王者，不結成天下諸侯之交權者也。絕天下之交，奪天下之權，以威德伸己之私。〔註416〕

故其城可拔，其國可隳。施無法之賞，懸無政之令，

言軍法令不應〔註417〕豫施懸也〔註418〕。《司馬法》曰：「見敵作誓，瞻〔註419〕功作賞。」此之謂也。〔註420〕

〔註411〕《平津館叢書》本「也」作「者」，《參同》本「也」前有「者」字。
〔註412〕《參同》本「陷」作「備」。
〔註413〕《十一家注》本、談本、黃本、《漢魏叢書》本、王本、左本下有「此」字。
〔註414〕《十一家注》本「也」作「之」。《參同》本無此注。
〔註415〕《十一家注》本、談本、黃本、《漢魏叢書》本、王本無此三字。
〔註416〕《平津館叢書》本、日本此注作「交者，不結成天下諸侯之權也。絕天下之交，奪天下之權，故威得伸而自私」。《十一家注》本、談本、黃本、《漢魏叢書》本、王本此注作「霸者，不結成天下諸侯之權也。絕天下之交，奪天下之權，故己威得伸而自私」。《參同》本此注作「不結成天下諸侯之權也。絕天下之交，奪天下之權，故威得伸而自私」。《彙解》本此注作「霸者，不結成天下諸侯之權也」。
〔註417〕《平津館叢書》本、日本無「應」字。
〔註418〕《平津館叢書》本、日本「也」作「之」。
〔註419〕日本「瞻」作「蟾」。
〔註420〕《平津館叢書》本、日本無末句。《十一家注》本、談本、黃本、《漢魏叢書》本、王本無此注，但《十一家注》本、談本、黃本王晳注引有曹公此注，作「軍法令不豫施懸之，《司馬法》曰『見敵作誓，瞻功作賞。』此之謂也」。《參同》本此注作「言法令不可豫施懸之，《司馬法》曰『見敵作誓，膽功作賞』也」。《彙解》本此注作「瞻功行賞，法不預設，臨敵作誓，政不先懸」。

犯三軍之眾，若使一人。

犯〔註421〕，用也。言明賞罰，雖用眾，若使一人也〔註422〕。

犯之以事，勿告以言。

兵尚詐〔註423〕。

犯之以利，勿告以害。

勿使知害。

投之亡地然後存，陷之死地然後生。夫眾陷於害，然後能爲勝敗。

必殊死戰〔註424〕。**或在死亡之地，亦有敗者**〔註425〕。**孫臏曰：「兵恐不投之**〔註426〕**死地也。」**

故爲兵之事，在順詳敵之意，

佯，愚也〔註427〕。**或曰：彼欲進，設伏而退；彼**〔註428〕**欲去，開而擊之。**〔註429〕

並敵一向，千里殺將，

先示之以開空虛弱之處，敵則並向而利之，雖千里可擒其將也〔註430〕。是謂巧能成事。

是成事之巧也〔註431〕。**一作「是謂巧攻成事」。**〔註432〕

〔註421〕《參同》本下有「者」字。

〔註422〕《平津館叢書》本、日本無「也」字。《彙解》本無此注及下三注。

〔註423〕《十一家注》本、談本、黃本、《漢魏叢書》本、王本無此注。《參同》本無此注及下注。

〔註424〕《參同》本下有「也」字，無其後數句。

〔註425〕《十一家注》宋刻本、本、談本、黃本、《漢魏叢書》本、王本這二句作「在亡地無敗者」。

〔註426〕左本下有「於」字。

〔註427〕《參同》本「佯，愚也」作「詳，審也」。

〔註428〕《十一家注》本、談本、黃本、《漢魏叢書》本、王本無「彼」字。

〔註429〕《彙解》本此注僅「佯，愚也」。

〔註430〕《十一家注》本、談本、黃本、《漢魏叢書》本、王本此注作「並兵向敵，雖千里能擒其將也」。《彙解》本此注作「一向者，並兵向敵也」。

〔註431〕《十一家注》本、談本、黃本、《漢魏叢書》本、王本此注作「是成事巧者也」。

〔註432〕《平津館叢書》本、日本無末句。《參同》本此注作「是謂成事之巧矣」。《彙

是故政舉之日、夷關折符，無通其使，

謀定，則閉開〔註433〕**梁，絕其符信，勿使通使**〔註434〕。

屬於廊廟之上，以誅其事。

誅，治也。〔註435〕

敵人開闔，必亟入之，

敵〔註436〕**有閒隙，當**〔註437〕**急入之也。**

先其所愛，

據便利〔註438〕**也。**

微與之期，

後人發，先人至〔註439〕。

踐墨隨敵，以決戰事。

行踐規矩〔註440〕**，無常也。**

是故始如處女，敵人開戶；後如脫兔，敵不及拒。

處女示弱〔註441〕**，脫兔往**〔註442〕**疾也**〔註443〕。

火攻第十二

以火攻〔註444〕**，當擇時日**〔註445〕。

解》本無此注。
〔註433〕左本「開」作「門」，《參同》本作「關」。
〔註434〕《十一家注》本、談本、黃本、《漢魏叢書》本、王本、《彙解》本此注作「謀定，則閉關，以絕其符信，勿通其使」。
〔註435〕《彙解》本無此注及下九注。
〔註436〕《參同》本無「敵」字。
〔註437〕日本「當」作「黨」，旁批「當」。
〔註438〕《十一家注》本、談本、黃本、《漢魏叢書》本、王本「便利」作「利便」。
〔註439〕《參同》本下有「也」字。
〔註440〕《參同》本「規矩」作「繩墨，總」。
〔註441〕《參同》本下有「也」字。
〔註442〕左本「往」作「示」。
〔註443〕《平津館叢書》本、日本無「也」字。
〔註444〕《十一家注》本、談本、黃本、《漢魏叢書》本、王本下有「人」字。
〔註445〕《十一家注》本、談本、黃本、《漢魏叢書》本、王本、《參同》本下有「也」

孫子曰：凡火攻有五：一曰火人，二曰火積，三曰火輜，四曰火庫，五曰火隊。行火必有因，

因姦人也〔註446〕。

煙火必素具。

煙火〔註447〕**，燒具也。**

發火有時，起火有日。時者，天之燥也。

燥者，旱也。〔註448〕

日者，月在箕、壁、翼、軫也。凡此四宿者，風起之日也。凡火攻，必因五火之變而應之：火發於內，則早應之於外。

以兵應之〔註449〕。

火發而其兵靜者，待而勿攻，極其火力，可從而從之，不可從而止。

見可而進，知難而退。〔註450〕

火可發於外，無待於內，以時發之。火發上風，無攻下風。

不便也。

晝風久，夜風止。

數當然也。

凡軍必知五火之變，以數守之。故以火佐攻者明，

取〔註451〕**勝明也。**

以水佐攻者強。水可以絕，不可以奪。

水但能絕敵〔註452〕**糧道，分敵軍，不可奪敵蓄積**〔註453〕。

字。
〔註446〕《十一家注》本、談本、黃本、《漢魏叢書》本、王本無「也」字。
〔註447〕《平津館叢書》本、日本、《參同》本無「煙火」二字。
〔註448〕《平津館叢書》本、日本無此注。
〔註449〕《十一家注》本、談本、黃本、《漢魏叢書》本、王本、《彙解》本下有「也」字。《參同》本下有「於外也」。
〔註450〕《參同》本無此注。《彙解》本無此注及下注。
〔註451〕《十一家注》本、談本、黃本、《漢魏叢書》本、王本、《彙解》本上有「火佐者」三字。
〔註452〕日本「敵」作「明」。

夫戰勝攻取而不修其功者凶，命曰費留。

若水之留不復還〔註454〕。或曰：賞不以時，但留費〔註455〕也，賞善不踰日〔註456〕。

故曰：明主慮之，良將修之。非利不動，非得不用，非危不戰。

不得已而用兵。〔註457〕

主不可以怒而興師，將不可以慍而致戰。合於利而動，不合於利而止。

不得〔註458〕以己之喜怒而〔註459〕用兵〔註460〕。

怒可以復喜，慍可以復說，亡國不可以復存，死者不可以復生。故明主慎之，良將警之，此安國全軍之道也。

用閒第十三

戰必先用閒，以知敵之〔註461〕情〔註462〕。

孫子曰：凡興師十萬，出征千里，百姓之費，公家之奉，日費千金，內外騷動，怠於道路，不得操事者，七十萬家。

古者八家爲鄰；一家從軍，七〔註463〕家奉之，言〔註464〕十萬之師

〔註453〕 《十一家注》本、談本、黃本、《漢魏叢書》本、王本、《彙解》本此注作「水佐者，但可以絕敵道，分敵軍，不可以奪敵蓄積」，與上注合一。黃本「蓄積」作「積蓄」。《參同》本第一、三「敵」字均作「其」。

〔註454〕 《十一家注》本、談本、黃本、《漢魏叢書》本、王本下有「也」字。

〔註455〕 《十一家注》本、談本、黃本、《漢魏叢書》本、王本、《長恩書室叢書》本、日本乙作「費留」。

〔註456〕 《平津館叢書》本、日本「日」作「月」。《十一家注》本、談本、黃本、《漢魏叢書》本、王本下有「也」字。《參同》本此注作「若水之留不復還也。或曰：費不以時，但費留也，賞善不踰時。故戰勝攻取，而不修其功者凶」。《彙解》本無此注及下三注。

〔註457〕 《參同》本無此注及下注。

〔註458〕 《平津館叢書》本、日本無「得」字。

〔註459〕 《平津館叢書》本、日本無「而」字。

〔註460〕 《十一家注》本、談本、黃本、《漢魏叢書》本、王本下有「也」字。

〔註461〕 日本無「之」字。

〔註462〕 《十一家注》本、談本、黃本、《漢魏叢書》本、王本此注作「戰者必用間諜，以知敵之情實也」。《參同》本「情」前無「之」字，後有「也」字。

〔註463〕 左本「七」作「十」。

〔註464〕 《參同》本「言」作「故」。

舉，不事耕稼者，七十萬家〔註465〕。

　　相守數年，以爭一日之勝，而愛爵祿百金，不知敵之情者，不仁之至也，非人之將也，非主之佐也，非勝之主也。故明君賢將，所以動而勝人，成功出於眾者，先知也。先知者，不可取於鬼神，

不可禱祀〔註466〕**而求**〔註467〕。

　　不可象於事，

不可以事類求〔註468〕。

　　不可驗於度，

不可以事數度〔註469〕。

　　必取於人知敵之情者也。

因人〔註470〕**也**〔註471〕。

　　故用閒有五：有因閒，有內閒，有反閒，有死閒，有生閒。五閒俱起，莫知其道，是謂神紀，人君之寶也。

同〔註472〕**時任用五閒也。**

　　因閒者，因其鄉人而用之。內閒者，因其官人而用之。反閒者，因其敵閒而用之。死閒者，為誑事於外，令吾閒知之，而傳於敵閒也。生閒者，反報也。故三軍之事，莫親於閒，賞莫厚於閒，事莫密於閒。非聖智不能用閒，非仁義不能使閒，非微妙不能得閒之實。微哉微哉，無所不用閒也。閒事未發而先聞者，閒與所告者皆死。凡軍之所欲擊，城之所欲攻，人之所欲殺，必先知其守將、左右、謁者、門者、舍人之姓名，令吾閒必索知之。必索敵

〔註465〕《參同》本下有「也」字。

〔註466〕《漢魏叢書》本「祀」作「祠」。

〔註467〕《參同》本「禱」作「祭」，句末有「也」字。《彙解》本無此注及下三注。

〔註468〕《十一家注》本、談本、黃本、《漢魏叢書》本、王本此注與上注合一，作「不可以禱祀而求，亦不可以事類而求也」。《參同》本「求」前有「而」字，後有「也」字。

〔註469〕《十一家注》本、談本、黃本、《漢魏叢書》本、王本下有「也」字。《參同》本此注作「不可以事數而求也」。

〔註470〕《平津館叢書》本「人」下有「閒」字。

〔註471〕《長恩書室叢書》本、日本、《參同》本此注作「因閒人也」。

〔註472〕《平津館叢書》本、日本、《參同》本「同」作「因」。

閒之來閒我者，因而利之，導而舍之，故反閒可得而用也。

舍，居止〔註473〕也。〔註474〕

因是而知之，故鄉閒、內閒可得而使也。因是而知之，故死閒爲誑事，可使告敵。因是而知之，故生閒可使如期。五閒之事，主必知之，知之必在於反閒，故反閒不可不厚也。昔殷之興也，伊摯在夏；

伊〔註475〕尹也。

周之興也，呂牙在殷。

呂望也〔註476〕。

故明君賢將，能以上智爲閒者，必成大功。此兵之要，三軍所恃而動也。

〔註473〕左本「止」作「正」。
〔註474〕《彙解》本無此注及下二注。
〔註475〕《十一家注》本、談本、黃本、《漢魏叢書》本、王本、《參同》本上有「伊摯」二字。
〔註476〕《十一家注》本、談本、黃本、《漢魏叢書》本、王本、《參同》本此注作「呂牙，太公也」。

附錄二：《將苑》集校

凡 例

1. 用清張澍《諸葛忠武侯文集》卷第四《將苑》（收入《中國兵書集成》第 2 冊）爲底本，兼錄其中的校語，簡稱「張澍本」。
2. 校以明刻《唐宋叢書》本、《學海類編》本《新書》，明黃邦彥刻本（簡稱「黃本」）、書林鄭氏刻本（簡稱「鄭本」）《諸葛武侯心書》，《百子全書》本、《廣漢魏叢書》本、《筆記小說大觀》本《心書》，清李定太《漢丞相諸葛忠武鄉侯將苑全集》（簡稱「《將苑全集》」本）。
3. 校語以腳注形式出現，但存異文，不下按語。

將苑〔註1〕

○兵權〔註2〕

夫兵〔註3〕權者，是三軍之司命，主將之威勢。將能執兵之權，操兵之要〔註4〕勢，而臨羣下，譬如猛虎，加之羽翼，而翱翔四海，隨所遇而施之。若

〔註 1〕 《唐宋叢書》本、《學海類編》本題作《新書》，黃本、鄭本題作《諸葛武侯心書》，《百子全書》本、《廣漢魏叢書》本、《筆記小說大觀》本題作《心書》。
〔註 2〕 《唐宋叢書》本、黃本、鄭本、《百子全書》本、《學海類編》本、《廣漢魏叢書》本、《將苑全集》本、《筆記小說大觀》本作「兵機」。
〔註 3〕 黃本、鄭本「兵」下有「之」字。
〔註 4〕 《唐宋叢書》本、黃本、《百子全書》本、鄭本、《學海類編》本、《廣漢魏叢書》本、《筆記小說大觀》本無「要」字。

將失權，不操其勢，亦如魚龍脫於江湖〔註5〕，欲求游洋之勢，奔濤戲浪，何可得也？

　　○逐惡

　　夫軍國之弊，有五害焉：一曰結黨相連，毀譖賢良；二曰侈其衣服，異其冠帶；三曰虛誇妖術〔註6〕，詭言神道；四曰〔註7〕專察是非，私以動眾；五曰伺候得失，陰結敵人。此所謂姦僞〔註8〕悖德之人，可遠而不可親也。

　　○知人性〔註9〕

　　夫知〔註10〕人之性，莫〔註11〕難察焉。美惡既殊，情貌不一：有溫良而爲詐〔註12〕者，有外恭而內欺者，有外勇而內〔註13〕怯者，有盡力而不忠者。然知人之道有七焉：一曰間〔註14〕之以是非而觀其志，二曰窮之以辭〔註15〕辯〔註16〕而觀其變〔註17〕，三曰咨〔註18〕之以計謀而觀其識，四曰告之以禍難而觀其勇，五曰醉之以酒而觀其性，六曰臨之以利而觀其〔註19〕廉，七曰期之以事而觀其信。

　　○將材〔註20〕

　　夫將材有九〔註21〕：道之以德，齊之以禮，而〔註22〕知其饑〔註23〕寒，

〔註5〕 此句黃本、鄭本作「亦如魚龍離於江湖中」。
〔註6〕 黃本、鄭本「術」作「說」。
〔註7〕 《筆記小說大觀》本「四曰」乙作「曰四」並置於「妖術」下。
〔註8〕 黃本、鄭本「姦僞」作「爲奸」。
〔註9〕 《百子全書》本無「性」字。
〔註10〕 《學海類編》本無「知」字。
〔註11〕 張澍本注曰：「一作最。」《將苑全集》本作「最」。
〔註12〕 黃本、鄭本「詐」作「盜」。《學海類編》本「詐」下有「僞」字。
〔註13〕 《學海類編》本無「內」字。
〔註14〕 黃本、鄭本「間」作「問」。
〔註15〕 《百子全書》本、黃本、鄭本作「詞」。
〔註16〕 《學海類編》本、《廣漢魏叢書》本「辭辯」作「詞辨」，《將苑全集》本作「辭辨」。
〔註17〕 黃本、鄭本「變」作「言」。
〔註18〕 《唐宋叢書》本「咨」作「谷」。
〔註19〕 《學海類編》本「其」作「之以」。
〔註20〕 《唐宋叢書》本、黃本、鄭本、《百子全書》本、《學海類編》本、《廣漢魏叢書》本、《筆記小說大觀》本「材」作「才」。
〔註21〕 張澍本注曰：「一無此句。」《唐宋叢書》本、黃本、鄭本、《百子全書》本、《學海類編》本、《廣漢魏叢書》本、《筆記小說大觀》本無此句，《將苑全集》

察〔註24〕其勞苦，此之謂〔註25〕仁將；事〔註26〕無苟免，不爲利撓，有死之〔註27〕榮，無生之〔註28〕辱，此之〔註29〕謂義將；貴而不驕，勝而不恃〔註30〕，賢而能下，剛而能忍，此之〔註31〕謂禮將；奇〔註32〕變莫測〔註33〕，動應多〔註34〕端，轉禍爲福，臨〔註35〕危制〔註36〕勝，此之謂〔註37〕智將；進有厚賞，退有嚴刑，賞不踰時，刑不擇貴，此之謂信將；足輕戎馬，氣蓋〔註38〕千夫，善固疆場〔註39〕，長於劍戟，此〔註40〕之謂步將；登高履險〔註41〕，馳射如〔註42〕飛，進則先行，退則〔註43〕後殿，此之謂騎將；氣凌〔註44〕三軍，志輕彊〔註45〕虜，怯於小戰，勇於大敵，此之謂猛將；見賢若不及，從

本「九」作「八」。
〔註22〕 黃本、鄭本、《百子全書》本、《學海類編》本、《廣漢魏叢書》本、《筆記小說大觀》本無「而」字。
〔註23〕 《學海類編》本、《廣漢魏叢書》本、《筆記小說大觀》本作「飢」。
〔註24〕 張澍本注曰：「一作慇。」《將苑全集》本作「悉」。
〔註25〕 《唐宋叢書》本、黃本、鄭本、《百子全書》本、《廣漢魏叢書》本、《筆記小說大觀》本「之謂」均作「謂之」，下不出校。《學海類編》本此處亦作「謂之」。
〔註26〕 張澍本注曰：「一『事』上有『臨』字。」《將苑全集》本上有「臨」字。
〔註27〕 張澍本注曰：「一作而。」《將苑全集》本作「而」。
〔註28〕 張澍本注曰：「一作以。」《將苑全集》本作「以」。
〔註29〕 《學海類編》本「之」作「皆」。
〔註30〕 黃本、鄭本此句作「富而不靡」。
〔註31〕 《學海類編》本無「之」字。
〔註32〕 黃本、鄭本「奇」作「機」。
〔註33〕 張澍本注曰：「一作不息。」《將苑全集》本「奇變」作「不息」。
〔註34〕 張澍本注曰：「一作有。」《將苑全集》本作「有」。
〔註35〕 張澍本注曰：「一作因。」《將苑全集》本作「因」。
〔註36〕 張澍本注曰：「一作而。」《將苑全集》本作「而」。
〔註37〕 《學海類編》本作「謂之」，下幾處同。
〔註38〕 黃本、鄭本「氣蓋」作「力越」。
〔註39〕 張澍本注曰：「一作善用短兵。」《將苑全集》本此句作「善用短兵」。
〔註40〕 黃本、鄭本「此」下有「所」。
〔註41〕 《將苑全集》本「履」作「歷」。《唐宋叢書》本、黃本、鄭本、《百子全書》本、《學海類編》本、《廣漢魏叢書》本、《筆記小說大觀》本此句作「陵高歷險」。
〔註42〕 《唐宋叢書》本、黃本、鄭本、《百子全書》本、《學海類編》本、《廣漢魏叢書》本、《將苑全集》本、《筆記小說大觀》本「如」作「若」。
〔註43〕 黃本、鄭本作「即」。
〔註44〕 張澍本注曰：「一作高。」《將苑全集》本作「高」。
〔註45〕 《筆記小說大觀》本「輕彊」乙作「彊輕」。

諫如〔註46〕順流，寬而能剛，勇而多計〔註47〕，此之謂大將。

○將器

　　將之〔註48〕器，其用〔註49〕大小不同〔註50〕。若乃察其奸，伺其禍〔註51〕，爲眾所服〔註52〕，此十夫之將。夙興夜寐，言詞〔註53〕密察，此百夫之將；直而有慮〔註54〕，勇〔註55〕而能鬥，此千夫之將。外貌桓桓〔註56〕，中情〔註57〕烈烈〔註58〕，知人勤勞〔註59〕，悉〔註60〕人饑〔註61〕寒〔註62〕，此萬夫〔註63〕之將。進〔註64〕賢進能，日慎一日〔註65〕，誠信寬大，閑於理亂〔註66〕，此十萬人之將〔註67〕。仁愛洽〔註68〕於下，信義服鄰國〔註69〕，上

〔註46〕　《唐宋叢書》本、黃本、鄭本、《百子全書》本、《學海類編》本、《廣漢魏叢書》本、《筆記小說大觀》本此兩句中的「如」、「若」位置互換。

〔註47〕　張澍本注曰：「一作簡而能詳。」《將苑全集》本此句作「簡而能詳」。

〔註48〕　張澍本注曰：「一『將』上有『夫』字。」《將苑全集》本上有「夫」字。《學海類編》本無「之」字。

〔註49〕　張澍本注曰：「一無其用二字。」《將苑全集》本無此二字。

〔註50〕　張澍本注曰：「一有心字。」《學海類編》本下有「也」字。

〔註51〕　黃本、鄭本此兩句合作「若乃察奸閑禍」。

〔註52〕　《將苑全集》本「眾」下有「心」字。黃本、鄭本「服」作「怨」。

〔註53〕　黃本、鄭本作「語」。

〔註54〕　黃本、鄭本作「勇」。

〔註55〕　《筆記小說大觀》本「慮」、「勇」乙。

〔註56〕　張澍本注曰：「一作茫茫。」《將苑全集》本作「茫茫」。

〔註57〕　張澍本注曰：「一作心。」《將苑全集》本作「心」。

〔註58〕　張澍本注曰：「一作列。」《將苑全集》本作「列列」。

〔註59〕　張澍本注曰：「一作艱難。」《將苑全集》本作「艱難」。

〔註60〕　《唐宋叢書》本、黃本、鄭本、《百子全書》本、《學海類編》本、《廣漢魏叢書》本、《筆記小說大觀》本「悉」作「惜」。

〔註61〕　《學海類編》本、《廣漢魏叢書》本、《筆記小說大觀》本作「飢」。

〔註62〕　張澍本注曰：「一作飽。」《將苑全集》本作「飽」。

〔註63〕　黃本、鄭本、《百子全書》本、《學海類編》本、《廣漢魏叢書》本、《筆記小說大觀》本作「人」。

〔註64〕　《唐宋叢書》本、黃本、鄭本、《百子全書》本、《學海類編》本、《廣漢魏叢書》本、《筆記小說大觀》本「進」作「近」。

〔註65〕　張澍本注曰：「一無此二句。」《將苑全集》本無此二句。

〔註66〕　黃本、鄭本此句作「斃而後已」。

〔註67〕　張澍本注曰：「一無此句。」《將苑全集》本無此句。

〔註68〕　黃本、鄭本「恰」作「給」。

〔註69〕　張澍本注曰：「一作隱隱紛紛，鄰國皆服。」《將苑全集》本此二句作「隱隱紛紛，鄰國皆服」。

知〔註70〕天文，中察〔註71〕人事，下識〔註72〕地理〔註73〕，四海之〔註74〕內，視〔註75〕如家室，此天下之〔註76〕將〔註77〕。

　　〇將弊

　　夫爲將之道，有八弊焉：一曰貪而〔註78〕無厭，二曰妬賢嫉能〔註79〕，三曰信讒好佞〔註80〕，四曰料彼不自料，五曰猶豫不自決，六曰荒淫於酒色，七曰奸詐而自〔註81〕怯〔註82〕，八曰狡〔註83〕言〔註84〕而不〔註85〕以禮〔註86〕。

　　〇將志〔註87〕

　　兵者兇器，將者危〔註88〕任，是以器〔註89〕剛則缺，任重則危。故善將者，不恃彊，不怙〔註90〕勢，寵之而不喜，辱之而不懼〔註91〕，見利不貪，

〔註70〕　《唐宋叢書》本、黃本、鄭本、《百子全書》本、《學海類編》本、《廣漢魏叢書》本、《筆記小說大觀》本「知」作「曉」。

〔註71〕　張澍本注曰：「一作悉。」

〔註72〕　張澍本注曰：「一作察。」

〔註73〕　《將苑全集》本此二句作「下察地理，中悉人事」。

〔註74〕　《筆記小說大觀》本無「之」字。

〔註75〕　張澍本注曰：「一作親。」《將苑全集》本作「親」。

〔註76〕　張澍本注曰：「一作雄。」

〔註77〕　張澍本注曰：「一未有不可敵也句。」《將苑全集》本此句作「此天下雄將，不可敵也」。

〔註78〕　張澍本注曰：「一作求。」

〔註79〕　《將苑全集》本「妬」、「嫉」乙。

〔註80〕　張澍本注曰：「一作信好邪佞。」《將苑全集》本此句作「信好邪佞」。

〔註81〕　黃本、鄭本「自」作「心」。

〔註82〕　張澍本注曰：「一作奸不忌於法令。」《將苑全集》本此句作「奸不忌於法令」。

〔註83〕　黃本、鄭本「狡」作「狂」。

〔註84〕　《百子全書》本、《筆記小說大觀》本作「之」。

〔註85〕　《學海類編》本無「不」字。

〔註86〕　張澍本注曰：「一言下無而字，未有格也二字。」《將苑全集》本此句作「狡言不以禮格也」。

〔註87〕　黃本、鄭本、《將苑全集》本作「將志」作「將忠」。

〔註88〕　張澍本注曰：「一作凶。」

〔註89〕　《筆記小說大觀》本「器」作「氣」。

〔註90〕　黃本、鄭本「怙」作「崇」。

〔註91〕　張澍本注曰：「一無二而字。」黃本、鄭本、《百子全書》本、《學海類編》本、《廣漢魏叢書》本、《筆記小說大觀》本「懼」作「驚」。《將苑全集》本無二「而」字。

見美〔註92〕不淫，以身殉國，壹〔註93〕意而已。

○將善

將〔註94〕有五善四欲。五善者，所〔註95〕謂善知敵之〔註96〕形勢，善知進退之道，善知國之虛實，善知天時人事，善知山川險阻〔註97〕。四欲者，所謂〔註98〕戰欲奇，謀欲密，眾欲靜，心欲一〔註99〕。

○將剛

善將者，其剛不可折，其柔不可卷〔註100〕，故以弱制彊，以柔制剛。純柔純弱，其勢必削；純剛純彊，其勢必亡；不柔不剛，合道之常〔註101〕。

○將驕吝〔註102〕

將不可驕〔註103〕，驕則失禮，失禮則人離，人離則眾判〔註104〕。將不可吝，吝〔註105〕則賞不行，賞〔註106〕不行則士〔註107〕不致命，士〔註108〕不致

〔註92〕張澍本注曰：「一作美色。」《將苑全集》本「見美」作「美色」。

〔註93〕黃本、鄭本、《百子全書》本、《學海類編》本、《廣漢魏叢書》本、《筆記小說大觀》本「壹」作「一」。

〔註94〕張澍本注曰：「一『將』上有『夫』字。」《將苑全集》本上有「夫」字。

〔註95〕《將苑全集》本無「所」字。

〔註96〕《學海類編》本無「之」字。

〔註97〕張澍本注曰：「一作夷險。」《將苑全集》本作「夷險」。

〔註98〕張澍本注曰：「一無此二字。」《將苑全集》本無此二字。

〔註99〕黃本、鄭本「一」作「察言」。

〔註100〕張澍本注曰：「一本二其字皆作至。」《將苑全集》本二「其」字皆作「至」。

〔註101〕《將苑全集》本此句作「合常之道」。

〔註102〕《唐宋叢書》本、黃本、鄭本、《百子全書》本、《學海類編》本、《廣漢魏叢書》本、《將苑全集》本、《筆記小說大觀》本無「吝」字。

〔註103〕張澍本注曰：「一無四字。」《將苑全集》本無「不可驕」三字。

〔註104〕張澍本注曰：「一作必叛。」《唐宋叢書》本、黃本、鄭本、《百子全書》本、《學海類編》本、《廣漢魏叢書》本、《筆記小說大觀》本「判」作「叛」。《將苑全集》本「眾判」作「必叛」。

〔註105〕《唐宋叢書》本、黃本、鄭本、《百子全書》本、《廣漢魏叢書》本、《將苑全集》本、《筆記小說大觀》本二「吝」字寫作「悋」。《學海類編》本皆訛作「怯」。

〔註106〕張澍本注曰：「一『賞』下並有『罰』字。」《將苑全集》本二「賞」下皆有「罰」字。

〔註107〕《筆記小說大觀》本「士」作「仕」。

〔註108〕《唐宋叢書》本、黃本、鄭本、《百子全書》本、《學海類編》本、《廣漢魏叢書》本、《筆記小說大觀》本無「士」字。

命則軍〔註109〕無功，無〔註110〕功則國虛，國虛則寇實矣〔註111〕。孔〔註112〕子曰：「如有周公之才之美，使驕且吝〔註113〕，其餘不足觀也已。」

○將彊〔註114〕

將有五彊八惡〔註115〕。高節可以厲〔註116〕俗，孝悌〔註117〕可以揚名，信義可以交友，沈慮〔註118〕可以容眾，力行可以建〔註119〕功，此將之五彊也〔註120〕。謀不能料是非，禮〔註121〕不能任賢良，政不能正刑法，富不能濟窮阨〔註122〕，智〔註123〕不能備未形，慮不能防微密，達不能舉所知，敗不能無怨〔註124〕謗〔註125〕，此謂之八惡也〔註126〕。

○出師

古者國有危〔註127〕難，君簡賢能〔註128〕而任之，齊〔註129〕三日，入太

〔註109〕張澍本注曰：「一無軍字。」《唐宋叢書》本、黃本、鄭本、《百子全書》本、《學海類編》本、《廣漢魏叢書》本、《筆記小說大觀》本無「軍」字。

〔註110〕《唐宋叢書》本、黃本、鄭本、《百子全書》本、《學海類編》本、《廣漢魏叢書》本、《筆記小說大觀》本「無」上有「軍」字。

〔註111〕張澍本注曰：「一無矣字。」《將苑全集》本無「矣」字。

〔註112〕黃本、鄭本、《百子全書》本、《學海類編》本、《廣漢魏叢書》本、《筆記小說大觀》本無「孔」字。

〔註113〕《將苑全集》本作「悋」。

〔註114〕張澍本注曰：「一作將德。」《將苑全集》本作「將德」。

〔註115〕張澍本注曰：「一作將有五德。」《將苑全集》本作「將有五德」。

〔註116〕黃本、鄭本、《百子全書》本「厲」作「厚」，《學海類編》本、《廣漢魏叢書》本、《將苑全集》本、《筆記小說大觀》本作「勵」。

〔註117〕《唐宋叢書》本、黃本、鄭本、《百子全書》本、《學海類編》本、《廣漢魏叢書》本、《將苑全集》本、《筆記小說大觀》本「弟」作「悌」。

〔註118〕張澍本注曰：「一作汎愛。」《將苑全集》本作「汎愛」。

〔註119〕張澍本注曰：「建一作立。」《將苑全集》本作「立」。

〔註120〕張澍本注曰：「彊一作德，無也字。」《將苑全集》本此句作「此將之五德」。

〔註121〕黃本、鄭本作「理」。

〔註122〕張澍本注曰：「一作貧乏。」《將苑全集》本作「貧乏」。

〔註123〕黃本、鄭本、《學海類編》本、《廣漢魏叢書》本、《筆記小說大觀》本作「知」。

〔註124〕張澍本注曰：「一作毀。」《將苑全集》本作「毀」。

〔註125〕《筆記小說大觀》本作「誘」。

〔註126〕《將苑全集》本此句作「此之謂八惡」。

〔註127〕張澍本注曰：「一無危字。」《將苑全集》本無「危」字。

〔註128〕張澍本注曰：「一無能字。」《將苑全集》本無「能」字。

〔註129〕《唐宋叢書》本、黃本、鄭本、《百子全書》本、《學海類編》本、《廣漢魏叢書》本、《將苑全集》本「齊」作「齋」。

廟，南面而立〔註130〕，將北面，太師進〔註131〕鉞於君，君持鉞柄以授將〔註132〕，曰：「從此〔註133〕至軍〔註134〕，將軍其裁〔註135〕之〔註136〕。」覆命曰：「見其虛則進，見其實則退〔註137〕。勿以身貴而賤人，勿以獨見而違眾，勿恃功能而〔註138〕失忠信〔註139〕。士未坐，勿坐；士未食，勿食。同寒暑，等勞逸；齊甘苦，均危患〔註140〕。如此，則士必盡死〔註141〕，敵必可亡。」將受〔註142〕詞，鑿凶門，引軍而出〔註143〕，君送之，跪而推轂，曰：「進退惟〔註144〕時，軍中事，不由君命〔註145〕，皆由將出〔註146〕。」若〔註147〕此，則無天於上，無地〔註148〕於下，無敵於前，無主於後。是以〔註149〕智者爲之慮，勇者爲之鬥，故能〔註150〕戰勝於外，功成〔註151〕於內，揚名於後世〔註152〕，福流於〔註153〕子孫矣。

〔註130〕張澍本注曰：「一作南面立。」《將苑全集》本無「而」字。

〔註131〕張澍本注曰：「一『鉞』上有『斧』字。」《將苑全集》本下有「斧」字。

〔註132〕張澍本注曰：「一『授』上有『於』字。」《將苑全集》本此句作「君持斧鉞，以柄授於將」。

〔註133〕《學海類編》本無「此」字。

〔註134〕張澍本注曰：「一作閫外，無此四字。」

〔註135〕黃本、鄭本「裁」作「圖」。

〔註136〕張澍本注曰：「一無其字。」《將苑全集》本此二句作「閫外將軍裁之」。

〔註137〕張澍本注曰：「一作止。」《將苑全集》本作「止」。

〔註138〕黃本、鄭本、《百子全書》本、《學海類編》本、《廣漢魏叢書》本、《筆記小說大觀》本作「勿」。

〔註139〕張澍本注曰：「一作勿以巧佞而爲忠信。」《將苑全集》本此句作「勿以巧佞而爲忠信」。

〔註140〕《將苑全集》本此句作「共安樂」。

〔註141〕張澍本注曰：「一作命。」《將苑全集》本作「命」。

〔註142〕《唐宋叢書》本、《學海類編》本、《筆記小說大觀》本「受」作「授」。

〔註143〕黃本、鄭本此三句合作「授詞訖，凶門引軍而出」。

〔註144〕張澍本注曰：「惟一作無。」

〔註145〕張澍本注曰：「一作軍中之事不由君命。」

〔註146〕《將苑全集》本此數句作「進退無時，軍中之事不聞其命，皆由將出」。

〔註147〕《將苑全集》本無「若」字。

〔註148〕《筆記小說大觀》本作「近」。

〔註149〕黃本、鄭本「是以」作「於是」。

〔註150〕張澍本注曰：「一無能字。」《將苑全集》本無「能」字。

〔註151〕張澍本注曰：「一作立功。」《將苑全集》本作「立功」。

〔註152〕張澍本注曰：「一作代。」《將苑全集》本作「代」。

〔註153〕張澍本注曰：「一作延及。」《將苑全集》本「流於」作「延及」。

○擇材

夫師之行也，有好鬥〔註154〕樂戰、獨〔註155〕取彊敵者，聚爲一徒，名曰報國〔註156〕之士；有氣蓋〔註157〕三軍、材〔註158〕力勇捷〔註159〕者，聚爲一徒，名曰突陣〔註160〕之士；有足輕〔註161〕善步〔註162〕、走如奔馬者，聚爲一〔註163〕徒，名曰搴旗之士；有騎射如〔註164〕飛、發無不中者，聚爲一徒，名曰爭鋒之士；有射必中、中必死者，聚爲一徒，名曰飛馳之士；有善發彊弩、遠而和〔註165〕中者，聚爲一徒，名曰摧鋒之士。此六軍之善士〔註166〕，各因其能而用之也〔註167〕。

○智用

夫爲將之道，必順天、因時、依人以立勝也。故天作時不作而人作〔註168〕，是謂〔註169〕逆時〔註170〕；時作天不作而人作，是謂逆天；天作時作而人不作，是謂逆人。智者不逆天，亦不逆時，亦不逆人也〔註171〕。

〔註154〕張澍本注曰：「一斗下有而字。」《將苑全集》本下有「而」字。

〔註155〕張澍本注曰：「一無獨字。」《將苑全集》本無「獨」字。

〔註156〕張澍本注曰：「一作冒陣。」《將苑全集》本作「冒陣」。

〔註157〕《唐宋叢書》本、黃本、鄭本、《百子全書》本、《學海類編》本、《廣漢魏叢書》本、《筆記小說大觀》本「蓋」作「冠」。

〔註158〕《唐宋叢書》本、黃本、鄭本、《百子全書》本、《學海類編》本、《廣漢魏叢書》本、《筆記小說大觀》本「材」作「才」。

〔註159〕張澍本注曰：「一作敢鬥。」《將苑全集》本「勇捷」作「敢鬭」。

〔註160〕黃本、鄭本「陣」作「寇」。

〔註161〕《唐宋叢書》本、黃本、鄭本、《百子全書》本、《學海類編》本、《廣漢魏叢書》本、《筆記小說大觀》本「足輕」作「輕足」。

〔註162〕張澍本注曰：「一無步字。」《將苑全集》本無「步」字。

〔註163〕《筆記小說大觀》本無「一」字。

〔註164〕張澍本注曰：「一有下有善字。」《將苑全集》本「有」下有「善」字。《唐宋叢書》本、黃本、鄭本、《百子全書》本、《學海類編》本、《廣漢魏叢書》本、《將苑全集》本、《筆記小說大觀》本「如」作「若」。

〔註165〕《唐宋叢書》本、黃本、鄭本、《百子全書》本、《學海類編》本、《廣漢魏叢書》本、《將苑全集》本、《筆記小說大觀》本「和」作「必」。

〔註166〕張澍本注曰：「一作此推軍六善。」《將苑全集》本此句作「此推軍六善」。

〔註167〕《唐宋叢書》本、黃本、鄭本、《百子全書》本、《學海類編》本、《廣漢魏叢書》本、《筆記小說大觀》本無「也」字。

〔註168〕張澍本注曰：「一無而字。」

〔註169〕《將苑全集》本作「謂之」，下二處同。

〔註170〕張澍本注曰：「一作謂之。」

〔註171〕張澍本注曰：「一無二亦字。」黃本、鄭本「不逆天」與「不逆時」乙。《將

○不陳〔註172〕

古之善理者不師，善師者不陳，善陳者不戰，善戰者不敗，善敗者不亡。昔者，聖人之治〔註173〕理也，安其居，樂其業，至〔註174〕老不相攻伐，可謂善理者不師也〔註175〕。若〔註176〕舜修〔註177〕典刑，咎繇〔註178〕作士師〔註179〕，人不干〔註180〕令〔註181〕，刑〔註182〕無可〔註183〕施，可謂善師者不陳。若禹伐有苗，舜舞干羽而苗民〔註184〕格〔註185〕，可謂善陳者不戰。若〔註186〕齊桓南服彊楚，北服〔註187〕山戎〔註188〕，可謂善戰者不敗。若〔註189〕楚昭遭禍，奔秦求〔註190〕救〔註191〕，卒能返〔註192〕國，可謂善敗者

苑全集》本無二「亦」字。

〔註172〕《唐宋叢書》本、黃本、鄭本、《百子全書》本、《學海類編》本、《廣漢魏叢書》本、《將苑全集》本、《筆記小說大觀》本「陳」均作「陣」。

〔註173〕《唐宋叢書》本、黃本、鄭本、《百子全書》本、《學海類編》本、《廣漢魏叢書》本、《筆記小說大觀》本「治」作「致」。

〔註174〕《唐宋叢書》本、黃本、鄭本、《百子全書》本、《學海類編》本、《廣漢魏叢書》本、《筆記小說大觀》本「至」上有「人」字。

〔註175〕《唐宋叢書》本、黃本、鄭本、《百子全書》本、《學海類編》本、《廣漢魏叢書》本、《筆記小說大觀》本無「也」字。

〔註176〕張澍本注曰：「一無此字。」《唐宋叢書》本、黃本、鄭本、《百子全書》本、《學海類編》本、《廣漢魏叢書》本、《筆記小說大觀》本無「若」字。

〔註177〕黃本、鄭本「修」作「作」。

〔註178〕《唐宋叢書》本、黃本、鄭本、《百子全書》本、《學海類編》本、《廣漢魏叢書》本、《筆記小說大觀》本「咎繇」作「皋陶」。

〔註179〕張澍本注曰：「一無師字。」《學海類編》本、《將苑全集》本無「師」字。

〔註180〕張澍本注曰：「一作犯。」《將苑全集》本作「犯」。

〔註181〕黃本、鄭本「令」作「命」。

〔註182〕《筆記小說大觀》本作「行」。

〔註183〕張澍本注曰：「一作所。」《將苑全集》本作「所」。

〔註184〕《學海類編》本無「民」字。

〔註185〕張澍本注曰：「一作服。」《將苑全集》本作「服」。

〔註186〕《唐宋叢書》本、黃本、鄭本、《百子全書》本、《學海類編》本、《廣漢魏叢書》本、《筆記小說大觀》本無「若」字。

〔註187〕《唐宋叢書》本、黃本、鄭本、《百子全書》本、《學海類編》本、《廣漢魏叢書》本、《筆記小說大觀》本「服」作「伐」。

〔註188〕張澍本注曰：「一作湯武誓師，一戎衣而天下定。」《將苑全集》本此二句作「若湯武誓師，一戎衣而天下大定」。

〔註189〕《唐宋叢書》本、黃本、鄭本、《百子全書》本、《學海類編》本、《廣漢魏叢書》本、《筆記小說大觀》本無「若」字。

〔註190〕《唐宋叢書》本、黃本、鄭本、《百子全書》本、《學海類編》本、《廣漢魏叢書》本、《筆記小說大觀》本「求」作「請」。

不亡矣〔註193〕。

　　○將誠〔註194〕

　　書曰：「狎侮君子，罔以盡人心；狎侮小人，罔以盡人力。」固〔註195〕行〔註196〕兵之要，務攬英雄之心，嚴賞罰之科，總文武之道，操〔註197〕剛柔之術，說禮樂而敦詩書〔註198〕，先仁義而後智勇〔註199〕；靜如〔註200〕潛魚〔註201〕，動若奔獺，喪〔註202〕其所連，折〔註203〕其所彊，耀以旌旗，戒〔註204〕以金鼓，退若山移，進如風雨，擊崩若摧〔註205〕，合戰如虎；迫而容之，利而〔註206〕誘之，亂而取之，卑而驕之，親而離之，彊而弱之；有危者安之，有懼者悅之，有叛者懷之，有冤者申〔註207〕之，有彊者抑之，有弱者

〔註191〕張澍本注曰：「一作楚昭王遭闔閭之伐而身奔。」《將苑全集》本此二句作「若楚昭王遭闔閭之伐而身奔」。

〔註192〕張澍本注曰：「一返下有其字。」《將苑全集》本下有「其」字。

〔註193〕《將苑全集》本作「也」。

〔註194〕黃本、鄭本題作「試將」。《將苑全集》本題作「將誠」。

〔註195〕張澍本注曰：「一無固字。」《唐宋叢書》本「固」作「故」。《將苑全集》本無「固」字。

〔註196〕《百子全書》本、黃本、鄭本、《學海類編》本、《廣漢魏叢書》本、《筆記小說大觀》本「固行」作「故用」。

〔註197〕張澍本注曰：「一作兼。」《將苑全集》本作「兼」。

〔註198〕黃本、鄭本「說」作「聞」。張澍本注曰：「一作聞禮樂之說。」《將苑全集》本此句作「聞禮樂之說」。

〔註199〕張澍本注曰：「一作先德而後勇。」《將苑全集》本此句作「先德而後勇」。

〔註200〕《學海類編》本、《廣漢魏叢書》本、《將苑全集》本、《筆記小說大觀》本作「若」。

〔註201〕《唐宋叢書》本、黃本、鄭本、《百子全書》本、《學海類編》本、《廣漢魏叢書》本、《筆記小說大觀》本乙作「魚潛」。

〔註202〕張澍本注曰：「一作敗。」《唐宋叢書》本、黃本、鄭本、《百子全書》本、《學海類編》本、《廣漢魏叢書》本、《筆記小說大觀》本「喪」作「散」。《將苑全集》本作「敗」。

〔註203〕《唐宋叢書》本、黃本、鄭本、《百子全書》本、《學海類編》本、《廣漢魏叢書》本、《筆記小說大觀》本上有「而」字。

〔註204〕張澍本注曰：「一作威。」《將苑全集》本作「威」。

〔註205〕張澍本注曰：「一作擊崩若崖。」《唐宋叢書》本作「擊崩若崖」。《將苑全集》本此句作「擊若崩崖」。

〔註206〕《將苑全集》本作「以」。

〔註207〕黃本、鄭本、《百子全書》本、《學海類編》本、《廣漢魏叢書》本、《將苑全集》本、《筆記小說大觀》本作「伸」。

扶〔註208〕之，有謀者親之，有讒者覆之，獲財〔註209〕者與之；不倍兵以攻弱，不恃衆以輕〔註210〕敵，不傲才以驕人，不以〔註211〕寵而〔註212〕作威；先計而後動，知勝而始〔註213〕戰；得其財〔註214〕帛不自寶，得其子女不自〔註215〕使。將能〔註216〕如〔註217〕此，嚴〔註218〕號申〔註219〕令〔註220〕，而人願鬥，則〔註221〕兵合〔註222〕刃接而人樂死矣。

　　〇戒〔註223〕備

　　夫〔註224〕國之大務，莫先於戒備〔註225〕。若夫〔註226〕失之毫釐，則差若千里〔註227〕；覆軍殺將〔註228〕，勢不踰息，可不懼哉！故有患難〔註229〕，

〔註208〕《學海類編》本無「有」字。「扶」，張澍本注曰：「一作升。」《將苑全集》本作「升」。

〔註209〕張澍本注曰：「一獲上有有字。」《將苑全集》本上有「有」字。《學海類編》本「財」作「罪」。

〔註210〕「眾」，張澍本注曰：「一作力。」《將苑全集》本作「力」。《將苑全集》本「輕」作「親」。

〔註211〕張澍本注曰：「一作固。」《將苑全集》本作「固」。

〔註212〕張澍本注曰：「一作以。」《將苑全集》本作「以」。

〔註213〕黃本、鄭本「知」作「先」。「始」，張澍本注曰：「一作後。」《將苑全集》本作「後」。

〔註214〕張澍本注曰：「一作玉。」《將苑全集》本作「玉」。

〔註215〕黃本、鄭本作「爲」。

〔註216〕張澍本注曰：「一無將能二字。」《將苑全集》本無「將能」二字。

〔註217〕《唐宋叢書》本、黃本、鄭本、《百子全書》本、《學海類編》本、《廣漢魏叢書》本、《筆記小說大觀》本「如」作「若」。

〔註218〕張澍本注曰：「一作發。」《將苑全集》本作「發」。

〔註219〕張澍本注曰：「一作施。」《將苑全集》本作「施」。

〔註220〕《學海類編》本此注作「號令申嚴」。

〔註221〕《將苑全集》本無「則」字。

〔註222〕《唐宋叢書》本、《百子全書》本、《學海類編》本、《廣漢魏叢書》本、《筆記小說大觀》本「合」作「和」，黃本作「穌」。

〔註223〕張澍本注曰：「戒一作戎。」《將苑全集》本作「戎」。

〔註224〕《唐宋叢書》本、黃本、《百子全書》本、《學海類編》本、《廣漢魏叢書》本、《筆記小說大觀》本無「夫」字。

〔註225〕張澍本注曰：「一作莫先於戎事備。」《將苑全集》本「戒備」作「戎事備」。

〔註226〕張澍本注曰：「一作乃。」黃本、《百子全書》本、《學海類編》本、《廣漢魏叢書》本、《將苑全集》本、《筆記小說大觀》本作「乃」。

〔註227〕張澍本注曰：「一無則字，若作之。」《將苑全集》本此句作「差之千里」。

〔註228〕張澍本注曰：「一覆殺字互。」《將苑全集》本「覆」、「殺」二字乙。

〔註229〕張澍本注曰：「一故下有國字。」《將苑全集》本此句作「故國有難」。

君臣旰食而謀之，擇賢而任之〔註230〕。若乃居安〔註231〕而不思危，寇至而不知懼〔註232〕，此謂燕巢於幕，魚遊於鼎，亡不俟夕矣〔註233〕！傳曰：「不備不虞，不可以師。」〔註234〕又曰：「預〔註235〕備無〔註236〕虞，古之善政〔註237〕。」又曰：「蠚蠆尚有毒，而況國乎〔註238〕？」「無備，雖〔註239〕眾不可恃也。」〔註240〕故曰〔註241〕：有備無患。故三軍之行，不〔註242〕可無〔註243〕備也〔註244〕。

〇習練〔註245〕

夫軍〔註246〕無〔註247〕習練〔註248〕，百不當一；習而用之，一可〔註249〕當百。故仲尼曰：「不教而戰〔註250〕，是謂棄之。」又曰：「善人教民七年，

〔註230〕張澍本注曰：「一無此句。」《將苑全集》本無此句。

〔註231〕《唐宋叢書》本、《百子全書》本、《學海類編》本、《廣漢魏叢書》本、《筆記小說大觀》本乙作「安居」。

〔註232〕《唐宋叢書》本、黃本、《百子全書》本、《學海類編》本、《廣漢魏叢書》本、《筆記小說大觀》本「懼」作「拒」。

〔註233〕「俟」，張澍本注曰：「一作待。」黃本、《百子全書》本、《學海類編》本、《廣漢魏叢書》本、《筆記小說大觀》本無「矣」字。

〔註234〕張澍本注曰：「一又曰國無小，有備故也句。」《將苑全集》本下有「又曰國無小，有備故也」句。

〔註235〕《將苑全集》本作「豫」。

〔註236〕黃本、《學海類編》本、《廣漢魏叢書》本、《筆記小說大觀》本「無」作「而」，《百子全書》本作「不」。

〔註237〕張澍本注曰：「一作善政之道。」《將苑全集》本此句作「善政之道」。

〔註238〕張澍本注曰：「一無『尚』字，『況』上無『而』字，『況』字下有『於』字。」《將苑全集》本作「蠚蠆有毒，況於國乎」。

〔註239〕黃本作「取」。

〔註240〕張澍本注曰：「一有書曰惟事事乃有其備句。」《將苑全集》本下有「書曰惟事事乃其有備」句。

〔註241〕張澍本注曰：「一無二字。」《將苑全集》本無「故曰」二字。

〔註242〕黃本上有「則」字。

〔註243〕張澍本注曰：「一作不。」《將苑全集》本作「不」。

〔註244〕《唐宋叢書》本、《百子全書》本、《學海類編》本、《廣漢魏叢書》本、《筆記小說大觀》本無「也」字，黃本「也」作「矣」。

〔註245〕黃本題作「習服」。

〔註246〕《將苑全集》本作「卒」。

〔註247〕《唐宋叢書》本、黃本、《百子全書》本、《學海類編》本、《廣漢魏叢書》、《將苑全集》本、《筆記小說大觀》本「無」作「不」。

〔註248〕黃本作「服」，且下有「者」字。

〔註249〕《將苑全集》本作「以」。

〔註250〕《唐宋叢書》本、黃本、《百子全書》本、《學海類編》本、《廣漢魏叢書》本、

亦可以即戎矣。」然則即戎之〔註251〕不可不教〔註252〕。教〔註253〕之以禮義，
誨之以忠信，誡〔註254〕之以典刑，威之以賞罰，故人知勸〔註255〕。然後習之，
或陳〔註256〕而分之，坐而起之，行而止之，走〔註257〕而卻之，別而合之，散
而聚之。一人可教十人，十人可教百人，百人可教千人，千人可〔註258〕教萬
人〔註259〕，可教三軍〔註260〕，然後教練而敵可勝矣〔註261〕。

○軍蠹

夫三軍之行，有探候不審〔註262〕，烽火失度；後期犯令，不應時機
〔註263〕；阻亂師徒〔註264〕，乍前乍後〔註265〕，不合金鼓；上不恤〔註266〕下，
削斂無度〔註267〕；營私〔註268〕徇己，不恤饑〔註269〕寒；非言妖〔註270〕辭

《筆記小說大觀》本此句作「以不教民戰」。
〔註251〕張澍本注曰：「一無此五字。」《唐宋叢書》本、黃本、《百子全書》本、《學
海類編》本、《廣漢魏叢書》本、《筆記小說大觀》本下有「士」字。
〔註252〕《將苑全集》本此句作「士不可不教」。
〔註253〕張澍本注曰：「一作先訓二字。」《將苑全集》本作「先訓」。
〔註254〕《唐宋叢書》本、黃本、《百子全書》本、《學海類編》本、《廣漢魏叢書》本、
《筆記小說大觀》本作「戒」。
〔註255〕張澍本注曰：「一無『故』字，『知』下有『其』字，『勸』下有『矣』字。」
《將苑全集》本此句作「人知其勸矣」。
〔註256〕黃本、《百子全書》本、《學海類編》本、《廣漢魏叢書》本、《將苑全集》本、
《筆記小說大觀》本作「陣」。
〔註257〕張澍本注曰：「一作前。」《將苑全集》本作「前」。
〔註258〕張澍本注曰：「一無四可字。」《將苑全集》本無此四「可」字。
〔註259〕《唐宋叢書》本、黃本、《百子全書》本、《學海類編》本、《廣漢魏叢書》本
下有「萬人」二字，黃本無「可教」二字。
〔註260〕張澍本注曰：「一作以成三軍。」《將苑全集》本此句作「以成三軍」。
〔註261〕張澍本注曰：「一作如此習練之，敵必敗矣。」《學海類編》本下有「哉」字。
《將苑全集》本此句作「如此練習之，敵必敗矣」。
〔註262〕張澍本注曰：「一作謹。」《將苑全集》本作「謹」。
〔註263〕黃本「時機」作「機速」。
〔註264〕張澍本注曰：「一作阻亂師旅。」《將苑全集》本此句作「阻師亂徒」。
〔註265〕張澍本注曰：「一作乍卻乍前。」《將苑全集》本此句作「乍卻乍前」。
〔註266〕黃本作「耐」。
〔註267〕《唐宋叢書》本、黃本、《百子全書》本、《學海類編》本、《廣漢魏叢書》本、
《筆記小說大觀》本「削斂」乙作「斂削」。「度」，張澍本注曰：「一作厭。」
《將苑全集》本作「厭」。
〔註268〕黃本「營私」作「信幸」。
〔註269〕《學海類編》本、《筆記小說大觀》本作「飢」。
〔註270〕張澍本注曰：「一作矯。」《將苑全集》本作「驕」。

〔註271〕，妄陳禍福；無事〔註272〕喧雜，驚惑〔註273〕將吏；勇不受制，專而陵〔註274〕上；侵〔註275〕竭府〔註276〕庫，擅給其財〔註277〕。此九者，三軍之蠹，有之必敗也。

○腹心

夫爲將者，必有腹心、耳目、爪牙〔註278〕。無腹心者〔註279〕，如人夜行，無所措手足〔註280〕；無手足〔註281〕者，如冥然而居，不知運動〔註282〕；無爪牙者，如饑〔註283〕人食毒物，無不死矣。故善將者，必有博聞多智者爲腹心，沈審謹〔註284〕密者〔註285〕爲耳目，勇悍〔註286〕善敵者爲爪牙〔註287〕。

○謹候

夫敗軍喪師，未有不因輕〔註288〕敵而致禍者〔註289〕，故師出以律，失

〔註271〕《百子全書》本、《學海類編》本、《廣漢魏叢書》本、《將苑全集》本、《筆記小説大觀》本作「詞」。

〔註272〕《唐宋叢書》本、黃本、《百子全書》本、《學海類編》本、《廣漢魏叢書》本、《筆記小説大觀》本「無」作「如」。《將苑全集》本無「無事」二字。

〔註273〕《將苑全集》本「驚惑」作「驚亂或」。張澍本注曰：「一『喧』上無『無事』二字，驚惑作亂惑。」

〔註274〕《唐宋叢書》本、黃本、《百子全書》本、《學海類編》本、《廣漢魏叢書》本、《筆記小説大觀》本「陵」作「凌」。

〔註275〕張澍本注曰：「一作虛。」《唐宋叢書》本、黃本、《百子全書》本、《學海類編》本、《廣漢魏叢書》本、《筆記小説大觀》本作「輕」。

〔註276〕張澍本注曰：「一作軍。」

〔註277〕張澍本注曰：「一作賞以給身。」黃本「財」作「身」。《將苑全集》本此二句作「虛竭軍庫以給身」。

〔註278〕張澍本注曰：「一耳目、爪牙上並有必有二字。」《將苑全集》本「耳目」、「爪牙」上皆有「必有」二字。

〔註279〕張澍本注曰：「一無者字。」《將苑全集》本無「者」字，下二處同。

〔註280〕張澍本注曰：「一無此句。」《將苑全集》本無此句。

〔註281〕《唐宋叢書》本、黃本、《百子全書》本、《廣漢魏叢書》本、《筆記小説大觀》本作「耳目」。

〔註282〕張澍本注曰：「一無此句。」《將苑全集》本無此句。

〔註283〕《學海類編》本、《廣漢魏叢書》本、《筆記小説大觀》本作「飢」。

〔註284〕黃本作「機」。

〔註285〕黃本無「者」字。

〔註286〕《唐宋叢書》本、黃本、《百子全書》本、《學海類編》本、《廣漢魏叢書》本、《筆記小説大觀》本作「捍」。《將苑全集》本「勇悍」作「敢勇」。

〔註287〕黃本乙作「牙爪」。

〔註288〕張澍本注曰：「一作欺。」《將苑全集》本作「欺」。

〔註289〕張澍本注曰：「一作也。」《將苑全集》本作「也」。

〔註290〕律則凶。律〔註291〕有十五焉：一曰慮，間諜明也；二曰詰，諜候謹也〔註292〕；三曰勇，敵眾不撓也；四曰廉，見利思義也；五曰平，賞罰均也；六曰忍，善含恥也；七曰寬，能容眾也；八曰信，重然諾也；九曰敬〔註293〕，禮賢能也；十曰明，不納讒也；十一曰謹〔註294〕，不違禮也〔註295〕；十二曰仁，善〔註296〕養士卒也；十三曰忠，以身殉國也；十四曰分，知止足也；十五曰謀，自料知他也〔註297〕。

○機形〔註298〕

夫以愚克智，逆〔註299〕也；以智克愚，順也；以智克智，機也。其〔註300〕道有三：一曰事，二曰勢，三曰情。事機作而不能應，非智也；勢機動而不能制〔註301〕，非賢也；情機發而不能行，非勇也。善將者〔註302〕，必因機而立勝〔註303〕。

○重刑

吳起曰：鼓鼙〔註304〕金鐸，所以威耳；旌幟〔註305〕，所以威目；禁令刑

〔註290〕黃本作「不」。
〔註291〕張澍本注曰：「一『律』下有『道』字。」黃本作「夫律者」。《將苑全集》本「律」下有「道」字。
〔註292〕黃本此句作「使令審也」。
〔註293〕《將苑全集》本作「謹」。
〔註294〕張澍本注曰：「一敬謹字互異。」《將苑全集》本作「敬」。
〔註295〕張澍本注曰：「一作不違舊也。」《將苑全集》本作「不遺舊也」。黃本、《學海類編》本、《廣漢魏叢書》本、《筆記小說大觀》本作「禮」作「理」。
〔註296〕張澍本注曰：「一無善字。」《將苑全集》本無「善」字。
〔註297〕張澍本注曰：「一作自料而後料人也。」《將苑全集》本此句作「自料而後料彼也」。
〔註298〕黃本題作「機刑」。
〔註299〕《唐宋叢書》本、黃本、《百子全書》本、《學海類編》本、《廣漢魏叢書》本、《筆記小說大觀》本作「命」。
〔註300〕張澍本注曰：「一作機。」《學海類編》本下有「謂」字。《將苑全集》本「其」作「機」。
〔註301〕張澍本注曰：「一作圖。」《將苑全集》本作「圖」。
〔註302〕張澍本注曰：「一善下有爲字。」《將苑全集》本「善」下有「爲」字。黃本無此三字。
〔註303〕「而」，張澍本注曰：「一作以。」《將苑全集》本作「以」。張澍本注曰：「一有也字。」黃本、《將苑全集》本「勝」下有「也」字。
〔註304〕張澍本注曰：「一作鼓聲。」《將苑全集》本作「聲」。
〔註305〕張澍本注曰：「一作旌旄旗幟。」《將苑全集》本作「旌旄旗幟」。

罰，所以威心。耳威以〔註306〕聲，不可不清；目威以容〔註307〕，不可不明；心威以〔註308〕刑，不可不嚴。三者不立〔註309〕，士可怠也〔註310〕。故曰：將之所麾，莫不心〔註311〕移；將之所指，莫不前死〔註312〕矣〔註313〕。

〇善〔註314〕將

古之善將者有四〔註315〕：示之以進退，故人知禁；誘之以仁〔註316〕義，故人知禮；重之以是非〔註317〕，故人知勸；決〔註318〕之以賞罰，故〔註319〕人知信。禁、禮、勸、信，師之大經也，未有綱直而目不舒也〔註320〕。故能戰必勝，攻必取〔註321〕。庸將不然〔註322〕，退則不能止〔註323〕，進則〔註324〕不能禁，故與軍同亡；無勸誡則賞罰失度〔註325〕，人不知信，而〔註326〕賢良

〔註306〕黃本作「則」。

〔註307〕黃本「以容」作「則色」。

〔註308〕黃本作「則」。

〔註309〕張澍本注曰：「一『三』上有『此』字，『立』作『善』。」

〔註310〕張澍本注曰：「一作害可怠也。」《將苑全集》本此二句作「此三者不善，害可待也」。

〔註311〕張澍本注曰：「一心作必。」《將苑全集》本作「必」。

〔註312〕張澍本注曰：「一作莫不必至。」

〔註313〕張澍本注曰：「一末有『將之莫不必死』句。」《將苑全集》本此句作「莫不必至；將之所期，莫不必死也」。

〔註314〕《唐宋叢書》本、黃本、《百子全書》本、《學海類編》本、《廣漢魏叢書》本、《筆記小說大觀》本作「蠱」。

〔註315〕張澍本注曰：「一作有大經。」《將苑全集》本「四」作「大經」。

〔註316〕「誘」，張澍本注曰：「一作陳。」《將苑全集》本作「陳」。「仁」，張澍本注曰：「一作德。」《將苑全集》本作「德」。

〔註317〕黃本「是非」作「軍師」。

〔註318〕張澍本注曰：「一作令。」《將苑全集》本作「令」。

〔註319〕張澍本注曰：「以上故字皆作而。」《將苑全集》本此數「故」字皆作「而」。

〔註320〕《筆記小說大觀》本「綱」作「剛」。張澍本注曰：「一無此句。」《將苑全集》本無此句。

〔註321〕「攻」，張澍本注曰：「一作敵。」《將苑全集》本作「敵」。《將苑全集》本「取」下有「也」字。

〔註322〕黃本此句作「庸者則不能然也」。

〔註323〕黃本「止」作「正」。

〔註324〕張澍本注曰：「一則字皆作而。」《將苑全集》本二「則」字皆作「而」。

〔註325〕「勸誡」，《唐宋叢書》本、黃本、《百子全書》本、《學海類編》本、《廣漢魏叢書》本、《筆記小說大觀》本作「誡勸」。張澍本注曰：「一作善惡混同，士不識勤，賞罰不均。」《將苑全集》本此二句作「善惡混同，士不識勤，賞罰不均」。

退伏，詔頑登〔註327〕用〔註328〕，是以戰必敗散也〔註329〕。

○審因

夫因人之勢以伐惡，則黃帝不能與〔註330〕爭威矣；因人之力以決勝，則湯、武不能與〔註331〕爭功矣。若能審因〔註332〕而加之威勝，則萬夫之雄將可圖，四海之英豪受制矣。

○兵〔註333〕勢

夫行兵之勢有三焉：一曰天，二曰地，三曰人。天勢者，日月清明，五星合度，彗孛〔註334〕不殃〔註335〕，風氣調和〔註336〕。地勢者，城峻〔註337〕重崖，洪波千里，石門幽洞〔註338〕，羊〔註339〕腸曲沃。人勢者，主聖將賢，三軍由禮，士卒用命，糧甲堅備。善將者，因天之時，就地之勢，依人之利，則所向〔註340〕者無敵，所擊者萬全矣。

○勝敗

賢才〔註341〕居上，不肖居下〔註342〕，三〔註343〕軍悅樂〔註344〕，士卒畏

〔註326〕《唐宋叢書》本、黃本、《百子全書》本、《學海類編》本、《廣漢魏叢書》本、《將苑全集》本作「故」。

〔註327〕《將苑全集》本「詔」上有「而」字。《唐宋叢書》本、黃本、《百子全書》本、《學海類編》本、《廣漢魏叢書》本、《筆記小說大觀》本「詔頑」乙作「頑詔」。《將苑全集》本「登」作「進」。

〔註328〕張澍本注曰：「一而字作故，詔上有而字，登作進。」

〔註329〕《唐宋叢書》本、《百子全書》本、《學海類編》本、《廣漢魏叢書》本、《筆記小說大觀》本無「也」字，黃本「也」作「之矣」。

〔註330〕黃本下有「之」字。

〔註331〕黃本下有「之」字。

〔註332〕《筆記小說大觀》本「審因」乙作「因審」。

〔註333〕《唐宋叢書》本、黃本、《百子全書》本、《學海類編》本、《廣漢魏叢書》本、《筆記小說大觀》本「兵」作「天」。

〔註334〕《唐宋叢書》本、黃本、《百子全書》本、《學海類編》本、《廣漢魏叢書》本、《筆記小說大觀》本乙作「孛彗」。

〔註335〕張澍本注曰：「一作生。」《將苑全集》本作「生」。

〔註336〕張澍本注曰：「一作順。」《將苑全集》本作「順」。

〔註337〕《筆記小說大觀》本「峻」作「文」。

〔註338〕《唐宋叢書》本、《百子全書》本、《學海類編》本、《廣漢魏叢書》本、《筆記小說大觀》本作「動」。

〔註339〕《筆記小說大觀》本作「半」。

〔註340〕黃本作「當」。

〔註341〕《將苑全集》本作「材」。

服〔註345〕；相議〔註346〕以勇〔註347〕鬥，相望〔註348〕以威武，相勸以刑賞〔註349〕，此必勝之征〔註350〕也。士卒惰慢，三軍數驚〔註351〕，下無禮信，人不畏〔註352〕法；相恐以敵，相語以利，相囑〔註353〕以禍福，相惑〔註354〕以妖言，此必敗之征〔註355〕也。

○假權

夫將者，人命之所懸也，成敗之所繫〔註356〕也，禍福之所倚〔註357〕也。而上不假之以賞罰，是〔註358〕猶束猿猱之手，而責之以騰捷〔註359〕；膠〔註360〕離婁之目，而使之辨〔註361〕青黃，不可得也。若賞移〔註362〕在〔註363〕權臣，罰不由主將，人苟自利，誰懷鬥心？雖伊、呂之謀，韓、白之功，而〔註364〕不能自衛也〔註365〕。故孫武曰：「將之出〔註366〕，君命有所不受。」亞〔註367〕

〔註342〕張澍本注曰：「一作士卒處下。」《將苑全集》本「不肖」作「士卒」。
〔註343〕《將苑全集》本上有「人安其業，是以無敵」句。
〔註344〕張澍本注曰：「一上有人安其業是以無敵句。」
〔註345〕《唐宋叢書》本、黃本、《百子全書》本、《學海類編》本、《廣漢魏叢書》本、《將苑全集》本、《筆記小說大觀》本「服」作「懼」。
〔註346〕張澍本注曰：「一作陳。」《將苑全集》本作「陣」。
〔註347〕《學海類編》本作「角」。
〔註348〕張澍本注曰：「一作堅。」《將苑全集》本作「堅」。
〔註349〕黃本「賞」作「罰」。
〔註350〕張澍本注曰：「微一作道。」《將苑全集》本作「道」。
〔註351〕《唐宋叢書》本、黃本、《百子全書》本、《學海類編》本、《廣漢魏叢書》本、《筆記小說大觀》本這二句位置互換。
〔註352〕張澍本注曰：「一作忌。」《將苑全集》本作「忌」。
〔註353〕《將苑全集》本作「屬」。
〔註354〕黃本作「感」。
〔註355〕張澍本注曰：「微一作道。」《將苑全集》本作「道」。
〔註356〕黃本作「在」。
〔註357〕黃本作「係」。
〔註358〕《學海類編》本、《廣漢魏叢書》本作「亦」。
〔註359〕張澍本注曰：「一作責其不升木。」《將苑全集》本此句作「而責其不升木」。
〔註360〕《學海類編》本作「膈」。
〔註361〕《唐宋叢書》本、《百子全書》本、《廣漢魏叢書》本作「辯」。
〔註362〕《將苑全集》本無「移」字。
〔註363〕《筆記小說大觀》本「在」作「左」。
〔註364〕《將苑全集》本無「而」字。
〔註365〕張澍本注曰：「一無而、也二字。」《將苑全集》本無「也」字。
〔註366〕張澍本注曰：「一有也字。」《將苑全集》本下有「也」字。
〔註367〕黃本、《百子全書》本、《學海類編》本、《廣漢魏叢書》本、《筆記小說大觀》

夫曰：「軍中〔註368〕聞將軍之命〔註369〕，不聞有天子之〔註370〕詔〔註371〕。」

　　○哀死

　　古之善將者，養〔註372〕人如養己子〔註373〕。有難，則以身先之；有功，則〔註374〕以身後之；傷者，泣而撫〔註375〕之；死者，哀〔註376〕而葬之〔註377〕；饑〔註378〕者，捨〔註379〕食而食〔註380〕之；寒者，解衣而衣之；智〔註381〕者，禮而祿之；勇者，賞〔註382〕而勸〔註383〕之。將能如〔註384〕此，所向必捷矣〔註385〕。

　　○三賓

　　夫〔註386〕三軍之行〔註387〕也，必有賓客羣〔註388〕議得失〔註389〕，以資

　　　　　　本上有「周」字。
〔註368〕《將苑全集》本下有「只」字。
〔註369〕張澍本注曰：「一作令。」《將苑全集》本「之命」作「令」。
〔註370〕《將苑全集》本無「之」字。
〔註371〕張澍本注曰：「一有也字。」黃本下有「矣」字，《將苑全集》本下有「也」字。
〔註372〕《將苑全集》本下有「其」字。
〔註373〕張澍本注曰：「一『人』上有『其』字。」
〔註374〕《將苑全集》本無「有功，則」三字。
〔註375〕《將苑全集》本作「養」。
〔註376〕《將苑全集》本作「泣」。
〔註377〕張澍本注曰：「一此句在傷者句前。」《唐宋叢書》本、黃本、《百子全書》本、《學海類編》本、《廣漢魏叢書》本、《筆記小說大觀》本「死者」句在「傷者」句前，黃本「葬」作「藏」。
〔註378〕《學海類編》本、《廣漢魏叢書》本、《筆記小說大觀》本作「飢」。
〔註379〕張澍本注曰：「一作給。」《將苑全集》本作「給」。
〔註380〕張澍本注曰：「一作飼。」《將苑全集》本作「飼」。
〔註381〕張澍本注曰：「一作賢。」《將苑全集》本作「賢」。
〔註382〕張澍本注曰：「一作貴。」《將苑全集》本作「貴」。
〔註383〕張澍本注曰：「一作親。」《將苑全集》本作「親」。
〔註384〕《唐宋叢書》本、黃本、《百子全書》本、《學海類編》本、《廣漢魏叢書》本作「若」。
〔註385〕張澍本注曰：「一作則所向必勝捷也。」《將苑全集》本此句作「則所向必勝捷也」。
〔註386〕《唐宋叢書》本、黃本、《百子全書》本、《學海類編》本、《廣漢魏叢書》本、《筆記小說大觀》本無「夫」字。
〔註387〕《筆記小說大觀》本「行」作「得」。
〔註388〕張澍本注曰：「一作共。」《將苑全集》本作「共」。
〔註389〕黃本「得失」作「將識」。

將用。有詞〔註390〕若懸流〔註391〕，奇謀不測，博聞廣見，多藝多〔註392〕才〔註393〕，此萬夫〔註394〕之望〔註395〕，可引〔註396〕爲上賓。有猛若〔註397〕熊〔註398〕虎，捷若騰猿，剛如鐵石，利若龍泉，此一時之雄〔註399〕，可以〔註400〕爲中賓〔註401〕。有多言或中，薄技〔註402〕小才〔註403〕，常人之能〔註404〕，此〔註405〕可引〔註406〕爲下賓〔註407〕。

〇後應〔註408〕

若乃圖難於易，爲大於細〔註409〕，先動後用〔註410〕，刑於無刑〔註411〕，此用兵之智〔註412〕也。師徒已列，戎馬〔註413〕交馳，彊弩纔〔註414〕臨〔註415〕，

〔註390〕張澍本注曰：「一作思。」《將苑全集》本作「思」。

〔註391〕張澍本注曰：「一作泉。」《將苑全集》本作「泉」。

〔註392〕張澍本注曰：「一作碩。」《將苑全集》本作「碩」。

〔註393〕張澍本注曰：「一有者字。」《將苑全集》本下有「者」字。

〔註394〕《將苑全集》本作「人」。

〔註395〕《筆記小說大觀》本「望」作「上」。

〔註396〕張澍本注曰：「一作以。」《將苑全集》本作「以」。

〔註397〕《將苑全集》本作「如」。

〔註398〕張澍本注曰：「一作餓。」《將苑全集》本作「餓」。

〔註399〕張澍本注曰：「一有也字。」《將苑全集》本下有「也」字。

〔註400〕《唐宋叢書》本、《百子全書》本、《學海類編》本、《廣漢魏叢書》本、《筆記小說大觀》本作「引」。

〔註401〕張澍本注曰：「一作次賓。」《將苑全集》本「中」作「次」。

〔註402〕張澍本注曰：「一作能。」《將苑全集》本作「能」。

〔註403〕張澍本注曰：「一作技。」《將苑全集》本作「技」。

〔註404〕張澍本注曰：「一無此句。」《將苑全集》本無此句。

〔註405〕《唐宋叢書》本、黃本、《百子全書》本、《學海類編》本、《廣漢魏叢書》本、《筆記小說大觀》本「此」字在「常」之前。

〔註406〕《將苑全集》本作「以」。

〔註407〕黃本下有「矣」字。

〔註408〕張澍本注曰：「一作沒應。」《唐宋叢書》本、黃本、《百子全書》本、《學海類編》本、《廣漢魏叢書》本、《筆記小說大觀》本作「沒應」。

〔註409〕張澍本注曰：「一作小。」《將苑全集》本作「小」。

〔註410〕《筆記小說大觀》本作「動」。

〔註411〕張澍本注曰：「一作先用賞，後用刑。」《將苑全集》本此二句作「先用賞，後用刑」。

〔註412〕張澍本注曰：「一作妙。」黃本作「知」，《將苑全集》本作「妙」。

〔註413〕張澍本注曰：「一作騎。」黃本、《將苑全集》本作「騎」。

〔註414〕《筆記小說大觀》本作「讒」。

〔註415〕張澍本注曰：「一作亂撓。」《將苑全集》本「纔臨」作「亂撓」。

短兵又接，乘威布信〔註416〕，敵人告急〔註417〕，此用兵之能也。身衝矢石，爭勝一時〔註418〕，成敗未〔註419〕分，我傷彼死〔註420〕，此〔註421〕用兵之下也。

○便利〔註422〕

夫草木叢集〔註423〕，利〔註424〕以遊逸；重塞山林，利以不意；前林〔註425〕無隱，利以潛伏〔註426〕；以少擊眾，利以日莫〔註427〕；以眾擊寡，利以清晨；彊弩長兵，利以捷次〔註428〕；逾淵隔水〔註429〕，風大〔註430〕暗昧〔註431〕，利以搏〔註432〕前擊〔註433〕後〔註434〕。

○應機

夫必勝之術，合變之形〔註435〕，在於機也。非智〔註436〕者孰能見機而作

〔註416〕張澍本注曰：「一作敷陳威信。」《將苑全集》本此句作「敷陳威信」。
〔註417〕張澍本注曰：「一作降。」《將苑全集》本作「降」。
〔註418〕黃本「一時」作「相對」。
〔註419〕張澍本注曰：「一作各。」《將苑全集》本作「各」。
〔註420〕張澍本注曰：「一我彼字互異。」《將苑全集》本「我」、「彼」乙。
〔註421〕《唐宋叢書》本、黃本、《百子全書》本、《學海類編》本、《廣漢魏叢書》本、《筆記小說大觀》本下有「乃」字。
〔註422〕張澍本注曰：「一作使利。」《唐宋叢書》本、黃本、《百子全書》本、《學海類編》本、《廣漢魏叢書》本、《筆記小說大觀》本作「使利」。
〔註423〕黃本「木」作「樹」。「集」，張澍本注曰：「一作穢。」《將苑全集》本作「穢」。
〔註424〕黃本「利」下有「之」字，下同，不再出校。
〔註425〕張澍本注曰：「一作晴明。」《將苑全集》本作「晴明」。
〔註426〕張澍本注曰：「一作勇力，又有『隘塗深草，利以潛伏』句。」《將苑全集》本作「勇力」，又下有「隘塗深草，利以潛伏」句。
〔註427〕《唐宋叢書》本、黃本、《百子全書》本、《學海類編》本、《廣漢魏叢書》本、《將苑全集》本、《筆記小說大觀》本作「暮」。
〔註428〕黃本無「捷次」二字。
〔註429〕黃本此句作「踰眾遇水」。
〔註430〕張澍本注曰：「一作大風。」《唐宋叢書》本、黃本、《百子全書》本、《學海類編》本、《廣漢魏叢書》本、《筆記小說大觀》本作「火」。《將苑全集》本作「大風」。
〔註431〕黃本無「昧」字。
〔註432〕黃本、《廣漢魏叢書》本作「摶」。
〔註433〕《唐宋叢書》本、《百子全書》本、《學海類編》本、《廣漢魏叢書》本、《將苑全集》本作「擒」。
〔註434〕《學海類編》本下有「也」字。《筆記小說大觀》本「擊後」作「後擒」。
〔註435〕張澍本注曰：「一作利。」《將苑全集》本作「利」。

乎〔註 437〕？見機之道〔註 438〕，莫〔註 439〕先〔註 440〕於不意。故猛獸〔註 441〕失險，童子持〔註 442〕戟以〔註 443〕追〔註 444〕之；蜂蠆發毒〔註 445〕，壯夫〔註 446〕徬徨〔註 447〕而失色。以其禍出不圖，變速非慮也〔註 448〕。

○揣能

古之善用兵者〔註 449〕，揣其能而料〔註 450〕其勝負。主孰聖也？將孰賢也？吏孰能也？糧餉〔註 451〕孰豐也？士卒孰練也？軍容〔註 452〕孰整也？戎馬〔註 453〕孰逸也？形勢孰險也？賓客孰智也？鄰國孰懼也〔註 454〕？財貨孰多〔註 455〕也？百姓孰安也？由此觀之〔註 456〕，彊弱之形，可以決矣。

○輕戰

螫蟲〔註 457〕之觸，負其〔註 458〕毒也；戰士能勇，恃其〔註 459〕備也。所

〔註 436〕黃本「智」下有「熟」字。

〔註 437〕張澍本注曰：「一作非智者孰能與於此乎。」《唐宋叢書》本、黃本、《百子全書》本、《學海類編》本、《廣漢魏叢書》本、《筆記小説大觀》本無「乎」字。《將苑全集》本此句作「非智者孰能與於此乎」。

〔註 438〕《學海類編》本作「作」。

〔註 439〕黃本下有「不」字。

〔註 440〕張澍本注曰：「一作大。」《將苑全集》本作「大」。

〔註 441〕張澍本注曰：「一作猶虓虎。」《將苑全集》本作「虓虎」。

〔註 442〕張澍本注曰：「一作曳。」《將苑全集》本作「曳」。

〔註 443〕張澍本注曰：「一作而。」《將苑全集》本作「而」。

〔註 444〕黃本作「退」。《筆記小説大觀》本作「迫」。

〔註 445〕張澍本注曰：「一作入袖。」《將苑全集》本作「入袖」。

〔註 446〕《唐宋叢書》本、黃本、《百子全書》本、《學海類編》本、《廣漢魏叢書》本作「士」。《筆記小説大觀》本作「土」。

〔註 447〕張澍本注曰：「一作恛惶。」黃本作「彷徨」，《將苑全集》本作「恛惶」。

〔註 448〕張澍本注曰：「一作故出其不意，圖變實虛也。」《唐宋叢書》本、《百子全書》本、《學海類編》本、《廣漢魏叢書》本、《筆記小説大觀》本無「也」字。《將苑全集》本後二句作「故出其不意，圖變實虛也」。

〔註 449〕張澍本注曰：「一者下有先字。」《將苑全集》本下有「先」字。

〔註 450〕張澍本注曰：「一作斷。」《將苑全集》本作「斷」。

〔註 451〕張澍本注曰：「一無餉字。」《將苑全集》本無「餉」字。

〔註 452〕張澍本注曰：「一作器。」《將苑全集》本作「器」。

〔註 453〕黃本作「事」。

〔註 454〕黃本「懼」作「惧」。張澍本注曰：「一無此句。」《將苑全集》本無此句。

〔註 455〕張澍本注曰：「一作實。」《將苑全集》本作「實」。

〔註 456〕張澍本注曰：「一作觀此二字。」《將苑全集》本此句作「觀此」。

〔註 457〕黃本、《將苑全集》本作「虫」。《筆記小説大觀》本作「蠹」。

〔註 458〕黃本下有「有」字。

〔註460〕以鋒銳甲堅，則人輕戰。故甲不堅密，與肉袒同〔註461〕；射不能中，與無〔註462〕矢同；中〔註463〕不能入，與無鏃同；探候不謹，與無目同；將帥〔註464〕不勇，與無將同〔註465〕。

○地勢

夫地勢者，兵之助也，不知戰地而求〔註466〕勝者，未之有也。山林土陵〔註467〕，邱〔註468〕阜大川，此步兵之地；土高山狹〔註469〕，蔓衍〔註470〕相屬，此車騎之地；依山附澗，高林深谷，此弓弩之地；草淺土平，可前可後，此〔註471〕長戟之地〔註472〕；蘆葦相參，竹樹〔註473〕交映，此鎗〔註474〕矛〔註475〕之地也〔註476〕。

○情勢

夫將有勇而輕死者，有急而心速者，有貪而喜利者，有仁而不忍者，有智而心怯者，有謀而情緩者。是故勇而輕死者，可暴也；急而心速者，可久也；貪而喜利者，可遺也；仁而不忍者，可勞也；智而心怯者，可窘也；謀而情緩者，可襲也。

〔註459〕黃本、《百子全書》本、《學海類編》本、《廣漢魏叢書》本、《筆記小說大觀》本「恃」作「倚」。黃本「其」下有「有」字。

〔註460〕黃本、《百子全書》本、《學海類編》本、《廣漢魏叢書》本、《筆記小說大觀》本作「是」。

〔註461〕張澍本注曰：「一有弩不及遠，與短兵同。」《將苑全集》本下有「弩不及遠，與短兵同」句。

〔註462〕《筆記小說大觀》本「無」置「同」下。

〔註463〕《百子全書》本、《學海類編》本、《筆記小說大觀》本作「眾」。

〔註464〕黃本作「鬭」。

〔註465〕黃本此句作「與薑同矣」。

〔註466〕張澍本注曰：「一無求字。」《將苑全集》本無「求」字。

〔註467〕張澍本注曰：「一作積石。」《將苑全集》本「土陵」作「積石」。

〔註468〕《唐宋叢書》本、《廣漢魏叢書》本、《將苑全集》本作「丘」，黃本作「石」。

〔註469〕黃本此句作「平原小坡」。

〔註470〕張澍本注曰：「一作蔓草。」《將苑全集》本「蔓衍」作「草蔓」。

〔註471〕黃本「此」下有「此」字。

〔註472〕《將苑全集》本下有「也」字。

〔註473〕張澍本注曰：「一作樹木。」《將苑全集》本「竹樹」作「樹木」。

〔註474〕《學海類編》本作「槍」。

〔註475〕張澍本注曰：「一作鈒。」《將苑全集》本作「鈒」。

〔註476〕張澍本注曰：「一此三句在『依山附澗』句上。」黃本「也」作「矣」。《將苑全集》本無「也」字。《將苑全集》本「蘆葦」句在「依山附澗」句上。

○擊勢

古之善鬥〔註477〕者，必〔註478〕先探〔註479〕敵情而〔註480〕後圖之。凡〔註481〕師老糧〔註482〕絕，百姓愁怨〔註483〕，軍令不習〔註484〕，器械不修〔註485〕，計不先設〔註486〕，外救不至〔註487〕，將吏刻剝，賞罰輕懈，營伍〔註488〕失次〔註489〕，戰勝而驕〔註490〕，可以攻之〔註491〕。若〔註492〕用賢授能，糧〔註493〕食羨餘〔註494〕，甲兵堅利，四鄰和睦〔註495〕，大國應援〔註496〕，敵有此者〔註497〕，引而計〔註498〕之〔註499〕。

〔註477〕張澍本注曰：「一作將。」《將苑全集》本作「將」。

〔註478〕張澍本注曰：「一無必字。」《將苑全集》本無「必」字。

〔註479〕《唐宋叢書》本、黃本、《百子全書》本、《學海類編》本、《廣漢魏叢書》本、《筆記小說大觀》本作「揣」。

〔註480〕張澍本注曰：「一作然。」《將苑全集》本作「然」。

〔註481〕張澍本注曰：「一無凡字。」《將苑全集》本無「凡」字。

〔註482〕黃本作「粮」。

〔註483〕《將苑全集》本「愁怨」作「怨生」。

〔註484〕張澍本注曰：「一作人多疾疫。」《將苑全集》本此句作「人多疾疫」。

〔註485〕黃本作「脩」。

〔註486〕張澍本注曰：「一此句在『器械』句上。」《將苑全集》本此句在上句之前。

〔註487〕張澍本注曰：「一此句上有『卒不習練』句。」《將苑全集》本此句上有「卒不練習」句。

〔註488〕黃本、《百子全書》本、《學海類編》本、《廣漢魏叢書》本、《筆記小說大觀》本作「陣」。

〔註489〕《將苑全集》本此三句作「塗遠日暮，士卒勞倦，將薄吏輕，懈不設備，進不暇陣，陣而未定，行波涉水，半山隱藏，踰津越河，旌旗散亂，將士相違」數句。

〔註490〕張澍本注曰：「一『外救不至』句下有『塗遠日莫，士卒勞倦，將薄吏輕，懈不設備，進不暇陣，陣而未定，行波涉水，牛山隱蔽，逾津越河，旌旗散亂，將士相違』四十字，乃接『戰勝而驕』句。」

〔註491〕張澍本注曰：「一無此句，有行陳失列，兵疲而驚，大軍雖紛，而眾未食，自行自止，或前或卻，擊之無疑，上度下惠，信賞必罰，陳功就列四十字。」《將苑全集》本此句作「行陣失列，兵疲而驚，大軍雖給，而眾未食，自行自止，或前或卻，擊之無疑，上度下惠，信賞必罰，陳功就列」數句。

〔註492〕張澍本注曰：「一無若字。」《將苑全集》本無「若」字。

〔註493〕黃本作「粮」。

〔註494〕張澍本注曰：「一作師恭而禮。」《將苑全集》本此句作「師恭而禮」。

〔註495〕張澍本注曰：「一作之字。」《將苑全集》本「和睦」作「之大」。

〔註496〕張澍本注曰：「一作歸於版圖，又有糧備有餘，政教不虛二句。」黃本作「接」。《將苑全集》本此句作「歸於版圖，糧備有餘，政教不虛」。

〔註497〕張澍本注曰：「一作敵人有此。」《將苑全集》本此句作「敵人有此」。

○整師

夫出師行軍〔註500〕，以整爲勝。若賞罰不明，法令不信，金之不止，鼓之不進，雖有〔註501〕百萬之師，無益於用。所謂整〔註502〕師〔註503〕者，居則有禮，動則有威；進不可當，退不可逼〔註504〕；前後應接〔註505〕，左右應旄〔註506〕，而〔註507〕不與之危〔註508〕；其眾可合而不可離，可用而不可疲〔註509〕矣〔註510〕。

○厲〔註511〕士

夫用兵〔註512〕之道，尊之以爵，贍〔註513〕之以財，則士無不至〔註514〕矣；接之以禮，厲〔註515〕之以信〔註516〕，則士無不死矣；畜〔註517〕恩〔註518〕不倦，法若畫一，則士無不服矣；先之以身，後之以人，則士無不勇矣；小善必錄，小功必賞，則士無不勸矣。

〔註498〕黃本、《將苑全集》本作「避」。

〔註499〕張澍本注曰：「一作避之。」《唐宋叢書》本、《百子全書》本、《學海類編》本、《廣漢魏叢書》本、《筆記小説大觀》本此句作「計而避之」。

〔註500〕張澍本注曰：「一師軍字互異。」《將苑全集》本「師」、「軍」乙。

〔註501〕《將苑全集》本無「有」字。

〔註502〕《筆記小説大觀》本作「救」。

〔註503〕張澍本注曰：「一無師字。」《將苑全集》本無「師」字。

〔註504〕黃本作「追」。

〔註505〕張澍本注曰：「一作節。」《將苑全集》本作「節」。

〔註506〕黃本作「麾」。

〔註507〕《唐宋叢書》本、黃本、《百子全書》本、《學海類編》本、《廣漢魏叢書》本、《筆記小説大觀》本「而」前有「與之安」三字。

〔註508〕張澍本注曰：「一無而字。」《將苑全集》本此句作「與之安不與之危」。

〔註509〕黃本作「廢」。

〔註510〕張澍本注曰：「一作也。」《將苑全集》本作「也」。

〔註511〕《唐宋叢書》本、黃本、《百子全書》本、《學海類編》本、《廣漢魏叢書》本、《將苑全集》本、《筆記小説大觀》本作「勵」。

〔註512〕張澍本注曰：「一作人。」《將苑全集》本作「人」。

〔註513〕談本、《學海類編》本、《廣漢魏叢書》本、《將苑全集》本、《筆記小説大觀》本「贍」作「瞻」。

〔註514〕張澍本注曰：「一作奮。」《將苑全集》本作「奮」。

〔註515〕《唐宋叢書》本、黃本、《百子全書》本、《學海類編》本、《廣漢魏叢書》本、《將苑全集》本、《筆記小説大觀》本作「勵」。

〔註516〕黃本作「言」。

〔註517〕黃本、《百子全書》本、《學海類編》本、《廣漢魏叢書》本作「蓄」。

〔註518〕黃本作「息」。

○自勉

聖〔註519〕人則天，賢者〔註520〕法地，智者則〔註521〕古。驕者〔註522〕招毀〔註523〕，妄〔註524〕者稔禍〔註525〕，多語者寡信，自奉〔註526〕者少恩，賞於〔註527〕無功者離，罰加〔註528〕無罪者怨，喜〔註529〕怒不當〔註530〕者滅〔註531〕。

○戰道

夫〔註532〕林戰之道，晝廣旌旗，夜多金鼓〔註533〕；利用短兵，巧在設伏〔註534〕；或攻於前，或發〔註535〕於後。叢戰之道，利用劍楯；將欲圖之，先度其路，十里一場，五里一應〔註536〕；偃戢旌旗，特〔註537〕嚴金鼓，令賊〔註538〕無〔註539〕措手足。谷戰之道，巧於設伏，利以〔註540〕勇鬥；輕足之士凌其高，必死之士殿其後；列彊弩〔註541〕而〔註542〕衝之，持短兵而〔註543〕

〔註519〕張澍本注曰：「一『聖』上有『夫』字。」《將苑全集》本上有「夫」字。
〔註520〕張澍本注曰：「一作人。」《將苑全集》本作「人」。
〔註521〕張澍本注曰：「一作循。」黃本作「脩」。《將苑全集》本作「循」。
〔註522〕《學海類編》本「者」下有「則」字。
〔註523〕張澍本注曰：「一作毀至。」《將苑全集》本「招毀」作「毀至」。
〔註524〕張澍本注曰：「一作慢。」
〔註525〕張澍本注曰：「一作禍及。」《將苑全集》本此句作「慢者禍及」。
〔註526〕張澍本注曰：「一作養。」《將苑全集》本作「養」。
〔註527〕張澍本注曰：「一無小字。」《將苑全集》本無「於」字。
〔註528〕張澍本注曰：「一無加字。」《將苑全集》本無「加」字。
〔註529〕《將苑全集》本無「喜」字。
〔註530〕《將苑全集》本「當」作「常」。
〔註531〕張澍本注曰：「一無喜字，當作常。」
〔註532〕張澍本注曰：「一無夫字。」《將苑全集》本無「夫」字。
〔註533〕張澍本注曰：「一多金作張大。」《將苑全集》本此句作「夜張火鼓」。
〔註534〕黃本此句作「巧其在伏」。
〔註535〕黃本作「起」。
〔註536〕張澍本注曰：「一作堠。」《將苑全集》本作「堠」。
〔註537〕張澍本注曰：「一作持。」黃本作「將」。《將苑全集》本作「持」。
〔註538〕張澍本注曰：「一作敵。」《唐宋叢書》本、黃本、《百子全書》本、《學海類編》本、《廣漢魏叢書》本、《筆記小說大觀》本下有「人」字。《將苑全集》本作「敵人」。
〔註539〕張澍本注曰：「一『無』下有『所』字。」《將苑全集》本下有「所」字。
〔註540〕張澍本注曰：「一作在。」《將苑全集》本作「在」。
〔註541〕《筆記小說大觀》本「弩」作「努」。
〔註542〕張澍本注曰：「一作以。」《將苑全集》本作「以」。

繼之；彼不得前，我不得往。水戰之道，利在舟楫；練〔註544〕習士卒以乘之，多張旗幟以惑之，嚴弓〔註545〕弩以中之，持短兵以捍〔註546〕之，設堅柵以衛之，順其流而〔註547〕擊之。夜戰之道，利在機密〔註548〕；或潛師〔註549〕以衝之，以〔註550〕出其不意；或多〔註551〕火〔註552〕鼓〔註553〕，以亂其〔註554〕耳目，馳〔註555〕而攻之，可以〔註556〕勝矣。

○和人

　　夫用兵之道，在於人和〔註557〕，人〔註558〕和則不勸而自戰矣。若將〔註559〕吏〔註560〕相猜〔註561〕，士卒〔註562〕不服〔註563〕，忠謀不用〔註564〕，群下〔註565〕謗議，讒慝互生，雖有湯、武之智，而不能〔註566〕取〔註567〕勝於匹

〔註543〕張澍本注曰：「一作以。」《將苑全集》本作「以」。

〔註544〕張澍本注曰：「一作簡。」《將苑全集》本作「簡」。

〔註545〕張澍本注曰：「嚴弓一作發強。」《將苑全集》本「嚴弓」作「發強」。

〔註546〕黃本作「棹」。

〔註547〕《將苑全集》本作「以」。

〔註548〕黃本無此句。

〔註549〕張澍本注曰：「一有銜枚二字。」《將苑全集》本下有「銜枚」二字。

〔註550〕《將苑全集》本無「以」字。

〔註551〕張澍本注曰：「一下有將字。」《將苑全集》本下有「將」字。

〔註552〕黃本作「金」。

〔註553〕《學海類編》本作「過」。

〔註554〕《唐宋叢書》本、《百子全書》本、《學海類編》本、《廣漢魏叢書》本、《筆記小說大觀》本無「其」字。

〔註555〕《唐宋叢書》本、《百子全書》本、《學海類編》本、《廣漢魏叢書》本、《筆記小說大觀》本無「馳」字。

〔註556〕張澍本注曰：「一無可以二字。」《將苑全集》本無「可以」二字。

〔註557〕張澍本注曰：「一作要在人和。」《將苑全集》本此句作「要在和人」。

〔註558〕《唐宋叢書》本、黃本、《百子全書》本、《學海類編》本、《廣漢魏叢書》本、《筆記小說大觀》本無「人」字。

〔註559〕黃本作「人」。

〔註560〕《將苑全集》本「將吏」作「吏卒」。

〔註561〕張澍本注曰：「一無將字，『吏』下有『卒』字。」

〔註562〕張澍本注曰：「一作戎。」《將苑全集》本作「戎」。

〔註563〕張澍本注曰：「一作附。」《將苑全集》本作「附」。

〔註564〕張澍本注曰：「一作納。」《將苑全集》本作「納」。

〔註565〕張澍本注曰：「一作小。」《將苑全集》本作「小」。

〔註566〕《唐宋叢書》本、黃本、《百子全書》本、《學海類編》本、《廣漢魏叢書》本無「能」字。

〔註567〕《筆記小說大觀》本「能取」作「敢」。

夫，況眾人乎〔註568〕！

○察情

夫兵起而靜者〔註569〕，恃其險也；迫而挑戰〔註570〕者，欲人之進也；眾樹動者〔註571〕，車來也；塵土〔註572〕卑而廣者，徒來也；辭彊而進驅〔註573〕者，退也；半進而半退者，誘也；杖而行者〔註574〕，饑〔註575〕也；見利而不進者，勞也；鳥集者，虛也；夜呼者，恐也；軍擾〔註576〕者，將不重也；旌旗動者，亂〔註577〕也；吏怒者，倦也；數賞者，窘也；數罰者，困也〔註578〕；來委謝者〔註579〕，欲〔註580〕休息也；幣重而言甘者，誘〔註581〕也。

○將情

夫為將之道，軍井未汲，將不言渴；軍食〔註582〕未熟〔註583〕，將不言饑〔註584〕；軍火未然〔註585〕，將不言寒；軍幕未施，將不言困；夏不操扇

〔註568〕張澍本注曰：「一有故傳曰兵猶火也不戢將自焚二句。」黃本此句作「況其眾者乎」。《將苑全集》本下有「故傳曰兵猶火也不戢將自焚」句。

〔註569〕張澍本注曰：「一『起』下有『有情近』三字。」《將苑全集》本此句作「夫兵起有情，近而靜者」。

〔註570〕黃本作「人」。

〔註571〕黃本這二句作「欲人進之眾也，樹而動者」。

〔註572〕張澍本注曰：「一無土字。」黃本無「塵土」二字。《將苑全集》本無「土」字。

〔註573〕黃本「進驅」作「言」。

〔註574〕黃本此句作「仗而立者」。

〔註575〕《學海類編》本作「機」。

〔註576〕張澍本注曰：「一作撓。」《將苑全集》本作「撓」。

〔註577〕張澍本注曰：「一作有『兵』字。」《將苑全集》本上有「兵」字。

〔註578〕張澍本注曰：「一有『先暴而後畏其眾者，不靜之至也』二句。」《將苑全集》本下有「先暴而後畏其眾者，不靜之至也」句。

〔註579〕黃本無「吏怒者，倦也；數賞者，窘也；數罰者，困也」幾句，「來委謝者」作「妄來謝者」。

〔註580〕張澍本注曰：「一無欲字。」黃本、《學海類編》本、《廣漢魏叢書》本、《筆記小說大觀》本無「欲」字。

〔註581〕張澍本注曰：「一『誘』下有『我』字。」黃本、《將苑全集》本下有「我」字。

〔註582〕張澍本注曰：「一作米。」《將苑全集》本作「米」。

〔註583〕張澍本注曰：「一作炊。」《將苑全集》本作「炊」。

〔註584〕《學海類編》本作「飢」。

〔註585〕《唐宋叢書》本、《百子全書》本、《廣漢魏叢書》本、《將苑全集》本作「燃」，黃本作「生」。

〔註586〕，雨不張蓋，與眾同也。

○威令

夫一人之身〔註587〕，百萬之眾〔註588〕，束肩斂息，重〔註589〕足俯聽，莫敢仰視者〔註590〕，法制使〔註591〕然也。若乃上無刑罰，下無禮義〔註592〕，雖〔註593〕有天下，富有四海，而不能〔註594〕自免者，桀、紂之類〔註595〕也。夫以匹夫之刑〔註596〕令〔註597〕以賞罰〔註598〕，而人不能逆其命者，孫武、穰苴之類〔註599〕也。故令不可輕，勢不可通〔註600〕。

○東夷〔註601〕

東夷之性，薄禮少義〔註602〕，捍〔註603〕急能鬥；依山塹海，憑險〔註604〕自固〔註605〕。上下和〔註606〕睦〔註607〕，百姓安樂〔註608〕，未〔註609〕可圖

〔註586〕《筆記小說大觀》本「夏」作「天」。黃本、《百子全書》本、《學海類編》本、《廣漢魏叢書》本、《將苑全集》本、《筆記小說大觀》本下有「冬不服裘」一句。

〔註587〕張澍本注曰：「一作威貌。」《將苑全集》本「之身」作「威貌」。

〔註588〕張澍本注曰：「一作而萬人。」《將苑全集》本此句作「而萬人」。

〔註589〕《唐宋叢書》本、黃本、《百子全書》本、《學海類編》本、《廣漢魏叢書》本、《筆記小說大觀》本作「踵」。

〔註590〕《唐宋叢書》本、黃本、《百子全書》本、《學海類編》本、《廣漢魏叢書》本、《筆記小說大觀》本無「者」字。

〔註591〕黃本下有「之」字。

〔註592〕黃本作「敬」。

〔註593〕《唐宋叢書》本、黃本、《百子全書》本、《學海類編》本、《廣漢魏叢書》本、《將苑全集》本、《筆記小說大觀》本「雖」下有「貴」字。

〔註594〕《筆記小說大觀》本無「能」字。

〔註595〕《將苑全集》本下有「是」字。

〔註596〕黃本作「形」。

〔註597〕黃本、《百子全書》本、《學海類編》本、《筆記小說大觀》本下有「之」字。

〔註598〕張澍本注曰：「一作『夫以兵之權，制之以法令，威之以賞罰』。」《將苑全集》本此句作「夫以兵之權，制之以法令，威之以賞罰」。

〔註599〕張澍本注曰：「一『類』下有『是』字。」《將苑全集》本下有「是」。

〔註600〕《唐宋叢書》本、黃本、《百子全書》本、《學海類編》本、《廣漢魏叢書》本、《將苑全集》本、《筆記小說大觀》本「通」作「逆」。

〔註601〕《唐宋叢書》本、《百子全書》本、《學海類編》本、《筆記小說大觀》本無以下四篇。

〔註602〕張澍本注曰：「一作薄識禮義。」《將苑全集》本此句作「薄識禮義」。

〔註603〕黃本、《廣漢魏叢書》本、《將苑全集》本作「悍」。

〔註604〕黃本「險」作「以」。

〔註605〕張澍本注曰：「一『固』下有『若』字。」

也。若〔註610〕上亂下離，則可以行間，間起則〔註611〕隙生，隙生〔註612〕則修德〔註613〕以來之，固甲兵〔註614〕而擊之〔註615〕，其勢必克〔註616〕也。

○南蠻

南蠻多種，性不能〔註617〕教，連合朋黨，失意則相攻〔註618〕。居洞依山，或聚或散，西至崑崙，東至洋海，海產〔註619〕奇貨〔註620〕，故人貪而勇戰。春夏多疾〔註621〕疫，利在疾戰〔註622〕，不可久師也。

○西戎

西戎之性，勇悍好利，或城居，或野處，米糧〔註623〕少，金貝多，故人勇戰鬥，難敗〔註624〕。自磧〔註625〕石以西，諸戎種繁〔註626〕，地廣形險，俗負彊很〔註627〕，故〔註628〕人多不臣。當候之以外釁〔註629〕，伺〔註630〕之

〔註606〕黃本作「穌」。

〔註607〕張澍本注曰：「一上下作君臣。」《將苑全集》本此句作「若君臣和睦」。

〔註608〕張澍本注曰：「一作黎民安喜。」《將苑全集》本此句作「黎民安喜」。

〔註609〕張澍本注曰：「一作不。」《將苑全集》本作「不」。

〔註610〕《將苑全集》本無「若」字。

〔註611〕張澍本注曰：「一無則字。」《將苑全集》本無「則」字。

〔註612〕張澍本注曰：「一無此二字。」黃本、《將苑全集》本無此二字。

〔註613〕黃本、《廣漢魏叢書》本「德」作「文教」。

〔註614〕張澍本注曰：「一作因其人。」《將苑全集》本「固甲兵」作「因其人」。

〔註615〕黃本、《廣漢魏叢書》本此句作「固兵甲以擊之」。

〔註616〕黃本作「勝」。

〔註617〕張澍本注曰：「一作帥。」《將苑全集》本作「師」。

〔註618〕張澍本注曰：「一作則叛。」《將苑全集》本「相攻」作「叛」。

〔註619〕黃本、《廣漢魏叢書》本「海產」作「產出」。

〔註620〕張澍本注曰：「一作以西多馬，其海出奇貨。」《將苑全集》本上三句作「以西多馬，其海出奇貨」。

〔註621〕張澍本注曰：「一作瘴。」《將苑全集》本作「瘴」。

〔註622〕張澍本注曰：「一作鬥。」《將苑全集》本作「鬪」。

〔註623〕黃本作「粮」。

〔註624〕張澍本注曰：「一作西戎多種，性剛昧，依城著野，出良馬，多金寶，而利於鬥，故難敗，此可以惑詐取，不可以言議服三十六字。」《將苑全集》本此數句作「西戎多種，性剛昧，依城著野，出良馬，多金寶，而利於鬥，故難敗，此可以惑詐取，不可以言議服」。

〔註625〕張澍本注曰：「一作積。」黃本、《將苑全集》本作「積」。

〔註626〕張澍本注曰：「一『戎』下有『稍敷仁信』四字。」《將苑全集》本「種繁」作「稍敷仁信」。

〔註627〕「俗」，張澍本注曰：「一作自。」《將苑全集》本作「自」。黃本「很」作「狼」，《將苑全集》本作「狼」。

以內亂，則可破矣〔註631〕。

○北狄

北狄居無城郭，隨逐水草。勢利則南侵〔註632〕，勢失則北遁〔註633〕，長山廣磧〔註634〕，足以自衛。饑〔註635〕則捕獸飲乳，寒則寢皮服裘，奔走射〔註636〕獵，以殺爲務。未可以道德懷〔註637〕之，未可以兵戎〔註638〕服之。漢不與戰〔註639〕，其略有三：漢卒〔註640〕且耕且戰，故疲而怯，虜但牧獵〔註641〕，故〔註642〕逸而勇，以疲敵逸，以怯敵勇，不相當也〔註643〕，此不可戰一也〔註644〕。漢長於步，日馳百里，虜長於騎，日乃倍之；漢逐虜則齎糧〔註645〕負甲而隨之，虜逐漢則驅疾騎而運之。運負之勢已殊，走逐之形不等，此不可戰二也〔註646〕。漢戰多步，虜戰多騎，爭地形之勢〔註647〕，則騎疾於步〔註648〕，遲疾勢縣，此不可戰三也〔註649〕。不得已〔註650〕，則〔註651〕

〔註628〕張澍本注曰：「一無故字。」《將苑全集》本無「故」字。

〔註629〕張澍本注曰：「一作隙。」《將苑全集》本作「隙」。

〔註630〕黃本、《廣漢魏叢書》本作「釁」。

〔註631〕黃本「破」作「圖」。張澍本注曰：「一作則鬥之可圖矣。」《將苑全集》本此句作「則鬭之可圖矣」。

〔註632〕黃本「侵」下有「漢境」二字。

〔註633〕張澍本注曰：「一作乃自引去。」黃本「遁」下有「陰山」二字。《將苑全集》本「則北遁」作「乃自引去」。

〔註634〕黃本無此句，另作「足以自固」。《廣漢魏叢書》本「磧」作「蹟」。

〔註635〕《廣漢魏叢書》本作「飢」。

〔註636〕張澍本注曰：「一作馳。」《將苑全集》本作「馳」。

〔註637〕黃本「未」作「不」。「懷」，張澍本注曰：「一作綏。」《將苑全集》本作「綏」。

〔註638〕張澍本注曰：「一作革。」《將苑全集》本作「革」。

〔註639〕黃本此句作「漢云不可以戰」。

〔註640〕張澍本注曰：「一作軍。」《將苑全集》本作「軍」。

〔註641〕張澍本注曰：「一作且牧且獵。」《將苑全集》本此句作「虜騎且牧且獵」。

〔註642〕《將苑全集》本作「則」。

〔註643〕黃本「當」作「鬭」。張澍本注曰：「一無此句。」《將苑全集》本無此句。

〔註644〕黃本此句作「此其不可戰者一也」。

〔註645〕「齎」，張澍本注曰：「一作運。」黃本作「齏」，《將苑全集》本作「運」。黃本「糧」作「粮」。

〔註646〕黃本此句作「此其不可戰者二也」。

〔註647〕黃本「爭」作「將爭奪」。張澍本注曰：「一作爭地之形勢。」《將苑全集》本此句作「爭地之形勢」。

〔註648〕張澍本注曰：「一作則騎與步。」《將苑全集》本此句作「則騎與步」。

〔註649〕黃本此句作「此其不可戰者三也」。

莫若守邊。守邊之道〔註652〕，揀良將而任之，訓銳士而〔註653〕禦之，廣營田而實之，設烽堠〔註654〕而待之，候其虛而乘之，因其衰而取之〔註655〕，所謂資不費而寇自除矣〔註656〕，人不疲而虜自寬矣〔註657〕。

〔註650〕張澍本注曰：「一無此三字。」《將苑全集》本無此三字。

〔註651〕《將苑全集》本作「其」。

〔註652〕張澍本注曰：「一無此四字。」《將苑全集》本無此四字。

〔註653〕黃本、《廣漢魏叢書》本「而」作「以」。

〔註654〕黃本作「候」。

〔註655〕黃本「衰」作「眾」。張澍本注曰：「一作多方策以誤之，乘間隙以擊之。」《將苑全集》本此二句作「多方策以誤之，乘間隙以擊之」。

〔註656〕黃本、《廣漢魏叢書》本「所」上有「則」字。「資」，張澍本注曰：「一作國。」「寇自除矣」，張澍本注曰：「一作寇可克矣。」

〔註657〕張澍本注曰：「一作已靜矣。」《將苑全集》本此二句作「國不費而寇可克矣，人不疲而虜已靜矣」。

附錄三：《古今刀劍錄》集校

凡 例

1. 以明嘉靖十五年鄭氏宗文堂刊宋左圭編《百川學海》二十卷本爲底本。

2. 校以明弘治十四年華珵刻遞修本宋左圭編《百川學海》一百種一百七十九卷本（簡稱「《百川學海》華本」）、明萬曆二十年程榮刻《漢魏叢書》三十八種二百五十卷本（簡稱「《漢魏叢書》本」）、《說郛》本、《筆記小說大觀》本（簡稱「《筆記》本」）、《四庫全書》本（簡稱「《四庫》本」）、清陶氏賢奕書樓抄本《陶氏賢奕書樓叢書二十六種》八十六卷（簡稱「陶氏本」）、《魏晉百家短篇小說》本。

3. 校語以腳注形式出現，但存異文，不下按語。

古今刀劍錄

　　夫刀劍之由出，已久矣。前王〔註1〕後帝，莫不鑄之，但以小事，記注者不甚詳錄，遂使精奇挺異，空成湮〔註2〕沒，慨然有想，遂爲記云。

　　夏禹子帝啓，在位十年。以庚戌八年鑄一銅劍，長三尺九寸，後藏之秦望山。腹上刻二十八宿，文有背面，面文爲星辰，背記山川日月。

　　啓子太康，在位二十九年。歲在辛卯，三月春鑄一銅劍，上有八方，面

〔註1〕《魏晉百家短篇小說》本「王」作「五」。
〔註2〕《百川學海》華本、《漢魏叢書》本、《筆記》本、《四庫》本、陶氏本「湮」作「堙」。

長三尺二寸，頭方。

孔甲，在位三十一年。以九年歲次甲辰採牛首山鐵鑄一劍，銘曰夾，古文篆書，長〔註3〕四尺一寸。

殷太甲，在位三十二年。以四年歲次甲子鑄一劍，長二尺，文曰定光，古文篆書。

武丁，在位五十九年。以元年歲次戊午鑄一劍，長三尺，銘曰照膽，古文篆書。

周昭王瑕，在位五十一年。以二年歲次壬午鑄五劍，各投五〔註4〕嶽〔註5〕，銘曰鎮岳〔註6〕尚方，古文篆書，長五尺。

簡王夷，在位十四年。以元年歲次癸酉鑄一劍，長三尺，銘曰駿，大篆書。

秦昭王稷，在〔註7〕位五十二年。以元年歲次丙午鑄一劍，長三尺，銘曰誡〔註8〕，大篆書。

秦始皇，在位三十七年。以三年歲次丁巳採北祇銅鑄二劍，名曰定秦，小篆書。李斯刻〔註9〕埋在阿房宮閣下，一在觀臺下，長三尺六寸。

前漢劉季，在位十二年。以始皇三十四年於南山得一鐵劍，長三尺，銘曰赤霄，大篆書。及貴，常〔註10〕服之，此即斬蛇劍也。

文帝恒，在位二十三年。以初元十六年歲次庚午鑄三〔註11〕劍，長三尺六寸，銘曰神龜，多刻龜形〔註12〕，以應大橫之兆。帝崩，命入玄武宮。

武帝徹，在位五十四年。以元光五年歲次乙巳鑄八劍，長三尺六寸，銘曰八服，小篆書。嵩、恒、霍、華、泰〔註13〕山五嶽〔註14〕皆埋之。

〔註3〕《說郛》本無「長」字。
〔註4〕《魏晉百家短篇小說》本「五」作「王」。
〔註5〕《說郛》本此句作「名五岳」。
〔註6〕《百川學海》華本、《漢魏叢書》本、《筆記》本、《四庫》本、陶氏本「岳」作「嶽」。
〔註7〕陶氏本「在」上還有一「稷」字。
〔註8〕《魏晉百家短篇小說》本「誡」作「誠」。
〔註9〕《說郛》本「刻」作「書一」。
〔註10〕《說郛》本「常」作「帝」。
〔註11〕《說郛》本「三」作「二」。
〔註12〕《漢魏叢書》本、《筆記》本「形」作「刑」。陶氏本「形」旁注「刑」。
〔註13〕《百川學海》華本、《漢魏叢書》本、《說郛》本、《筆記》本、陶氏本、《魏晉百家短篇小說》本「泰」作「太」。

宣帝詢，在位二十五年。以本始四年鑄二劍，長三尺，一曰毛，二曰貴，以足下有毛，故爲之，皆小篆書。

平帝衎，在位五年。以元始元年歲次辛酉掘得一劍，上有帝名，因服之，大篆書。

王莽，在僞位十七年。以建國五年歲次庚午造威鬥〔註15〕及神劍，皆煉五色石〔註16〕爲之，銘曰神勝萬里伏，小篆書，長三尺六寸。

更始劉聖公，在僞位二年。自造一劍，銘曰更國，小篆書。

後漢光武秀，在位三十三年。未貴時，在南陽鄂山得一劍，文曰秀霸，小篆書，帝常服之。

明帝莊，在位十八年。以永平元年歲次戊午鑄一劍，上作龍形，沈之於洛水中。水清時，常有見之者。

章帝炟，在位十三年。以建初八年鑄一金劍，令投於伊水中，以厭人膝之怪。弘景按：《水經》云：「伊水有一物，如人膝，頭有爪，人浴〔註17〕輒沒，不復出。」

安帝祜，在位十九年。以元初六年鑄一劍，藏峨眉山，疑山王也〔註18〕。

順帝保，在位十九年。以永建元年鑄一劍，長三尺四寸，銘曰安漢，小篆書，後改年號。

靈帝宏〔註19〕，在位二十二年，以建寧三年鑄四劍，文曰中興，一劍無故自失，並小篆書。

魏武帝曹操，以建安二十年於幽谷得一劍，長三尺六寸，上有金字，銘曰孟德王，常服之。

齊王芳，以正始六年鑄一劍，常服之。無故自失，但有空匣如故。後有禪代之事，兆始於此，尋爲司馬氏所廢。

蜀主劉備，以章武元年歲次辛丑採金牛山鐵鑄八劍，各長三尺六寸。一備自服，一與太子禪，一與梁王理，一與魯王〔註20〕永，一與諸葛亮，一與

〔註14〕 《說郛》本「嶽」作「岳」。
〔註15〕 《百川學海》葦本、《漢魏叢書》本、《說郛》本、《筆記》本、《四庫》本、陶氏本「鬥」作「斗」。
〔註16〕 《魏晉百家短篇小說》本無「石」字。
〔註17〕 《筆記》本、陶氏本「浴」作「俗」，且下有「輒」字。
〔註18〕 《魏晉百家短篇小說》本「王」作「五」。《說郛》本此句作「疑有山王在也」。
〔註19〕 《魏晉百家短篇小說》本「宏」作「安」。
〔註20〕 《魏晉百家短篇小說》本「王」作「正」。

關羽，一與張飛，一與趙雲。並是亮書，皆作風角，處所有令，稱元造刀。五萬口皆連環及刃口，列七十二煉，柄中通之，兼有二字。房子容曰：唐人尙書郎李章武本名方古，貞元季年爲東平〔註21〕帥，李師古判官因理第〔註22〕，掘得一劍，上有章武字方古。《博物志〔註23〕》張茂先亦曰：蜀相諸葛孔明〔註24〕所佩劍也。乃〔註25〕改名，師古爲奏請爲章武焉。蓋蜀主〔註26〕八劍之一也。

後主禪，延熙〔註27〕二年，造一大劍，長一丈二尺。鎮劍口山，往往人見光輝，後人求之不獲。

吳王〔註28〕孫權，以〔註29〕黃武五年採武昌銅鐵作千口〔註30〕劍、萬口刀，各長三尺九寸。刀頭方，皆是南銅越炭作之，文曰大吳，小篆書。又赤烏年中，有人得淮陰侯韓信劍，帝以賜周瑜。

孫亮，以建興二年鑄一劍，文曰流光，小篆書。

孫皓，以建衡元年鑄一劍，文曰皇帝吳王，小篆書。

晉武帝司馬炎，以咸寧元年造八千口刀〔註31〕，銘曰司馬。

懷帝熾，以永嘉元年造一劍，長五尺，銘曰步光，小篆書。

成帝衍，以咸和元年造十三口刀〔註32〕，銘曰興國。

穆帝聃，以永和五年於房山造五口劍，銘曰五方單符，隸書。

孝武帝昌明，以大元元年於華山頂埋一劍，銘曰神劍，隸書。

宋武帝劉裕，以永初元年鑄一刀，銘其背〔註33〕曰定國，小篆書，長四尺，後入於梁。

〔註21〕陶氏本「平」下有一「郎」字。
〔註22〕《說郛》本「理第」作「埋弟」。
〔註23〕《百川學海》華本、《漢魏叢書》本、《說郛》本、《筆記》本、《四庫》本、陶氏本「志」作「亞」。
〔註24〕《說郛》本「孔明」作「亮」。
〔註25〕《說郛》本「乃」作「及」。
〔註26〕《百川學海》華本「主」作「王」。
〔註27〕《魏晉百家短篇小說》本「熙」作「康」。
〔註28〕陶氏本「王」作「主」。
〔註29〕《說郛》本無「以」字。
〔註30〕陶氏本「口」作「古」。
〔註31〕《說郛》本「刀」作「劍」。
〔註32〕《說郛》本「刀」作「劍」。
〔註33〕《說郛》本無「其背」二字。

少帝義符，以景平元年造一刀，銘曰五〔註34〕色，小篆書。

後廢帝昱，以元徽二年於蔣山頂造一劍，銘曰永昌，篆書。

順帝準，以昇明元年掘得一刀，銘曰上血，其刀〔註35〕照一室〔註36〕，帝奇之。至二年七月，帝使楊玉候織女，玉候女不得，懼死，用以弒帝，果如銘。故知吉凶其徵先見矣。

齊高帝蕭道成，以建元二年造一刀，銘曰定業，長五尺，篆書，自製〔註37〕之。

明帝鸞，以建武二年造一刀，銘曰朝儀〔註38〕，長四尺，小篆書。

梁武帝蕭衍，以天監二年即位，至普通中，歲在庚子，命弘景造神劍十三口，用金、銀、銅、鐵、錫〔註39〕五色合爲之，長短各依劍術法，文曰服之者永治四方，並小篆書。

諸小國刀劍總在此

前趙劉淵，以元熙二年造一刀，長三尺九寸，文曰滅賊，隸書。

後趙石勒，以建平二〔註40〕年造一刀，用五百金，工用萬人，頭尖，三〔註41〕尺六寸，銘曰建平，隸書。勒未貴時，耕地得一刀，銘曰石氏昌，篆書。

石季龍，以建武十四年造一刀，長五尺，銘曰皇帝石氏，隸書。

後蜀李雄，以晏平元年造刀五百口，文曰騰馬，隸書。

前涼張實〔註42〕，造刀百口，無故刀盡失，文曰霸。

後魏昭成帝拓跋犍，以建國元年於赤治〔註43〕城鑄刺刀十口，金鏤赤治

〔註34〕《魏晉百家短篇小說》本「五」作「王」。
〔註35〕《說郛》本「刀」下有「光」字。
〔註36〕《說郛》本「室」作「屋」。
〔註37〕《百川學海》華本、《漢魏叢書》本、《筆記》本、《四庫》本、陶氏本作「制」。
〔註38〕《說郛》本「儀」作「元」。
〔註39〕《百川學海》華本作「錫、鉄」，《漢魏叢書》本、《說郛》本、《筆記》本、陶氏本作「錫、鐵」。
〔註40〕《百川學海》華本「二」作「一」，《說郛》本「二」作「元」。
〔註41〕《漢魏叢書》本、陶氏本、《說郛》本、《筆記》本、《四庫》本「三」上有「長」字。
〔註42〕《百川學海》華本、《漢魏叢書》本、《說郛》本、《筆記》本、《四庫》本、陶氏本作「寔」。
〔註43〕《百川學海》華本、《漢魏叢書》本、《說郛》本、《筆記》本、《四庫》本、

字。

道武帝珪，以登國元年於嵩阿鑄一劍，銘曰鎮山，隸書。

明元帝嗣，以泰常元年造一劍，長四尺，銘背曰太〔註44〕常。至眞君元年，有道士繼天師白，爲帝造劍，長三尺六寸，隸書。因改元眞君。

宣武帝恪，以景明元年於白鹿山造一刀，文曰白鹿，隸書。

前秦符堅，以甘露四年造一刀，用五千工，銘曰神術，隸書。

前燕慕容儁〔註45〕，以元璽元年造二十八口刀，銘曰二十八將〔註46〕，隸書。

後燕慕容垂，以建興元年造二刀，長七尺，一雄一雌，隸書。若別處之，則鳴。

後秦姚萇，以建初元年造一刀，銘曰中山，長三尺七寸，隸書。

西秦乞伏國仁，以建義三年造一刀，銘曰建義，隸書。〔註47〕

後涼呂光，以麟嘉元年造一刀，銘背曰麟嘉，長三尺六寸。

南涼禿髮〔註48〕烏孤，以太初三年造一刀，狹小，長二尺五寸，青色。匠人曰：當作之時，夢見一人被朱服，云：吾是太乙〔註49〕神，來看汝作云！此刀有獻必鳴，後落突厥可汗所有也。

南燕慕容玄明，以建平元年作刀四口，文曰建平，隸書。

西京〔註50〕李皓〔註51〕，以永建元年造珠碧刀一口，銘曰百勝，隸書。

北涼沮渠蒙遜，以永安三年造刀百口，銘曰永安，隸書。

夏州赫連勃勃，以龍昇二年造五口刀，背刃有龍雀環，兼金鏤作一龍形，長三尺九寸，銘曰古之利器。吳楚湛盧，大夏龍雀，名冠神都，可以懷遠，可以柔邇，如風靡草，威服九區。宋王劉裕破長安，得此刀，後入於梁。

　　　　陶氏本、《魏晉百家短篇小説》本作「冶」。下同。

〔註44〕陶氏本「太」作「泰」。

〔註45〕《百川學海》華本、《漢魏叢書》本、《説郛》本、《筆記》本、陶氏本「儁」作「雋」。

〔註46〕《説郛》本「將」下有「者也」二字。

〔註47〕《説郛》本無此條至「關羽」條。

〔註48〕陶氏本「發」作「髮」。

〔註49〕《百川學海》華本、《漢魏叢書》本、《筆記》本、陶氏本「乙」作「一」。

〔註50〕陶氏本「京」作「涼」。

〔註51〕《百川學海》華本、《漢魏叢書》本、《筆記》本、《四庫》本、陶氏本作「暠」。

吳將刀

周瑜，作南郡太守，造一刀，背上有「盪寇將軍」字，八分書。

蔣欽，拜列郡司馬，造一刀，文曰司馬，隸書。

周幼平，**擊曹公，勝，敗** 〔註52〕平虜將軍，因造一刀，銘背曰幼平。

董元成，少果勇，自打鐵作一刀。後討黃祖於蒙衝河，元成引刀斷衝頭爲二流，拜大司馬，號斷蒙刀。

潘文珪 〔註53〕，拜偏將軍，爲擒關羽，拜固陵太守，因造一刀，銘曰固陵。

朱 〔註54〕理君，少受征討，黃武中，累功拜安國將軍，作一佩刀，文曰安國。

蜀將刀 〔註55〕

關羽，爲先主所重，不惜身命，自採都山鐵爲二刀，銘曰萬 〔註56〕人。及羽敗，羽惜刀，投之水中。

張飛，初拜新亭侯，自命匠煉赤朱山鐵爲一刀，銘曰新亭侯蜀大將也。後被范強殺 〔註57〕，將 〔註58〕此刀入於吳。

諸葛亮，定黔中，從青石祠過，遂抽刀刺山，投山頭 〔註59〕刀不拔而去 〔註60〕，行人莫測。

黃忠，從 〔註61〕先主定南郡得一刀，赤如 〔註62〕血，於漢中擊夏侯軍，

〔註52〕 《百川學海》華本、《漢魏叢書》本、《筆記》本、《四庫》本、陶氏本「敗」作「拜」。

〔註53〕 《百川學海》華本、《漢魏叢書》本、《筆記》本、《四庫》本、陶氏本無「珪」字。

〔註54〕 《筆記》本「朱」作「未」。

〔註55〕 各本皆無此三字，據文疑脫。

〔註56〕 《百川學海》本「萬」作「万」。

〔註57〕 《說郛》本「殺」下有「之」字。

〔註58〕 《百川學海》華本、《漢魏叢書》本、《筆記》本、《四庫》本、陶氏本「將」上有「強」字。

〔註59〕 《百川學海》華本、《漢魏叢書》本、《筆記》本、《四庫》本、陶氏本無「山頭」二字。

〔註60〕 《說郛》本此句作「刀不折而去」。

〔註61〕 《百川學海》華本、《漢魏叢書》本、《說郛》本、《筆記》本、《四庫》本、陶氏本作「漢」。

一日之中，手刃百數。

魏將刀

鍾會，克蜀，於成都土中得一刀，文曰太一。會死，入帳下王伯昇，伯昇後渡江，刀遂飛於水〔註63〕。

鄧艾，年十二，曾讀陳太丘碑，碑下掘得一刀，黑如漆，長三尺餘。刀上常〔註64〕有氣淒淒然，時人以爲神物。

董卓，少時耕野，得一刀，無文字，四面隱起作山雲文，斸玉如泥。及卓貴，示〔註65〕五官郎將蔡邕，邕〔註66〕曰此項羽之刀也。

袁紹，在黎陽夢有一神授〔註67〕一寶刀，及覺，果在臥所，銘曰思召。紹解之曰：思〔註68〕召，紹字也。

郭淮〔註69〕，於太原得一刀，文曰宜爲將。後遂〔註70〕爲將軍，及與蜀將戰，敗失此刀。

王雙，曾於市中買得一刀，賣人曰：得之者貴。因不見。雙後佩之，爲魏將，後與曹眞一刀換也。

〔註62〕 《説郛》本「如」作「於」。
〔註63〕 《説郛》本「太一」之「一」作「乙」。《百川學海》華本、《漢魏叢書》本、《筆記》本、《四庫》本、陶氏本「於」作「入」，《説郛》本「於水」作「水中」。
〔註64〕 《説郛》本無「常」字。
〔註65〕 《説郛》本無「示」字。
〔註66〕 《説郛》本無此「邕」字。
〔註67〕 《百川學海》華本、《漢魏叢書》本、《筆記》本、《四庫》本、陶氏本作「受」。
〔註68〕 《説郛》本無「思」字。
〔註69〕 《説郛》本、《筆記》本「淮」作「維」。
〔註70〕 《説郛》本無「遂」字。

徵引文獻

B

1. 《北史》，唐・李延壽撰，北京：中華書局，1974 年版。
2. 《北堂書鈔》，唐・虞世南編撰，北京：中國書店，1989 年版，據光緒十四年南海孔氏刊本影印。
3. 《兵錄》，明・何汝賓撰，北京出版社，2000 年版《四庫禁燬書叢刊》子部第 9 冊，據中國科學院圖書館藏明崇禎刻本影印。

C

1. 《〈長短經〉校證與研究》，周斌著，成都：巴蜀書社，2003 年版。
2. 《陳書》，唐・姚思廉撰，北京：中華書局，1972 年版。
3. 《重考古今偽書考》，清・姚際恒撰，上海：大東書局，1928 年版。
4. 《崇文總目》，宋・王堯臣等編次，北京：中華書局，1985 年版。
5. 《春秋公羊傳注疏》，漢・何休注，唐・徐彥疏，清・阮元校刻《十三經注疏》本，北京：中華書局，1980 年版。
6. 《春秋左傳正義》，晉・杜預注，唐・孔穎達等正義，清・阮元校刻《十三經注疏》本，北京：中華書局，1980 年版。
7. 《春秋左傳注》（修訂本），楊伯峻編著，北京：中華書局，1981 年版。

D

1. 《大學衍義補》，明・丘濬撰，臺北：臺灣商務印書館，1986 年版《景印文淵閣四庫全書》第 713 冊。
2. 《讀書脞錄》，清・孫志祖撰，上海古籍出版社，2002 年版《續修四庫全書》第 1152 冊，據北京圖書館藏清嘉慶刻本影印。

E

1. 《爾雅義疏》，清·郝懿行撰，上海古籍出版社，1983 年版。

F

1. 《樊川文集》，唐·杜牧撰，上海古籍出版社，1978 年版。

2. 《風俗通義校注》，漢·應劭撰，王利器校注，北京：中華書局，1981 年版。

G

1. 《古今僞書考》，清·姚際恒撰，北京：中華書局，1985 年版。

2. 《古文孫子正文》，日·仙臺櫻田迪校正並訓點，日·服部千春《孫子兵法校解》附錄三據日本藏櫻田本《孫子兵法》影印，北京：軍事科學出版社，1987 年版。

3. 《管城碩記》，清·徐文靖著，范祥雍點校，北京：中華書局，1998 年版。

4. 《廣弘明集》，唐·道宣撰，上海古籍出版社，1991 年版。

5. 《廣雅疏證》，清·王念孫著，北京：中華書局，2004 年版。

6. 《國語集解》，徐元誥集解，王樹民、沈長雲點校，北京：中華書局，2002 年版。

H

1. 《韓非子集釋》，陳奇猷校注，上海人民出版社，1974 年版。

2. 《漢書》，漢·班固撰，唐·顏師古注，北京：中華書局，1962 年版。

3. 《漢語大詞典》（十二卷本），羅竹風主編，上海：漢語大詞典出版社，1988～1993 年版。

4. 《鶴林玉露》，宋·羅大經撰，北京：中華書局，1983 年版。

5. 《後漢書》，宋·范曄撰，唐·李賢注，北京：中華書局，1965 年版。

6. 《後漢書補逸》，清·姚之駰撰，臺北：臺灣商務印書館，1986 年《景印文淵閣四庫全書》第 402 冊。

7. 《後漢書集解》，清·王先謙撰，北京：中華書局，1984 年版。

8. 《華陽國志校注》，晉·常璩撰，劉琳校注，成都：巴蜀書社，1984 年版。

9. 《淮南子集釋》，何寧撰，北京：中華書局，1998 年版，新編諸子集成本。

10. 《黃石公三略》，《中國兵書集成》第 2 冊，據中華學藝社影宋刻《武經七書》本影印，北京：解放軍出版社、瀋陽：遼瀋書社，1988 年版。

J

1. 《將鑑論斷》，明・戴少望撰，濟南：齊魯書社，1997 年版《四庫全書存目叢書》子部第 30 冊，據北京圖書館藏明抄本影印。

2. 《校讎通義通解》，清・章學誠著，王重民通解，上海古籍出版社，1987年版。

3. 《晉書》，唐・房玄齡等撰，北京：中華書局，1974 年版。

4. 《郡齋讀書志校證》，宋・晁公武撰，孫猛校證，上海古籍出版社，1990年版。

K

1. 《空同集》，明・李夢陽撰，臺北：臺灣商務印書館，1986 年《景印文淵閣四庫全書》第 1262 冊。

L

1. 《梁書》，唐・姚思廉撰，北京：中華書局，1973 年版。

2. 《六臣注文選》，梁・蕭統編，唐・李善、呂延濟、劉良、張銑、呂向、李周翰注，北京：中華書局，1987 年版。

3. 《六韜》，《中國兵書集成》第 1 冊，據中華學藝社影宋刻《武經七書》本影印，北京：解放軍出版社、瀋陽：遼瀋書社，1987 年版。

4. 《論衡校釋》，東漢・王充撰，黃暉校釋，北京：中華書局，1990 年版，新編諸子集成本。

5. 《呂氏春秋校釋》，陳奇猷校釋，上海：學林出版社，1984 年版。

M

1. 《毛詩正義》，漢・毛亨傳、鄭玄箋，唐・孔穎達等正義，清・阮元校刻《十三經注疏》本，北京：中華書局，1980 年版。

2. 《墨子閒詁》，清・孫詒讓撰，孫啓志點校，北京：中華書局，2009 年版。

N

1. 《南史》，唐・李延壽撰，北京：中華書局，1975 年版。

P

1. 《蓬廬文鈔》，清・周廣業著，臺北：文海出版社，1983 年版，近代中國史料叢刊第 69 輯。

Q

1. 《潛夫論箋校正》，漢・王符著，清・汪繼培箋，彭鐸校正，北京：中華

書局，1985 年版。

2. 《千頃齋初集》，明・黃居中撰，上海古籍出版社，2002 年版《續修四庫全書》第 1363 冊，據中國科學院圖書館藏明刻本影印。

3. 《欽定四庫全書總目》（整理本），四庫全書研究所整理，北京：中華書局，1997 年版。

4. 《全上古三代秦漢三國六朝文》，清・嚴可均輯，北京：中華書局，1958 年版。

R

1. 《榕村集》，清・李光地撰，臺北：臺灣商務印書館，1986 年版《景印文淵閣四庫全書》第 1324 冊。

2. 《榕村語錄》，清・李光地著，北京：中華書局，1995 年版。

S

1. 《三國志》，晉・陳壽撰，陳乃乾校點，北京：中華書局，1959 年版。

2. 《尚史》，清・李鍇撰，臺北：臺灣商務印書館，1986 年版《景印文淵閣四庫全書》第 404 冊。

3. 《尚書正義》，漢・孔安國撰，唐・孔穎達等正義，清・阮元校刻《十三經注疏》本，北京：中華書局，1980 年版。

4. 《少室山房筆叢・四部正訛》，明・胡應麟，上海書店出版社，2001 年版。

5. 《史記》，漢・司馬遷撰，北京：中華書局，1959 年版。

6. 《施氏七書講義》，宋・施子美著，《中國兵書集成》第 8 冊，據日本文久三年刻本影印，北京：解放軍出版社、瀋陽：遼瀋書社，1992 年版。

7. 《事物紀原》，宋・高承、明・李果撰，許沛藻點校，北京：中華書局，1989 年版。

8. 《說略》，明・顧起元撰，臺北：臺灣商務印書館，1986 年版《景印文淵閣四庫全書》第 964 冊。

9. 《說文解字注》，漢・許慎撰，清・段玉裁注，上海古籍出版社，1981 年版。

10. 《說文通訓定聲》，清・朱駿聲編著，北京：中華書局，1984 年版。

11. 《司馬彪戰略》，晉・司馬彪撰，《中國兵書集成》第 2 冊，據《黃氏逸書考》影印，北京：解放軍出版社、瀋陽：遼瀋書社，1988 年版。

12. 《宋本玉篇》，北京：中國書店，1983 年版。

13. 《宋書》，梁・沈約撰，北京：中華書局，1974 年版。

14. 《隋書》，唐・魏徵等撰，北京：中華書局，1973 年版。

15. 《隋書經籍志考證》，清・姚振宗撰，上海古籍出版社，2002 年版《續修四庫全書》第 915～916 冊，據浙江圖書館藏開明書店鉛印師石山房叢書本影印。

16. 《隨園詩話》，清・袁枚著，北京：人民文學出版社，1982 年版。

17. 《孫淵如先生全集》，清・孫星衍撰，上海古籍出版社，2002 年版《續修四庫全書》第 1477 冊，據 1919 年商務印書館四部叢刊影印清嘉慶刻本影印。

18. 《孫子》，《中國兵書集成》第 1 冊，據中華學藝社影宋刻《武經七書》本影印，北京：解放軍出版社、瀋陽：遼瀋書社，1987 年版。

19. 《孫子參同》，明・李贄撰，《中國兵書集成》第 12 冊，據明萬曆吳興閔氏刻朱墨套印本影印，北京：解放軍出版社、瀋陽：遼瀋書社，1990 年版。

20. 《孫子書校解引類》，明・趙本學著，《中國兵書集成》第 12 冊，據明萬曆重刻本影印，北京：解放軍出版社、瀋陽：遼瀋書社，1990 年版。

T

1. 《太平御覽》，宋・李昉等撰，北京：中華書局，1960 年版。

2. 《唐太宗李衛公問對》，《中國兵書集成》第 2 冊，據中華學藝社影宋刻《武經七書》本影印，北京：解放軍出版社、瀋陽：遼瀋書社，1988 年版。

3. 《韜略世法存》，明・佚名輯，北京出版社，1999 年版《四庫未收書輯刊》第 3 輯第 22 冊，據明崇禎刻本影印。

4. 《天工開物》，明・宋應星著，鍾廣言注釋，北京：中華書局，1978 年版。

W

1. 《王氏新書》，魏・王基撰，《中國兵書集成》第 2 冊，據《玉函山房輯佚書》影印，北京：解放軍出版社、瀋陽：遼瀋書社，1988 年版。

2. 《魏書》，北齊・魏收撰，北京：中華書局，1974 年版。

3. 《魏武帝集》，明張溥輯《漢魏六朝百三名家集》，南京：江蘇古籍出版社，2002 年版。

4. 《文心雕龍校釋》，劉永濟，北京：中華書局，1962 年版。

5. 《武備志》，明・茅元儀撰，《中國兵書集成》第 27～36 冊，據明天啓刻本影印，北京：解放軍出版社、瀋陽：遼瀋書社，1989 年版。

6. 《武編》，明・唐順之撰，臺北：臺灣商務印書館，1986 年版《景印文淵閣四庫全書》第 727 冊。

7. 《戊笈談兵》，清·汪紱撰，《中國兵書集成》第 44～45 冊，據清光緒刻本影印，北京：解放軍出版社、瀋陽：遼瀋書社聯合出版，1990 年版。

8. 《武經七書彙解》，清·朱墉彙解，《中國兵書集成》第 42 冊，據清光緒索綽洛氏家塾藏版《重刊武經七書彙解》影印，北京：解放軍出版社、瀋陽：遼瀋書社，1992 年版。

9. 《武經七書直解》，明·劉寅直解，《中國兵書集成》第 10 冊，據丁氏八千卷樓藏書影明本《武經七書直解》影印，北京：解放軍出版社、瀋陽：遼瀋書社，1993 年版。

10. 《武經總要》，宋·曾公亮、丁度等編纂，《中國兵書集成》第 3～5 冊，據明金陵書林唐富春刻本影印，北京：解放軍出版社、瀋陽：遼瀋書社，1988 年版。

X

1. 《先秦漢魏晉南北朝詩》，逯欽立輯校，北京：中華書局，1983 年版。

2. 《香草續校書》，清·于鬯著，張華民點校，北京：中華書局，1963 年版。

3. 《新方言》，章太炎撰，《章太炎全集》（七），上海人民出版社，1999 年版。

4. 《修潔齋閒筆》，清·劉堅撰，上海古籍出版社，2002 年版《續修四庫全書》第 1144 冊，據華東師範大學圖書館藏清乾隆六年刻增修本影印。

5. 《續資治通鑒》，清·畢沅編著，上海古籍出版社，1987 年版。

6. 《續資治通鑒長編》，宋·李燾著，上海古籍出版社，1986 年版。

7. 《荀子集解》，清·王先謙撰，沈嘯寰、王星賢點校，北京：中華書局，1988 年版。

Y

1. 《顏氏家訓集解》，北齊·顏之推撰，王利器集解，北京：中華書局，1993 年增補本。

2. 《煙嶼樓讀書志》，清·徐時棟撰，上海古籍出版社，2002 年版《續修四庫全書》第 1162 冊，據中國科學院圖書館藏，1928 年鉛印本影印。

3. 《儀禮注疏》，漢·鄭玄注，唐·賈公彥疏，清·阮元校刻《十三經注疏》本，北京：中華書局，1980 年版。

4. 《藝文類聚》，唐·歐陽詢撰，汪紹楹校，上海古籍出版社，1965 年版。

5. 《逸周書匯校集注》（修訂本），黃懷信、張懋鎔、田旭東撰，上海古籍出版社，2007 年版。

6. 《玉海》，宋·王應麟撰，臺北：臺灣商務印書館，1986 年版《景印文

淵閣四庫全書》第 944 冊。

7. 《玉笥集》，元・張憲撰，北京：中華書局，1985 年版。

Z

1. 《札迻》，清・孫詒讓著，梁運華點校，北京：中華書局，1989 年版。

2. 《戰國策箋證》，西漢・劉向集錄，范祥雍箋證，上海古籍出版社，2006 年版。

3. 《鄭堂讀書記》，清・周中孚撰，北京：商務印書館，1940 年版。

4. 《諸葛忠武侯文集》，清・張澍編輯，《中國兵書集成》第 2 冊，據清張澍輯《諸葛忠武侯文集》影印，北京：解放軍出版社、瀋陽：遼瀋書社，1988 年版。

5. 《諸葛忠武書》，明・楊時偉編，臺北：臺灣商務印書館，1986 年《景印文淵閣四庫全書》第 447 冊。

6. 《諸子平議補錄》，清・俞樾著，李天根輯，北京：中華書局，1956 年版。

7. 《莊子集釋》，郭慶藩輯，王孝魚整理，北京：中華書局，1961 年版，新編諸子集成本。

8. 《字詁義府合按》，清・黃生撰，黃承吉合按，包殿淑點校，北京：中華書局，1984 年版。

9. 《資治通鑒》，宋・司馬光編著，元・胡三省音注，校點《資治通鑒》小組校點，北京：中華書局，1982 年版。

主要參考文獻

一、著作

1. 《曹操集》，北京：中華書局，1959 年版。

2. 《〈長短經〉校證與研究》，周斌著，成都：巴蜀書社，2003 年版。

3. 《大一統兵學的奠基作——〈黃石公三略〉導讀》，黃樸民著，北京：軍事科學出版社，2001 年版。

4. 《敦煌變文字義通釋》（增補定本），蔣禮鴻著，上海古籍出版社，1997 年版。

5. 《敦煌書儀語言研究》，張小豔著，北京：商務印書館，2007 年版。

6. 《佛典與中古漢語詞彙研究》，朱慶之著，臺北文津出版社，1992 年版。

7. 《古籍目錄與中國古代學術研究》，高路明著，南京：江蘇古籍出版社，1997 年版。

8. 《國學研究》第十一卷，袁行霈主編，北京大學出版社，2003 年版。

9. 《漢語大字典》（八卷本），徐中舒主編，武漢：湖北辭書出版社、成都：四川辭書出版社，1986〜1990 年版。

10. 《〈黃石公三略〉淺說》，許保林著，北京：軍事科學出版社，1986 年版。

11. 《〈黃石公三略〉譯注》，中國人民解放軍軍事科學院軍事學院古代兵法譯注組編，北京：中國人民解放軍總參謀部出版局，1965 年版。

12. 《近代漢語研究概要》，蔣紹愚著，北京大學出版社，2005 年版。

13. 《經典常談》，朱自清著，北京：三聯書店，1980 年版。

14. 《科研論文閱讀與寫作》，馬景侖主編，南京：江蘇古籍出版社，2001 年版。

15. 《歷代兵制淺説》，王曉衛、劉昭祥著，北京：解放軍出版社，1986 年版。

16. 《馬克思主義與語言學問題》，斯大林著，北京：人民出版社，1953 年版。

17. 《日本孫子書知見錄》，蘇桂亮、阿竹仙之助合編，濟南：齊魯書社，2009年版。

18. 《三國志辭典》，張舜徽著，濟南：山東教育出版社，1992 年版。

19. 《三國志校詁》，吳金華著，南京：江蘇古籍出版社，1990 年版。

20. 《十一家注孫子》，曹操等注，香港：中華書局香港分局，1972 年版。

21. 《十一家注孫子》，曹操等注，郭化若譯，上海古籍出版社，1978 年版。

22. 《十一家注孫子校理》，春秋・孫武撰，三國・曹操等注，楊丙安校理，北京：中華書局，1999 年版，新編諸子集成本。

23. 《孫子兵法校解》，日・服部千春著，北京：軍事科學出版社，1987 年版。

24. 《孫子兵法研究與應用》，褚良才著，杭州：浙江大學出版社，2002 年版。

25. 《〈孫子〉古本研究》，李零著，北京大學出版社，1995 年版。

26. 《孫子古今釋例》，周傳銘著，濟南：齊魯書社，1993 年版。

27. 《孫子校釋》，吳九龍主編，北京：軍事科學出版社，1991 年版。

28. 《〈孫子〉十三篇綜合研究》，李零著，北京：中華書局，2006 年版。

29. 《〈孫子〉新論集粹》，第二屆孫子兵法國際研討會論文選，北京：長征出版社，1992 年版。

30. 《孫子學文獻提要》，于汝波主編，北京：軍事科學出版社，1994 年版。

31. 《魏晉南北朝史札記》，周一良著，北京：中華書局，1985 年版。

32. 《武經七書注譯》，《中國軍事史》編寫組著，北京：解放軍出版社，1986 年版。

33. 《吳郡志》，宋・范成大撰，南京：江蘇古籍出版社，1986 年版。

34. 《先秦學術概論》，呂思勉著，北京：中國大百科全書出版社，1985 年版。

35. 《新編鬼谷子全書》，房立中著，北京：學苑出版社，1995 年版。

36. 《〈心書〉新編譯評》，張塑、章理佳著，北京：解放軍文藝出版社，1991年版。

37. 《〈心書〉——一部論述爲將之道的兵書》，索寶祥著，北京：民族出版社，2000 年版。

38. 《音學十書》，清‧江有誥撰，北京：中華書局，1993 年版。

39. 《張世祿語言學論文集》，張世祿著，上海：學林出版社，1984 年版。

40. 《中古漢語讀本》（修訂本），方一新、王雲路著，上海教育出版社，2006年版。

41. 《中古漢語研究（二）》，朱慶之編，北京：商務印書館，2005 年版。

42. 《中古漢語語詞例釋》，王雲路、方一新著，吉林教育出版社，1992 年版。

43. 《中國兵書集成》第 2 冊，北京：解放軍出版社、瀋陽：遼瀋書社，1988年版。

44. 《中國兵書通覽》，許保林著，北京：解放軍出版社，1990 年版。

45. 《中國兵書知見錄》，許保林著，北京：解放軍出版社，1988 年版。

46. 《中國兵書總目》，劉申寧著，北京：國防大學出版社，1990 年版。

47. 《中國古代兵書雜談》，王顯臣、許保林著，北京：戰士出版社，1983年版。

48. 《中國古代軍事文化大辭典》，陳高春著，北京：長征出版社，1992 年。

49. 《中國古代軍語研究導論》，褚良才著，杭州：浙江教育出版社，1998年版。

50. 《中國古代思想史論》，李澤厚著，北京：人民出版社，1985 年版。

51. 《中國古籍善本書目》（子部），全國古籍善本書目編輯委員會編，上海古籍出版社，1996 年版。

52. 《中國文化經典直解》，崔富章主編，杭州：浙江文藝出版社，1998 年版。

53. 《中國歷代兵書》，王兆春著，北京：商務印書館，1996 年版。

54. 《中國語歷史文法》（修訂譯本），太田辰夫著，北京大學出版社，2003年版。

55. 《中國中古文學史講義》，劉師培著，北京：人民文學出版社，1957 年版。

56. 《周祖謨語言文字論集》，周士琦編，北京：人民教育出版社，1999 年版。

57. 《諸葛亮集》，北京：中華書局，1960 年版。

58. 《諸葛亮集箋論》，李伯勳著，西安：陝西人民出版社，1997 年版。

59. 《諸葛亮集校注》，張連科、管淑珍著，天津古籍出版社，2008 年版。

60. 《諸葛亮〈將苑〉注譯》，張天夫著，西安：陝西人民出版社，1987 年版。

61. 《諸葛亮研究三編》，王汝濤、于聯凱、王瑞功主編，濟南：山東文藝出版社，1988 年版。

62. 《諸葛武侯兵法今譯》，王臣著，西安：陝西師範大學出版社，1991 年版。

63. 《諸葛武侯〈心書〉新解》，國防部政工局編，1948 年版。

二、論文

1. 《百年中古漢語詞彙研究述略》，王雲路，《浙江大學學報（人文社會科學版）》2001 年第 4 期。

2. 《兵書分類淺探》，許保林，《軍事歷史研究》1987 年第 1 期。

3. 《曹操軍事思想十題》，張作耀，《社會科學戰線》1997 年第 6 期。

4. 《曹操與〈孫子兵法〉》，卿三祥，《成都大學學報（社科版）》2005 年第 6 期。

5. 《辭書失誤考略》，王雲路，《古漢語研究》1993 年第 1 期。

6. 《從古代兵書分類演變看軍事學術的興衰》，許保林，《軍事歷史》1985 年第 1 期。

7. 《從郭店楚簡和馬王堆帛書論『晚書』的眞僞》，廖名春，《北方論叢》2001 年第 1 期。

8. 《從歷代兵書著錄看兵家的諸子學性質》，李桂生，《黃岡師範學院學報》2008 年第 2 期。

9. 《從〈孫子注〉看曹操的樸素軍事辯證法思想》，郭國靈，《菏澤師專學報》1994 年第 3 期。

10. 《20 世紀 80 年代以來中古漢語詞彙研究的回顧與反思》，史光輝，《福州大學學報（哲學社會科學版）》2004 年第 3 期。

11. 《〈漢語大詞典〉的性質和重要性》，呂叔湘，《辭書研究》1982 年第 3 期。

12. 《漢語史研究的新領域──古代軍語研究》，褚良才，《杭州師範學院學報》1995 年第 5 期。

13. 《〈黃石公三略〉西夏本注釋與〈長短經〉本注釋的比較研究》，鍾焓，《寧夏社會科學》2006 年第 1 期。

14. 《〈黃石公三略〉西夏譯本注釋來源初探──以與〈羣書治要〉本注釋的比較爲中心》，鍾焓，《寧夏社會科學》2007 年第 5 期。

15. 《〈黃石公三略〉戰略思想初探》，顏吾芟，《求是學刊》1996 年第 4 期。

16. 《〈黃石公三略〉作者試探》，張家棟，《解放軍理工大學學報（自然科學版）》1987 年第 4 期。

17. 《〈將苑〉小議》，徐勇，《歷史教學》1999 年第 1 期。

18. 《近年來中國古代兵書研究述評》，許保林，《甘肅社會科學》1987 年第 2 期。

19. 《近十年間近代漢語研究的回顧與前瞻》，蔣紹愚，《古漢語研究》1998 年第 4 期。

20. 《近五十年來的中古漢語詞彙研究》，王啓濤，《四川師範大學學報（社會科學版）》2003 年第 1 期。

21. 《論曹操的軍事才能》，李興斌，《濟南大學學報》2000 年第 6 期。

22. 《論漢語詞彙的核心義——兼談詞典編纂的義項統系方法》，王雲路，《語言暨語言學》專刊外編之六《山高水長：丁邦新先生七秩壽慶論文集》2006 年。

23. 《〈三國志辭典〉商正》，吳金華，《徐州師範大學學報（哲學社會科學版）》2002 年第 2 期。

24. 《〈三國志〉詞語札記》，徐澄、成純，《杭州師範學院學報》1996 年第 1 期。

25. 《〈孫子兵法〉軍語研究》，傅朝，《錦州師範學院學報》2001 年第 2 期。

26. 《〈孫子略解〉的特點及其影響》，宮雲維，《浙江師大學報（社會科學版）》2001 年第 5 期。

27. 《僞書〈將苑〉管見》，華赴雲，《麗水師範專科學校學報》1981 年第 3 期。

28. 《西涼劉昞注〈黃石公三略〉的發現》，劉景雲，《敦煌研究》2009 年第 2 期。

29. 《中古漢語詞彙研究綜述》，王雲路，《古漢語研究》2003 年第 2 期。

30. 《中古近代漢語專書詞彙研究的理論和實踐》，郭作飛，浙江大學 2009 年博士後出站報告。

31. 《中外古代軍語的比較研究——兼論對「漢字文化圈」的新認識》，褚良才，《浙江大學學報（人文社會科學版）》2002 年第 3 期。

32. 《諸葛亮的軍事才能芻議》，羅民介，《新東方》1995 年第 4 期。

33. 《諸葛亮的軍事才能略論》，朱明勳，《滄桑》2008 年第 4 期。

34. 《諸葛亮的軍事倫理思想》，王聯斌，《軍事歷史研究》1995 年第 4 期。

35. 《諸葛亮軍事倫理思想研究》，胡東原、張德湘，《南京社會科學》2003 年第 2 期。

36. 《作品斷代和語料鑒別》，方一新，《浙江大學漢語史研究中心簡報》2004 年第 1 期。

三、學位論文

1. 《〈黃石公三略〉西夏譯本之研究》，鍾焓，中國社會科學院研究生院 2005 年博士學位論文。

2. 《論曹操的兵學成就》，呂昕，華中師範大學 2007 年碩士學位論文。

3. 《〈孫子兵法〉軍事用語研究》，孟嬌，長春理工大學 2008 年碩士學位論文。

4. 《〈尉繚子〉軍事用語研究》，劉小文，西南師範大學 2003 年碩士學位論文。

5. 《銀雀山漢墓竹簡兵書二種詞彙研究》，苟曉燕，西南師範大學 2000 年碩士學位論文。

6. 《中國古代軍語研究》，褚良才，杭州大學 1994 年博士學位論文。

7. 《諸葛亮軍事活動研究》，張應二，吉林大學 2006 年博士學位論文。